協助孩子出類拔萃

——台灣、美國傑出學生實例

第三版

蔡典謨　著

本書是
愛、溫暖、努力、毅力、感恩的音符
所譜出的成功樂章

謹在此誠摯感謝
熱心提供成功經驗的所有家庭

更感謝他們願意將有效的親子教育祕訣
與廣大的讀者共同分享

目　　錄

自　序

　　本書是一本以資優教育為主的親職教育書籍，它包含了理論、實例與有效的教育方法。本書主要探討傑出中國學生成功的家庭因素，這些學生均來自台灣及美國東部各州名校，並曾獲西屋科學獎、美國白宮學者獎、世界奧林匹亞學術競賽，國內外科展等佼佼者，他們優異的表現，家庭占了很重要的原因。因此，筆者則以質的研究方法，分赴海內外深度訪談了這些家庭，以了解他們家庭的傳統文化及重要價值觀，這些觀念如何影響子女的課業成就、家庭親子關係及他們成功的教養方式等等。

　　從這裡我們發現到高成就學生家庭的價值觀念包括重視家庭、教育、勤奮、紀律、尊敬老師及長輩等中國優良傳統文化，家長積極運用東、西文化背景，將中國優良傳統及西方社會的良好價值予以結合，並發展出各家成功的教養方式。因此，他們的成功經驗，對中國人家庭及其他各族裔都有重要的參考意義，而中國人成就與傳統價值的關係，則進一步肯定中國文化在世界上的價值。

　　本書雖說是資優教育的親職書籍，但它卻非常適合於每

一位父母閱讀，只要關心子女的父母，便可以從書中得到不少啟示，擁有傑出的孩子並非夢想。

此外，本書也極適合有意移民或讓子女遠赴國外當小留學生的家庭參考，藉以了解什麼樣的教養方式，可以積極幫助孩子適應得更好、表現得更出色。

本書得以完成，要感謝的人太多了。

首先，要感謝所有支持、提供協助的推薦者——我國駐美單位人員、僑教中心、僑社、教育部、學校輔導主任、資優班教師及親朋好友們，如果沒有他們的熱心，想在海內外茫茫人海中尋覓特別突出的學生，談何容易！

其次，更要感謝的是所有接受訪問的傑出學生及其父母，他們鉅細靡遺，毫不藏私的提供自身的寶貴教養經驗，讓我完成了研究，並充實了親職教育的內容。這些家庭各有其不同的教養方式，而不變的是父母的用心、家庭溫暖和諧的氣氛與良好的親子關係。從接觸中，體會到一個孩子的順利成長是多麼不易，他們能邁向成功之路，孩子運用本身的特質，積極努力奮鬥外，父母及家庭的推波助瀾，投注的心血，實功不可沒。這一個個家庭正代表著一篇篇動人的故事，它們充滿了愛與溫暖，不僅豐富了本書的內容，更是最值得歌頌與讚歎的一部分。

當然，免不了要感謝這輩子最心愛的老婆及女兒，沒有她們的熱心協助及溫暖、甜蜜的愛，是無法順利完成既定的

目標。在這段國內外的訪問過程中,她們陪著我南征北討,伴著我走過酸甜苦辣,其間還經歷了一場驚險之旅,現在想起還心有餘悸。

　　記得那回是到麻州訪問成先生。由於連日忙碌,壓根沒看電視,也不知外頭是什麼天氣,出門時,望望天,似乎是不錯的天氣。

　　由於經常往來波士頓與康州,加以是最後一趟訪問行程,感覺特別輕鬆。在成家度過了一個愉快的下午後,歸程特別到波士頓的中國餐館犒賞一頓,慶祝行程圓滿結束。

　　加了油,一家人快快樂樂的回康州,在三十二號路上時,天空竟然飄起綿綿雪花,感覺與平常不同,不久,前面不遠處,一輛廂型車在馬路連打幾個圈,才又回到路中央,天啊!居然碰上要命的冰雪狀況(路面薄冰),一家人繫緊安全帶,綁好女兒,保持高度警戒,雪越下越多,心情也越來越沈重,放慢車速,轉入路一九五,此時距離學校已不遠,老婆緊張的吩咐女兒好好求神保佑,女兒問:「要用國語還是英語?」「都可以,神都是法力無邊的,專心點!」母女二人虔誠禱告著。車子突然不聽使喚的滑進對方車道,大驚之下,立刻扭轉方向盤轉回自己的車道,迅即它又猛衝路邊,眼見就要衝下幾尺深的深溝裡,老婆尖聲慘叫,心想「完了」,就在這千鈞一髮之際,彷彿神助般的,車子硬是給滑了回來,由於衝力過大,止不住又滑向對方車道,所幸

沒有來車，小心翼翼的調整方向盤，終於回到正常的車道，沿路慢慢的開，每一秒鐘宛如一世紀那麼長，每根神經繃得緊緊的，如履薄冰的感受特別深刻。所幸在女兒的祈禱聲及老婆不斷的鼓勵下，終於平安回到了家，下了車，三個人緊緊相擁，如獲重生一般。經歷了這段恐怖之旅，讓我們更珍惜生命及眼前所擁有的幸福。

這個事件，它給了我一個啟示：正如教養孩子一般，看似毫無問題的孩子，他也可能隱藏著不可測知的變數，一旦出現了問題，只要家人同心協力克服困難，必能衝破難關，迎向光明。

本書訪問對象均為海內外優秀學生，因此我們的足跡也遍及美國東部各州及台灣全省各地，因此，一輛好車及詳盡的地圖是不可或缺的工具。行前，訪問對象大都提供了良好的路線指示，因此，總能在預定時間前抵達，但也有偶發狀況，難免流落在都市叢林之中，得花上一番工夫才能走出迷宮。在訪問的過程中也出現許多插曲，帶給我們不少回憶。

紐約是個人才濟濟的地方，因此，為了訪問這些高成就的學生，我們來來回回跑了好多趟紐約，對於久住康州大學城的我們，習慣了寧靜的生活，一想到要去繁華、人文薈萃的「大蘋果」，不禁有種期待又怕受傷害的心理。記得當我們看到以藝術成就榮獲總統獎的陳丹蘋資料時，迫切想知道她是如何成功，以及她的點點滴滴，但是一看地址，乖乖！

居然是「布魯克林區」，印象中似乎不太安全，心中納悶：為什麼醫生及音樂家的家庭會選擇那個地區居住？

去陳家的前一天，緊張的老婆已再三仔細研究路線圖，免得流落異地而生不測，此外，她又慎重為女兒挑選有口袋的衣服，每個口袋都塞了一些美鈔，以備不時之需。

按陳太太的指示，我們順利到達該地區，比預定時間還早，停妥車子，便安步當車展開街頭探險。這個地區的確與其他地區不同，寥寥無幾的人車、三三兩兩的黑人佇立街頭與店家門口，超市門口荷槍的警衛來回的走著，兩旁不少商家以粗大的鐵窗護衛，不安的氣氛瀰漫在空氣裡。

「媽咪！我要尿尿！」環視左右，運氣不錯，前面正好有一家炸雞店，帶著女兒狂奔而去，入內一看，還真是奇觀，以冰冷、粗大的鐵欄杆護衛櫃台，唯一的缺口只容得一盒炸雞出入，似乎沒見洗手間，沒關係，先交易再套交情，點餐時順便問了一下洗手間的位置，黑人店員冷冷的丟下一句：「沒廁所！」真糟糕！趕緊到超市試試看吧！沒走幾步，女兒倏地停下不走說：「來不及了！」登時地上已出現一灘水，抬頭看看十步之外的街頭警察，正思忖著該怎麼辦時，孩子的媽已脫下她的大衣，裹著女兒，抱著她快步向超市走去，在超市內將就著挑了兩件褲子和一雙襪子，卻遍尋不著合適的鞋子，又挑了幾瓶礦泉水，狼狽的回到車上，先用礦泉水將女兒刷洗乾淨，換上乾淨的褲、襪，沒鞋怎麼

辦？突然靈光一閃，掏出兩個預備給老婆嘔吐的塑膠袋套在女兒腳上，再塞入「芬芳」的鞋內，暫時解決了問題。三人慢慢步向陳家，通過警衛，逕自上樓，出了電梯，在走廊上看到一户門口擺了幾雙鞋子，想必是東方人家，對了下門牌號碼，竟是陳家，兩人相視而笑，爲東方人的「脫鞋文化」喝采，頓時解除了一場尷尬。

與陳太太談笑風生的聊了一下午，天色漸漸暗了下來，也到了該告辭的時候，出門時，陳太太不忘提醒我們，這些黑人都非常善良，不必害怕，面帶微笑，他們不會怎樣的。不提還好，一提起，老婆又神經兮兮的緊張不已，但她由衷的表示：「好敬佩他們能在這個地區居住了二十多年，我現在才明白陳太太剛剛所說，她們的成功在於中國人傳統冒險、認真的真精神」，是耶？非耶？總之這次訪問，讓我對陳家重視子女的藝術教育留下了非常深刻的印象。

中國人重視子女的教育，因此子女的表現也不會太差，社會上許多父母總會對他人擁有優異的孩子羨慕不已，希望自己手中有本祕笈，能讓孩子出人頭地、順利成長。本書可說是教養子女的「葵花寶典」，它包含了理論及完整的實例，這些實例乃傑出學生他們十多年來成功的教養祕訣，確實值得珍惜與學習，唯讀者在運用的時候，必須先考慮自己與子女的情況，因爲每個家庭有每個家庭的文化、環境，每個孩子有他自己的個性，不能全盤照抄，只能從中就自己的

需要去吸取養分，做為教育子女的參考。

　　本書雖然是以資優生及其家庭為對象，但其中許許多多的教養理念、原則是放諸四海皆可行的準則，這些實例將會帶給父母們深刻的啟發，節省父母在親職教育上摸索的時間。

　　我衷心期望本書能讓每位父母都成為最有效率、最優秀的父母，每位孩子都能適性發展，成為人格健全、出類拔萃的社會菁英，讓我們的教育，特別是家庭教育回歸到正常軌道，人人發揮自己的潛力、扮演最佳角色，造就一個更美好、更安定、更有創造力的社會，讓中國人在全球光芒四射，這也是個人對社會、國家所貢獻的一份心力。

（為尊重當事人的意願，書中部分學生以化名出現）

蔡典謨　謹識

一九九六年

如何閱讀本書

非常感謝您明智的選擇本書。

本書為兼具理論與實際的資優教育親職書籍,共分為三章。第一章為學理部分,說明家庭教育的重要性;第二章為教養實例,介紹十七個國內、外傑出學生家庭教養子女的過程及其成功的秘訣,內容詳盡而實用;第三章為成功的教養方式,這是根據國內外一百多位傑出學生成功的教養經驗,以質與量的研究方法綜合整理而成,這些經長時間驗證有效的方式,非常值得每個家庭學習。

讀者閱讀本書,千萬不可錯過第三章!本章所舉十八種成功的教養方式,讀者不必全盤照抄,因為每個家庭、每個孩子均有其個別差異,您可依自己的情況、按孩子的成長階段,選擇適用的方法,在教養孩子的過程中,也要不斷檢討與修正。

記住!幫助孩子進步、讓孩子變好,是父母親所追求的。方法有效,應持續;無效,則應檢討改進。

看本書,您可以借別人成功的經驗來成就孩子的一生,做個有效能的父母!

誰可以出類拔萃？

怎樣的人可以出類拔萃？出類拔萃的人是不是從小就聰明絕頂？事實並非如此。從社會上、歷史上表現傑出的成功人物身上，可以發現他們有三種特性。

一、中等以上的能力

一個有傑出成就的人，智慧與能力應不致於太差，但要有傑出成就，也不一定都聰明絕頂，只要具備一般正常的智能，就有可能出類拔萃，因為人類潛力是無窮的。但這也不是智力正常就一定出類拔萃，因為還要有其他條件相配合。

二、高創造力

想到下列這些人，心中就肅然起敬，貝多芬、莫札特、米開朗基羅、畢卡索、牛頓、愛因斯坦、哥倫布、瓦特、愛迪生、莎士比亞、司馬光、張衡、華佗、李白，乃至國父孫中山先生。這些人表現傑出，對社會、歷史貢獻卓著。說這些人出類拔萃，大部分的人都不會反對。因此，天才、有傑出表現、有卓越貢獻與出類拔萃常被視為同義字。這些人何

以沒有異議被認為傑出呢？因為他們有新的發明，發現或創造！愛迪生本人即擁有 1093 件專利，愛因斯坦一共發表過 248 件出版品，畢卡索平均每年完成 200 件藝術創作，而莫札特在三十五歲逝世前已有 600 件音樂作品（Hanley, 1985），孫中山先生的三民主義更是扭轉中國歷史的偉大著作，顯而易見的，創造力的發揮與傑出表現有不可分的關係。

一個人要有傑出貢獻，總不能因為只熟背了很多課本吧！諾貝爾獎世界矚目，要是中華民國產生個諾貝爾獎得主，我們可要欣喜萬分！偉人所以被重視，因為他們對社會有傑出貢獻，為什麼他們對社會能有貢獻呢？因為他們有新的見解、新的作品、新的發現、新的發明！瓦拉曾分析了許多研究發現創造力與文學及科學上的成就有關（Wallach, 1976）。

由以上對偉人特徵的分析，歸結為：發揮創造力是出類拔萃的要件。

三、專注努力

這類特質是指一個人對某一個問題或領域有高度的熱忱與興趣，能全力以赴堅持到底，且有強烈的信心並設定極高的標準，嚴格的要求自己去達成。這個特質跟一個人能力的發揮有密切的關係，不努力而想有傑出貢獻將如緣木求魚。

一個兒童即使 IQ150，如果不努力，睡覺睡個十年，他還是一樣可以出類拔萃嗎？

羅歐（Roe）先生曾研究 64 位著名科學家，發現這些人的智商雖高於中等，但有很大的差異，有的智商特別高，有的則只稍高於中等。但這些人皆有一共同特點，即專心致志於工作，數十年如一日，甚至放棄假日亦在所不惜（Renzulli, 1981）。麥金倫（Mackinnon, 1964）也曾研究美國有創意的傑出建築師，也發現這些人的智力並不比一般大學生高，但卻比一般人更強調熱忱、果決、毅力與獨創性。愛迪生不是也說過天才是 99％的努力加上 1％的靈感嗎？他自己更是視工作如命，常用數年的時間去改進他的發明，每天經常工作十五小時以上，他的成就絕不是僥倖得來的。

前面顯示傑出成就與出類拔萃應涵蓋努力與毅力的特質，有了這種特質，能力與創造性的特質就能發揮作用而使人產生傑出的貢獻。貢獻比他人傑出，才能說是出類拔萃。

但這並非表示傑出成就的人一定就要絕頂聰明。事實上，很多有傑出成就的人物小時候並沒有顯現聰明絕頂，而僅只是個普通智能的孩子。人類其實有很大的潛能，只要有正常的能力，每一個人都可以出類拔萃，重要的是要把潛能充分發揮出來。只要持之以恆的專注努力，充分發揮潛能，善用創造思考，就能產生超越別人的傑出貢獻，出類拔萃是每個正常智能孩子都可以達成的！父母只要發揮愛心，善用

教養方法，提供可以開發孩子潛能的有效學習環境，幫助孩子出類拔萃，是每個父母都可以做到的。

參考資料：

Hanley, D. Q. (1985.2.3). *Psychologists delve into what drives, nourishes creativity.* Hartford Courant.

Renzulli, J., Reis, S., Smith, L. (1981). *The revolving door identification model.* CT. Mansfield: Creative Learning Press.

第
一
章

家庭教育對子女成就的影響

　　教育的目的在發展學生的潛能，幫助學生成功。影響學生成就的因素相當複雜，個體的能力、成就動機、學校制度、課程、教材教法、教師良窳及家庭影響等，均有可能，其中家庭的影響不但開始得早，而且影響深遠。

　　家庭是人出生後最早的生活環境，是幼兒最早接觸的生活天地，也是他們成長最主要的場所。一天中，他們與父母在一起的時間也最長，金斯貝瑞（Ginsbery）曾說：「家長是子女的第一位老師，因此他們對子女的一生有著最大和最長遠的影響力，他們站在價值提供、態度形成和資訊給與的第一線上」（Passow，黃裕惠，1992）。家庭經驗對兒童行為發展具有重大的影響，舉凡家庭的社經水準、家人關係、父母教養子女的態度與方式，以及其他種種因素所形成的家庭生活氣氛等，均與兒童的生活適應息息相關，兒童在穩定和諧的家庭中成長，父母提供愛及溫暖的環境，兒童具有安全感、自信心，潛能得以發揮，人格也能健全發展（簡茂發、蔡玉瑟、張鎮城，1992）。家長對他們自己角色的認識、教養子女的知識、技能與態度等，對子女的成長將造成建設性或破壞性的影響（Devries & Webb,1988）

　　兒童入學前的生活及學習場所，主要就是在家裡，因此，家庭也是學校的準備，兒童在家裡做好學習前的準備，自然有助於其學校裡的優異表現。兒童上學之後，經濟上靠父母支持，精神上需要父母鼓勵，放學後，生活的主要環境

也是在家裡，因此，家庭繼續影響孩子的學習也是自然的，甘貝爾（Campbell）指出：影響美國亞裔資優生學業成就的因素中，最大者為學生自身，占 67 ％，其次為父母占 30 ％，第三是教師占 3 ％，而自身因素中，努力占 78 ％，能力占 22 ％（蘇清守，1987）。上列因素中，能力仍受父母遺傳的影響，而努力受父母期望及教養方式所影響，也已為調查、實驗及比較研究所證實（林清江，1972）。推孟（Terman）於研究資賦優異兒童之發展時，發現資賦優異兒童日後成就之高低與其父母教養有密切的關係，父母之良好教養是資賦優異兒童發展與將來成就的良好基礎（李明生，1973）。蒙克（Monk）亦指出資優青年必須有動機才會有成就，必須是在受支持下的環境才能成就非凡（陳雅惠譯，1992）。

　　以上資料，說明了家庭影響的重要，兒童自出生獲得父母遺傳開始，在父母所製造的環境中生活，受父母的知識、價值觀念、生活習慣、教養方式、親子關係等因素影響，並與家庭以外的因素交互作用，直接、間接影響了兒童日後的發展與成就。

　　影響學生成就的家庭因素相當複雜，社經地位、價值觀念、父母期望以及教養方式等均與子女的成就密切相關，而且彼此關連，例如社經地位影響教養方式、價值觀念及期望；而價值觀念也與期望及教養方式有關，這些因素的影響

關鍵可能又在子女的成就動機及努力。許多的研究指出,家庭的社經地位、父母的期望與子女成就成正相關;父母的教養方式也是影響子女成就的重要家庭因素。這並非絕對,也有另外一些特殊的例子。讀者可以從本書的實例中發現。

一、社經地位的影響

家庭社經水準的高低,直接影響個人的身心發展。以父母的教育程度而言,教育程度高的父母,本身對兒童教育較具認識,也較為關心,因此勤於吸收新的教育理論,而應用於教育子女上。教育水準高的父母,可能從事較專業化的職業,在職業上的知識與技能,將會無形地影響兒童,兒童在父母的潛移默化下,不自覺地吸收了新知,而有助於孩子的發展。經濟水準而言,經濟水準高的家庭,可供給子女較多的文化刺激。國內許多學者分別從幼稚園、國小、國中、高中學生、資優生來研究,發現到家庭社經地位越高,兒童語言發展較快,自我肯定程度也越高,他們在學業上的成就與其父母的社經地位有明確的相關。

這些相關雖為許多統計資料所證實,但仍不能據此證明學生之發展與其父母之社經地位的必然關係,有些父母社經

地位高，並不能肯定其子女必會得到適宜之照顧，甚至產生
家庭問題，如父母爭吵、疏於管教等而阻礙了孩子的正常發
展（李明生，1973）。社經地位固然重要，家庭氣氛的和諧
溫暖，更可積極將社經地位的正面功能充分發揮。美國學者
懷特（White）針對文獻上社經地位與學業成就的有關研究
加以分析，發現社經地位與學業成就的確有相關，另有研究
指出資優生常來自穩定的家庭。

二、家庭價值觀念的影響

　　一個人的行為常受其價值觀的影響，自己認為重要的，
即會努力去做，一個重視教育的父母，不但自己在行為上會
努力去做對孩子教育有幫助的事，在日常家庭生活中也會灌
輸教育是重要的價值觀念；一個重視勤勞努力的父母常以勤
奮持家，自己努力工作，也鼓勵孩子勤勞。子女成就動機的
發展，需要靠父母對孩子成就的增強，孩子的課業進步受到
父母的重視，學習的興趣自然會增進。蘇清守（1987）指
出：父母是子女認同模仿的對象，在家庭之中形成積極進
取、追求卓越的氣氛，兒童長期在有利的家風薰陶濡染之
下，自然受惠深厚，經常維持濃烈的學習動機，而所表現的

成就亦受到父母的認可和增強，不斷形成良性循環，如此年深月久，其成就自然可觀。加樂葛（Gallagher，吳秀玲譯，1992）也指出：在教育上，兒童的成就動機及努力，深受家人價值觀的影響，強調學習是重要的文化價值觀，可產生正向積極的力量。

布魯姆（Bloom,1985）曾經對美國 120 名專業傑出人士研究，發現這些傑出人士所生出的家庭，具有重視成就及努力做好工作的價值觀念，他們的父母相信努力工作及盡全力的重要，他們充分運用時間，設定優先順序，也訂定完成工作的標準，強調紀律、盡全力以及成就感，可以稱之為「成就的價值觀」（value of achievement）。父母期望其子女學習並且實踐此種成就的價值觀，父母以身作則不斷傳輸此種觀念給子女，這些特性變成了這些家庭的風格。

中國人一向重視家庭教育，例如「孟母三遷」的故事，市井小販耳熟能詳；中國人也說「養不教，父之過」；又說「言教不如身教」，傳統文化的價值觀念，甚至遠播海外，被認為是美國亞裔學生傑出表現的主要原因，美國的亞裔學生的現象。

由於亞裔學生的傑出成就，包括高就學率及畢業率，測驗成績斐然、就學意願高、就讀美國著名的大學比率比其他族裔高，以及常獲著名獎學金而被美國學者譽為「模範少數民族」（Model minority），其原因，許多學者均強調中國

傳統家庭文化價值的意義，例如重視家庭觀念、尊師重道、光宗耀祖、勤奮努力、一分耕耘一分收穫、謙虛不自滿。卡布蘭（Caplan,1985）及其同事在一項系統的分析研究中，發現高成就的亞裔學生，常來自傳統文化價值較明顯的家庭，例如強調家庭及教育等。前面這些說法，在解釋美國亞裔學生的教育成就上稱之為文化決定論（Cultural determinism），認為成就是特殊文化特性的自然結果（Suzuki, 1977），這種文化特性就是強調教育的價值，尊師重道、重視勤奮努力、紀律、謙虛、家庭觀念重、尊敬長輩等。

　　前面說明了家庭價值觀念的重要性。一個有助於孩子成就的價值觀可能是：父母強調教育的重要性，也重視孩子的課業；父母重視勤勞努力，也鼓勵孩子用功；父母尊師重道、謙虛不自滿，也要求孩子做個好學生，父母重視家庭生活並以孩子的教育及生長為生活的重心。家庭價值不但為國內學者所重視，傳統文化價值的影響更遠播海外，被視為美國亞裔學生優異表現的關鍵。

三、家庭影響是華裔成功的重要因素

　　一般認為導致亞裔成功的原因，主要是在文化因素。從

文化解釋，成功的少數族裔較重視動機、毅力、較能忍受延後的滿足，而且展現向上層社會發展的強烈慾望（Hirachman & Wong, 1986）。

在舊金山的州立大學針對亞裔學生的調查，發現移民子弟深覺有責任在課業上力求表現（Okutsu, 1989）。針對馬里蘭大學的 139 位亞裔學生的調查，發現亞洲人的重要價值觀念包含了家庭責任、光宗耀祖、勤奮及努力等（Minatoya & Sedlacek,1979）。

卡布蘭（Caplan,1985）和他的同事研究了 350 位東南亞難民的學齡兒童，發現成就較高的兒童都來自傳統中國文化色彩較濃的家庭，這些家庭強調孔子的傳統價值，包括團結、重視教育及家庭文化的傳統等。

在解釋亞裔的成功上，文化因素很少受到質疑（Hitschman,Wong,1986;Brand,1987）。因而形成一種理論，稱為「文化決定論」（Cultural determinism）。根據此種解釋，在美國的中國人保留了優良的傳統文化而對子女的教育成就產生了積極的影響，這些傳統文化包括：強調教育的價值，視教育為社會升遷的工具、重視家庭、尊敬老師及長輩、努力勤奮、守紀律等，這些特質幫助了華人在美國社會的成功（Suzuki,1977）。此外，謙虛不自滿也是中國文化的美德，華人也會要求子女謙虛（Leung,1987），而功課方面也要不自滿，好還要更好，A⁻ 還不夠，要 A 才好（Mordkowitz &

Ginsburg,1986）。

　　以上資料顯示華裔成功與傳統文化的關係，中國傳統文化重視教育、尊敬師長、努力、紀律、謙虛、家庭責任等，這些文化特質對華人在美國社會的成就產生積極的作用。而華裔兒童受到傳統文化的影響主要來自家庭。例如重視教育，根據筆者的研究（Tsai,1992），華人可能表現的方式如下：

　　母親專職照顧小孩；居住地點優先考慮好學區，甚至不惜為孩子而搬家；父母注意孩子的功課；為了孩子獲得較好的教育機會而全家移民；要孩子專心讀書，不要去打工；若要打工，則要與成長學習有關；只要對孩子的教育有幫助，不吝惜花錢。

　　一個比較華裔父母及白人父母的研究，發現華人父母覺得孩子的功課自己有責任（Pang,1990）。華人也視受教育是社會階層移動的管道，因此孩子要努力讀書，孩子的成就與父母影響力有關，唸書給孩子聽的家庭，孩子成就最高（Caplan,1985）。

　　另外，在重視勤勞努力方面，由於中國人強調勤能補拙，一分耕耘一分收穫，只要肯努力就會成功，而失敗則是因為不努力的結果，因此會要求孩子努力用功。一項跨國的研究顯示，台灣及日本的母親視努力為學業成就的最重要因素，而美國的母親則視能力為主要因素，由於母親的價值觀

念，孩子也願意努力做功課，美國母親估計一年級的孩子每天花 14 分鐘做功課，而台灣的母親估計孩子一天做功課的時間為 77 分鐘，日本則是 37 分鐘，五年級的孩子情形則是美國 46 分鐘、台灣 114 分鐘、日本 57 分鐘（Stevenson,Lee & Stigler,1986）。另一個比較在大陸的中國人、美國華裔及美國白人的研究，將成敗歸因於能力、努力、家庭教育、學校教育或運氣，結果顯示中國人視不努力為失敗的主因，華裔則視不努力為失敗的主要原因，但也考慮其他原因，美國白人視失敗為多種原因共同造成的（McDevitt,1987）。

　　由於華裔重視努力的價值。許多資料均顯示華裔學生的勤奮努力，在大二的時候，約有 46 ％的亞裔學生每週花五個小時以上做功課，比較起白人是 29 ％、黑人 25 ％、西班牙裔是 18 ％，另方面，亞裔學生打工的時間也較少，每週打工時間少於 15 小時內的，亞裔是 24 ％、白 32 ％、黑人 30 ％，而西班牙裔則是 36 ％（Peng et al.,1984）。一項史丹佛大學的研究也顯示，在舊金山地區亞裔高中男生每週花 11.7 小時做功課，而白人的高中男生是每週 8.6 小時（Divoky,1988）。

　　以上資料顯示努力的重要，正如一個心理教授 Chizuko Izawa（1989）所說的：在教育上要傑出，不必非要黃皮膚不可，任何擁有正常智力的人，只要非常努力，力求傑出，都將在教育上獲致傑出的成就。

　　探討華裔教育成就的原因，文化因素深受重視，文化主要係由家庭影響而來，父母的價值觀念、行為特質、經營家庭的方式等形成了家庭特有的文化，透過家庭文化薰陶，孩子不斷潛移默化，因此為人父母應重視家庭對子女的影響，尤其傑出華裔學生的成功經驗更值得為人父母者借鏡參考，用心學習，與孩子共同成長，共創成功人生。

四、父母的期望與子女的努力

　　天下父母，莫不冀望其子女能出人頭地，光耀門楣。雖然不是每一個子女都會有卓越成就，但做父母的卻仍對其子女抱以無限的期望，在兒童生活中不斷以口頭或其他方式教導與督促子女應朝某種方向發展（李明生，1973）。父母是子女在經濟上及精神上的主要支持者，加上親情與父母朝夕相處的影響，子女的發展自然會受父母期望的影響。孩子如果認為父母相信他們會表現得很好，可能就會認真的去達成父母的願望，研究也發現兒童能力的發展，學業成就與父母的期望成正相關。父母的期望可能透過子女成就動機而影響子女的成就，父母對子女的要求或期望較高，同時在子女成功給予鼓勵，失敗時給予懲罰，則兒童的成就動機較高；反

之父母對子女要求較低，期望較低，則子女的成就動機相對
的也低（楊憲明，1988）。

　　父母的行為常與對子女的期望有關，對子女有較高期望
的父母常會花較多的時間陪子女，並較注重子女的管教問
題。分析了父母的期望、兒童期望及兒童的語文及數學成績
的相關之後，安特威斯（Entwisle）及黑德克（Hayduck）
指出，在控制 IQ 的情況下，父母期望較高的兒童表現比父
母期望較低的兒童佳，唯此種差異並非父母期望的直接影
響，較有可能是父母增加一些提高子女成就的具體活動
（Mordkowitz & Ginsbury,1986），也就是父母的期望要讓
孩子知道。蘇清守先生指出，子女學業成就與父母親的成功
期望及經常參與子女的成就活動之程度具有正關係。父母的
期望也可能表現在身教上，而為子女認同模仿的樣板，在家
庭之中形成積極進取，追求卓越的氣氛，兒童長期耳濡目
染，自然受惠深厚，經常維持濃烈的學習動機，其所表現的
成就也受到父母的認可與增強，良性循環下，成就當然可
觀·因此，如果其他因素相同，可以預計對子女有較高期望
的父母對子女的管教也會較積極。

　　由於親情及父母給予子女經濟上與精神上的支持，加上
父母握有獎懲權，父母的期望常是子女努力以赴的標的。父
母期望高，連帶可能也有較積極的教養態度，因而與子女的
成就產生關連。父母的期望固然與子女的成就有關。唯子女

成就的關鍵應仍在子女本身的動機與努力，從傳統或有關傑出成就人物的研究都發現成功並非偶然，都是長期努力的結果（Renzulli & Reis, 1985）。華柏格（Walberg, 1984）分析了十五個有關家庭作業的研究後指出，家庭作業影響孩子的成就遠甚於社經地位的三倍之多，西儒口（Chizuko, 1989）指出任何膚色、任何國籍而擁有正常智能的任何人，只要努力用功以赴，在教育上就必定會有成就。林義男（1988）曾研究 2716 名兒童，發現學業成就與其努力情形有密切關係，在課外研究所花時間越多者，其學業成就也越高。這些資料說明了父母期望固然與子女的成就有關，唯關鍵仍在子女的努力，亦即父母的期望能否明確的讓孩子知道？父母的期望是否合理？親情關係是否和諧溫暖？父母是否配合其期望採取積極而適當的教養方式？

　　父母的期望與子女成就雖然具有關連，但過高的期望也可能造成子女太大的壓力及心理的不適應，若父母過分虛榮，對子女的發展及能力限度與興趣茫然無知，對子女寄以超出其能力限度之期望，子女在心理壓力之下，極易為焦慮所困，不僅父母失望，子女亦不勝內疚，甚至心存反抗，造成親子間的衝突（李明生，1973），或失去原有的表現，或完全置之不理。雖然說，父母期望與子女成就成正相關，但過高的期望可能造成子女太大的壓力及困擾，尤其國內升學主義盛行，父母很容易在競爭激烈的環境下對子女期望過

高，給予子女太大的壓力。可見父母應衡酌子女的能力限度，給予適當的期望，期望也要明確的讓孩子知道，在和諧的親情關係下，配合期望採取積極的教養方式，則孩子自然也會努力用功，全力以赴。

五、父母的教養方式

許多的研究都證實了父母的教養方式是影響子女成就的重要家庭因素，一般在探討父母對子女的教養方式時，大致分為父母對子女的態度及管教方式，態度是指父母的接納或拒絕、溫暖或冷漠等，而管教方式則指所用的教養方法，如民主、放任或專制等，唯二者應為一體的兩面，彼此相關。父母的接納、關愛及良好和諧的家庭氣氛，可以促使兒童有較大安全感，增進其學習的動機，相反的，如果父母關係不正常，家庭不和諧，則子女將會喪失心理上的安全感，造成對父母的衝突或仇恨，甚至形成問題之行為（李明生，1973）。

父母的教養態度與子女的學業成就有密切的關係，父母的教養態度越適宜，其子女的學業成就也越高，父母如能對子女的課業給予督促、關心及鼓勵，即能激發其學習動機，

而會有優異的學習表現（李明珠，1988）。積極的教養態度對子女認知複雜性的發展也有影響，例如概念複雜性較高的子女，父母傾向於給子女更多的自主性（鍾瑞文，1992）。

父母教養方式對兒童之生活適應，學習行為及成就動機，具有重大的影響，父母所言所行及對子女之社會期望，便構成子女學習及社會發展的生活動機；教養方式之好壞，直接影響子女各項能力的發展，亦為日後子女成就高低之決定因素，積極的教養方式，有助於兒童建立明確的自我觀念，形成自我悅納的態度，而獲致良好的生活適應（簡茂發等，1992）。

楊憲明分析了有關父母管教態度的研究，研究權威、拒絕、專制等消極的態度對子女人格特質有不良的影響，而溫暖、接納、鼓勵等積極的管教態度則對子女的人格特質有良好的影響。管教態度也影響子女的學業成就，積極的管教態度與子女的高成就互為因果，良好的管教態度，例如信任、關愛、獎勵、支持、親近、尊重等，對子女成就產生有利影響，子女的高成就又成為良好的回饋，使父母更加喜歡使用原有的管教態度。同樣的，消極的管教態度，例如冷漠、拒絕、懲罰等則與子女的低成就互為因果，形成不良循環（楊憲明，1988）。

有關資優生父母教養態度之研究，也有類似的發現：父母親的關懷與資優兒童的學習動機及學習態度有顯著的相

關。簡茂發等人研究發現資優生之父母教養方式、「愛護」層面比「要求」層面對資優生生活適應、學習行為與成就動機更具影響力。李明生（1973）研究才賦優異兒童能力發展，也發現與父母對子女的態度成正相關，他指出父母的教養方式不但是才賦優異兒童各項能力發展的準備，也是兒童社會適應能力決定的因素，若父母能給予兒童適當與充分的愛，則可維持兒童心理的穩定，其各項能力才有發展的可能；同時，父母的管教方式適當，才能使兒童學業與智力得到良好的發展。

父母的管教方式可以用很多種方式來分類，例如，分為放任式、權威式及民主式；或分權威與關懷。而較為積極的教養方式是民主式或關懷式的。民主式的管教方式乃是父母對待子女恩威並濟、寬嚴兼施，依子女的興趣、能力及需要，給予合理的要求，也尊重子女處理自身事務，與子女關係親密。這種方式，孩子易養成獨立的個性、善於適應生活，建立穩定的情緒與良好的習慣，有助於才賦優異兒童的發展（周麗瑞，1980）。關懷的行為包括：父母能了解子女、接納子女、對子女有積極的評價、時常給予子女適當的讚美，能設法幫助子女解決困難及消除他的煩惱；子女也很信賴父母，遇困難喜歡向父母求教（楊憲明，1988）。林清江指出教養方式可分為兩類：第一種是運用愛的分式，藉親子之間愛的關係，影響子女的行為；第二類是運用父母的權

力影響子女的行為。愛的方法是較為積極的方法，因為愛的方式常導致內發的反應，形成個人的責任。正如李文（Levine,1998）指出：缺少鼓勵與支持，天才兒童的才華可能就會隨年齡消失。但愛並不是過分保護，如果事事干涉，兒童可能無法獨立自主而過分依賴他人（李明生，1973）。

　　以上說明了父母教養方式的影響。在和諧的家庭氣氛中，父母的關愛、鼓勵、以積極的態度教養子女，可以讓子女感到安全，建立積極的自我觀念並提高抱負水準與成就動機，而有助於生活適應、人格發展及學業表現。積極的態度要加上適宜的教養方式，例如，民主式的、關懷式的方法，給予子女獨立自主的空間，子女的能力更能充分的發展。

　　教養方式除考慮態度及方法的影響之外，家中的讀書環境、文化刺激，也應為有利之影響因素，而社區資源，如圖書館、科學館、博物館、劇院、美術館、電台、電視台、政府中心等機構，也均可充分運用而提高教養子女的效果，甚至於像兄弟姊妹的關係及相互影響，也影響子女的成就的因素（Keirouz,1990），兄弟姊妹具有良好的關係，彼此鼓勵學習，甚至積極的彼此挑戰，對子女的成就有積極的作用，如果彼此過分激烈的競爭比較，也有可能產生壓力，造成子女不良的適應（蔡典謨，1992）。

　　父母積極的教養方式可以讓子女感到安全，建立自信、提高成就動機，因而有助於子女的生活適應、人格發展及學

業表現。

　　家庭教育對孩子的成就有著既深且遠的影響，從前面的論述可以看出，天底下每位父母無不衷心希望自己的孩子能出類拔萃，因此，筆者深入訪談了國內外高成就學生家庭，以實例來說明家庭教育對孩子的重要影響，這些傑出青年，歷經長時間的發展及學習，累積了足以證明其成就的具體事實，以及其父母彌足珍貴的教養經驗，特別值得家長及教育人員借鑑與參考。

　　高成就學生常為高潛能之學生，而高潛能之學生需要因材施教，唯在大班級之下，一個老師要照顧許多學生，個別化的教學實在不易達成，克服的一個方法就是家長參與，因為家長最關心自己的子女，面對孩子數也少，長時間與子女相處，若能參考高成就學生家庭教養子女的成功經驗，將可發揮家庭影響的積極功能，幫助子女發展其潛能，成就其一生。

❖ 參考資料 ❖

● 中文部分 ●

李明生（1973）。影響才賦優異兒童教育之家庭因素。**教育研究集刊，15**，130-231。

李文（Levine,A,1987）。天才兒童：揭開他們心智之謎。**美國新聞與世界報導，中文版 15 期**。

李明珠（1988）。父母教養態度對其子女的影響。**國教月刊，34**(9)(10)，4-8。

吳秀玲譯（Gallagher,J.J，1992）。美國教育的改革與資優學生。**資優教育季刊，45**，18-25。

林義男（1988）。國小學生家庭社經背景、父母參與及學業成就的關係。**國立彰化師範大學輔導學報，11**，95-141。

林清江（1972）。家庭文化與教育。**國立台灣師範大學教育研究所集刊，14**，89-109。

周麗瑞（1980）。家庭環境與才賦優異兒童教育。**家政教育，8**(3)，48-51。

陳慧雅譯（Monk,FJ，1992）。資優教育的發展：青年的資優教育。**資優教育季刊，45**，7-12。

黃裕惠譯（Passow,H.A，1992）。培育和發展資賦優異者：學校、家庭及社區。**資優教育季刊，45**，13-17。

楊憲明（1988）。**國中學生家庭社經地位、父母管教方式及學業成就與師生互動關係之研究**。國立高雄師範大學碩士論文。

鍾瑞文（1992）。父母教養方式與子女的認知複雜性。**中等教育，43**(5)，72-73。

簡茂發、蔡玉瑟、張鎮城（1992）。國小資優兒童父母教養方式與生活適應、學習行為、成就動機之相關研究。**國立台灣師範大學特殊教育學刊，8**，225-247。

蘇清守（1987）。父母的人格對資優子女的影響。**資優教育季刊，22**，20-23。

● 英文部分 ●

Bloom, B. S. (1985). Generalizations about talent development. In Bloom, B.S. (Ed.), *Developing talent in young people* (pp.507-549). N. Y.: Ballantine Books.

Caplan, N. (1985). Working toward self-sufficiency. *ISR Newsletter. 13*(1), 4-5 & 7. (ERIC Document Reproduction Service No. ED 263253).

DeVries, A. R. & Webb, J. T. (1988). Parents of gifted children: A special population with special needs. *Journal, Illinois Council for the Gifted. 7*, 36-39.

Keriouz, K. S. (1990). Concerns of parents of gifted children. *Gifted Child Quarterly. 34*(2), 56-63.

Mordkowitz, E.,& Ginsburg, H,(1986, April). *The academic socialization of successful Asian-American college students.* Paper presented at the annual meeting of the American Educational Research Association, San Francisco, CA,(ERIC Document Reproduction Service No. ED 273219).

Renzulli, J.S., & Reis, S.M. (1985). *The Scshoolwideenrichment model: A comprehensive plan for educational excellence.* Mansfield Center, CT: Creative Learning Press.

Suzuki, B.H. (1977). Education and the socialization of Asian Americans: A revisionist analysis of the " model minority " thesis *Amerasia Journal.* *4*(2), 23-51.

Walberg, H.J. (1984,February). Families ad partners in educational productivity. *Phi Delta Kappan*, 397-399.

Brand, D. (1987,August 31). The new whiz kids. *Time*, 42-51.

Caplan, N. (1985). Working toward self-sufficiency. *ISR Newsletter. 13*(1), 4-5 & 7. (ERIC Document Reproduction Service No. ED 263253).

Divoky, D. (1988,November). The model minority goes to school. *Phi Delta Kappan.* 219-222.

Hartman, J.S., & Askounis, A.C. (1989). Asian-American students: Aer they really a "model minority" ? *The School Counselor. 37*, 109-112.

Hirschman, C., & Wong, M. G. (1986). The extraordinary education attainment of Asian-Americans: A search for historical evidence and explanations. *Social Forces. 65*, 1-27.

Leung, B. (1987, February). *Cultural consideration in working with Asian Parents.* Paper presented at the conference of the National Center for Clinical Infant Programs, "Vulnerable Infants, Stressed Families: Challenges for Research and

Practice". Los Angeles: CA. (ERIC Document Reproducation Service No. ED 285359).

Minatoya, L. Y., & Sedlacek, W. E. (1979). *Another look at melting pot: Asian-American undergraduates at the University of Maryland, College Park.* (Research Rep. 14-79). Maryland, University of Maryland. (ERIC Ethnic and Multicultural Concerns Symposia, Dallas, TX). (ERIC Document Reproducation Service No. ED 224377)

Mordkowitz, E., & Ginsburg, H. (1986, April). *The academic socialization of successful Asian-American college students.* Paper presented at the annual meeting of the American Educational Research Association, San Francisco, CA. (ERIC Document Reproducation Service No. ED 273219)

Okutsu, J. K. (1989). Pedagogic "Hegemonicide" and the Asian American student. *Aamerasia. 15*(1), 49-66.

Pang, V. O. (1990). Asian-American children: A diverse population. *The Education Forum. 55*(1), 49-66.

Peng, S. S., & others(1984). *School experiences and performance of Asian American high school student.* Paper presented at the annual meeting of the American Educational Research Association, New Orleans, LA. And the East Coast Asian American Education Conference, Washington, DC.

(ERIC Document Reproducation Service No. ED 253607)

Stevenson, H. W. Lee, S., & Stigler, J. W. (1986). Mathematics achievement of Chinese, Japanese, and American children. *Science, 231*, 693-699.

Suzuki, B. H. (1977). Education and the socialization of Asian Americans: A revisionist analysis of the "model minority" thesis. *Amerasia Journal. 4*(2), 23-51.

Tasi, D. M. (1992). *Family impact on high achieving Chinese-American Students: A qualitativeanalysis*. Storrs: The University of Connecticut.

Tsang, S., & Wing, L. C. (1985).*Beyond Angel Island: The educations of Asian Americans*(ERIC/CUE Urban Diversity Series No. ED 253612)

傑出學生家庭教養實例

一、台灣部分

1 | 國際奧林匹亞化學競賽金牌獎
尤嘯華

·台大高材生

建國中學數理資優生
國際奧林匹亞化學競賽金牌獎
獲「李遠哲獎學金」赴美短期研究
在學期間獲獎無數

【父母親的話】

尤先生

小孩子最重要的就是一開始的時候，從小就要養成非常好的習慣。

現在大人都很疼小孩，但不一定了解小孩，這點很重要，我們是滿了解小孩的，讓小孩有比較大的空間，讓他去自由發展。

如果父母給孩子多一點點的空間，那麼你會獲得意想不到的結果。

尤太太

我最主要強調：父母之間一定要能溝通，父母不能溝通，一個嚴、一個鬆，小孩對你們兩個都沒辦法適應，他要如何去適應其他的人？常有人說，一個扮白臉，一個扮黑臉，白臉、黑臉應該是生活上的；對於唸書，父母的態度應該要一致，要求不要太高，失望也不會太多。

◙ 奧林匹亞金牌得主

趁著春節回台北，順道聯絡了尤澍棠先生，承其夫婦熱心支持，特別安排於除夕當天上午接受訪談，為此也相當過意不去，並對其重視孩子的教育，留下了相當深刻的印象。

尤先生服務於中科院，尤太太原為職業婦女，在生下老二後，辭去工作，專心在家照料孩子。

他們育有二子，在校均是名列前茅的佼佼者，老大嘯華畢業於建中資優班，目前是台大化學系的高材生，曾榮獲世界奧林匹亞化學競試金牌獎。他長的高高壯壯的，是一個開朗又幽默的健康男孩，興趣非常廣泛，尤其在運動方面，據其表示「幾乎已達氾濫成災的地步」，記憶力非常好，喜歡思考，想像力、邏輯、分析能力都很強，思想成熟，獨立自主，他的人際關係很好，是學校社團的領導人物，很得師長、親友的喜愛。老二，目前就讀於師大附中，表現也不遜於哥哥。

尤府非常重視孩子的教育，尤太太為了兩個小孩，毅然放棄前景不錯的工作，回到家庭專心教育孩子。尤先生感激太太為整個家庭犧牲奉獻，這一路走來，看看孩子今日的表現，他們深信當初的決定非常正確，也是相當值得的。

◙ 良好習慣始於嬰兒期

夫妻倆確信零歲教育的重要，打從孩子一出生，即特別加以注意，他們早有默契：「小孩子最重要的就是一開始的時候，從小就要養成非常好的習慣。」

他們認為一開始習慣好的話，以後就會很好，也不必花很多心思去糾正，但一個習慣偏差後，卻要花很多時間和精力去糾正他。在孩子準備入小學之際，他們曾經就孩子是否就讀貴族學校，有過一番討論，尤先生堅決反對，他說：

「因為我是過來人，從那邊過來了，我就希望孩子接受大眾式的教育，對一個男孩子的成長是比較正常，當然對一個女孩子來說，也是很好的情形，也就是說這樣子男孩子的適應會比較強，將來出社會才有用，如果永遠是貴族學校的話，等於保護住，將來一旦有問題產生的話，很難再把他糾正回來，當他一步踏錯了以後，把他拉回來的時候很難，且事倍功半，要花很多的時間和精力，所以小孩子一開始就要有一個很好的習慣。」

在良好習慣的建立方面，他們非常注意而且有默契。因此在娃娃幾個月時，他們都有辦法為孩子養成迅速而規律的喝奶習慣。尤先生提起往事，他說：

「孩子小的時候，老大是餵什麼都吃，他可以在很短的時間內吃完；老二不一樣，餵奶時，他不吃，我太太很乾

脆，把奶倒掉，洗乾淨奶瓶，到了下一頓，他餓了，時間一到，咕嚕咕嚕的就吃完了。

所以，小孩子在還不懂，話不會說，只會哭的階段，我太太就教育，這一點我倒是非常贊成。因為有的媽媽會試試，溫在那裡半分鐘以後，再試試看，結果以後就造成他一餐飯必須吃半個鐘頭、一個鐘頭，但是我的小孩都是五分鐘就吃完，拍奶打嗝的事就是我的事了，我們就是這樣分工，我覺得這樣，大人輕鬆，小孩也輕鬆。

我們常常看到小孩坐著學步車，大人追著餵他吃飯，看的頭都昏了，我覺得這個時候是很重要的。所以他從小就養成了一個很好的習慣。」

除了餵奶外，他們也把娃娃訓練到一覺到天亮，尤先生表示：

「我覺得人一生下來就有感覺，只是他的語言和你的語言如何去溝通，我覺得這很重要，人從母親的肚子一出來，就開始在學，只是早學跟晚學而已，愈早學，做母親的愈輕鬆，愈晚學，做母親的責任更重，相對的，付出更多，我們現在滿高興的，一直在收成。」

當然，也許有些家長會心疼孩子，認為那麼小懂什麼，等他大一點再教也不遲，或是爸、媽意志力不夠堅定，因此也沒什麼成效，尤先生對此有一番看法，他說：

「有一些事情，一定要堅持自己的原則，絕對不能讓

步，尤其該堅持的東西，母親有時會心軟，到了最後，根本沒辦法改，這都是母親造成的。」

尤先生認為，在孩子還很小的時候，就要訂出規矩去執行，且要堅定貫徹等，等他們良好的習慣建立起來，往後就不必花很多心思。

「我太太在這方面一開始就盯得很好，所以後面大家都不用花很大的心思，他們都已經有很好的習慣了。」

尤太太對於孩子良好習慣的建立尤為堅持，小時候她教孩子挺嚴的，也費了很多心血。

◎ 專心習慣的培養

很多人非常羨慕尤先生夫婦，認為他們的孩子唸書很輕鬆，但成績卻出奇的好，尤太太表示：

「其實老大唸書不是很輕鬆，而是很專心，我說他們可能是孩子唸書的時候，父母會在旁邊干涉，這樣不好。」

專心是老大的長處，也是其母親刻意培養的好習慣之一。

小時候，老大滿好玩的，兄弟倆相差四歲，哥哥唸小學時，弟弟還在唸幼稚園，兩個人都很皮，尤太太擔心哥哥做功課會不專心，因此讓弟弟唸全天的幼稚園，而哥哥上半天課回來時，可以安靜的把功課做完，尤太太說：

「老大做功課很自動，我有一個規定——功課寫完，才

能夠玩。至於你玩什麼，我都不管你。所以他的速度都很快，小學功課不怎麼多，差不多一個鐘頭就可以做完。

　　我兩個孩子寫字都是一筆一畫，寫的很快，很整齊。因為他們剛開始寫字時寫得很快，我覺得看起來怪怪的，我要他擦掉重寫，擦了之後，紙就爛了，我不准他撕，經過那次以後，他就不敢了，他們做功課我都不操心的。」

　　兩個孩子相當獨立，唸書都是自動自發，完全自己唸，根本不用媽媽操心。從小，嘯華的功課一定在吃飯前做完，功課寫完，拿給媽媽檢查。一個鐘頭可以做完的，他絕對不會拖到兩個小時，他會想辦法集中精神；專心時，完全不受外界的影響，更不會要求其周遭的環境如何。

　　在往後學習的過程中，孩子確實發揮了自己「專心」的長處，創出佳績。尤太太是如何培養孩子專心的習慣呢？尤太太表示：

　　「我給他一種理由，我告訴他說：你想一想，如果你現在功課做好，你有五、六個鐘頭可以玩，心裡完全沒有壓力，如果你一邊玩，一邊想功課，你常常看人家到晚上十二點鐘，功課都還沒做完，你玩那四、五個鐘頭，不是不安心嗎？我給他是這種理由，你輕鬆，我也輕鬆。他把功課做完就好，書包收一收。我不像其他的人做完功課還要做這做那，我把聯絡簿簽一簽，表示我這媽已經盡責了。這樣，我也有自己的時間，他唸了一天書也要有自己的時間，八點鐘

做完功課，愛看電視，或做自己想做的事，多愉快，所以，他到現在還是這樣。」

尤先生認為孩子有今日的傑出表現跟專心大有關係，他唸書專心、做事專心，他的長處就是專心。

◙ 融合東、西方教育方式

尤家以中、西方教育方式來教養孩子，尤太太對於外國訓練孩子獨立自主的教育方式非常欣賞，因此她把這套方式運用在孩子身上，結果極為成功。

老大六個月大時已自己獨睡，因而養成他規律的作息習慣。稍長，幾乎每年都參加各種夏令營活動，經此訓練後，他顯得獨立、自主與合羣，很得師長的喜愛。

針對獨睡這點，尤先生滿佩服太太的，雖然有些人會認為孩子那麼小就讓他自己獨睡，有點狠心，但尤太太卻不這麼認為，她說：

「我覺得外國這套獨立自主的訓練很好，嬰兒該什麼時候睡覺，就該什麼時候睡覺，父母也要有自己的空間，不要讓嬰兒二十四小時都成為妳的包袱。我覺得我不能跟著小孩過日子，當然小孩要跟著我們。現在的社會演變成小孩最大，我覺得那不應該。」

尤太太不溺愛孩子，孩子除了功課以外，也參與家事，她覺得現在父母太寵愛孩子，認為唸書是唯一的，叫孩子做

點事就很罪過，她相當不認同：

「我沒有覺得小孩唸書重要到可以放棄一切做人做事。」

他們認爲有才華的孩子並不是不需要負擔義務、責任，因此，兩兄弟平常需要幫媽媽跑跑腿買東西、擦地板或做點家務事，縱然今日沒時間做，改日他們依舊得完成屬於他份內的工作。

◙「想」，進步的最大動力

從小，他們在媽媽的調教下，過著相當規律的生活，每晚九點上床睡覺，早上七點起床。嘯華有時睡不著，就躺在床上東想西想，他喜歡思考，從很多角度去看事情，他覺得「想」是其進步的最大動力，他說：

「我覺得『想』是進步的最大動力，譬如說，我讀一些東西，我卻可以想出它三倍的東西。我覺得這樣很快，比方，我看人家打籃球，一個動作後，然後我去想；我做一個動作後，我去想這個動作以後可以怎樣變化，下次來時，我可以很快把它應用。這樣，我不必天天打籃球卻可以進步的很快。

我從大學時代，才開始打撞球，打撞球時，我就想這個球要怎樣切才可以進袋，這樣去想的話，有時候沒時間的話，『想』是進步很快的方法，不一定說什麼事一定要去

做，有時候多想，反而也是會進步，不一定只有靠『做』而已啊！」

◙ 喜歡閱讀

　　嘯華很少參加才藝班或補習，因此，空閒的時間很多，平常做完功課後，看看電視或課外讀物。自幼，他看了很多的課外讀物，幼稚園開始閱讀國語日報，接著觸及各類圖書及雜誌，凡是尤太太覺得對孩子有益的書刊、雜誌，她是從不心疼荷包，一本本、一套套的搬回家，孩子也都乖乖的一本本看完，這的確不容易，而國學基礎深厚的爺爺，更是經常講述成語故事或古典文學給孫子聽，在文學的領域裡，給他們很多的啓迪。

　　三代同堂的尤家，對於待人接物方面很重視，尤其是孩子的規矩，孩子犯錯時，小則訓誡，大則挨打，尤先生不諱言的指出：

　　「我們祖孫三代都在同一屋簷下，我很注重爲人處世的細節部分。老大唸小學時，我會打他，老二打得少，因爲哥哥走在前面，弟弟總是學的快一點，我們打他，絕對不是爲了功課打，絕對是爲規矩打，而且要他會怕，他們到現在還記得被我們打過，到了初中幾乎就沒了。」

◙ 親密的親子關係

　　刻骨銘心的教誨，讓兩個孩子行為舉止端端正正，待人彬彬有禮，待人接物是一門大學問，尤先生認為孩子雖然有些地方不太懂，但卻可以教育，他表示，兩個兒子都很好，最重要的原因在於：

　　「他有問題，他肯而且很願意跟媽媽說，當我太太覺得這方面有問題而她沒辦法解決時，就由我出面跟他溝通，但是他們不管什麼問題都會跟媽媽講，我太太聽進去後，突然冒出一句話，那個就是必須注意的地方，這時候就是要去教他如何做人處世。」

　　「我覺得小孩願意講，你才有辦法教他，小孩不願意講，你怎麼去教他？如果小孩跟你講的都是經過美化的東西，你更無從教起，小孩已經懂得掩飾的時候，你沒得教了，因為他跟你講的不是真心話。」尤太太說。

　　尤家母子間關係很親，嘯華平常一放學回家，最高興的莫過於找媽媽聊天，媽媽喜歡聽，很有反應，而且很能接受年輕人的話語，因此，他常常黏在媽媽身邊，把學校發生的喜、怒、哀、樂一股腦兒的全告訴媽媽，他也會把真正的心理問題，藉由聊天的方式跟媽媽談，而那時也正是尤太太教導孩子的時候。

⬥ 給孩子寬廣的空間

　　尤太太很有耐心，絕不嘮叨、囉嗦。他們非常關心孩子，卻不緊盯著孩子，有時候看起來似乎不是很在意，但事實上，他們壓抑住，不讓孩子感覺到壓力很大或覺得爸、媽很囉嗦。尤先生推崇太太不囉嗦的個性，他呼籲為人父母者，不要過於囉嗦，以免造成孩子的壓力，尤其男孩子在叛逆性強的階段，很容易做一個轉變，他說：

　　「我覺得大人自己要克制，人不是一步就可以站起來，他一定要爬一段時間，才開始要扶，扶了之後，才能邁開一步，這需要一段成長的過程，所以大人一定要有耐心，在旁邊看著他成長，給他掌聲。大人要有耐心，不要沒有耐心就開始嘮叨。

　　大人看孩子成長，有時很急，一下子要這樣，一下子要那樣，你是過來人，就希望他能一步登天，有什麼事情可以一步登天的？所以大人不要患太急，一急就囉嗦，小孩聽了你的囉嗦，他就不會很快的接受，因為讓孩子感覺你的囉嗦，他就開始抗拒，所以，為什麼我要強調要讓孩子有空間，而且讓孩子有點自尊，這是非常重要的問題。」

　　尤先生夫婦管教孩子嚴格，但卻給孩子很大的空間，很多同事都向他們請教育兒方法，尤先生總是給他們建議：「多給孩子一點點的空間，將會得到意想不到的結果。」

他說：

「我跟他們說，今天你能在中科院服務，你的聰明才智，絕無問題，家庭單純，孩子聰明才智也沒問題，孩子的教育絕對會成功，但是，如果你給他多一點點空間的話，他更會成功。因為我們中科院裡面，很多父母親都太關心小孩，過分關心。譬如，孩子今天考了九十八分，他就希望孩子考一百分，今天考九十二分，他就希望他考九十四分，這種過分的關心與過分的溺愛是同樣道理的。

所以，有時候你雖然很關心他，可是你一定要表現出不是很在乎的樣子，這點很重要。譬如，當他犯了一點小錯誤或叫他做家事，擦這邊，沒擦那邊，你不要太在意，因為他第一次擦的時候，總是不會擦的很好，等到他擦第二次的時候，就會擦的很好。這事情真的很重要。

我覺得我太太這方面配合的非常好，而且她很注意這件事情，其實她兩隻眼睛都很注意，兩個兒子常說都逃過媽媽的眼睛。

老大他現在很多事情可以自己做，有時我父親會說他『你這個地方怎麼這樣子做』，要教他，我跟父親說『不要管他，讓他自己做』，第一次做不好，第二次、第三次，總有一天會做好的，如果你第一天就開始教他怎麼做，第二天又教，以後他永遠沒辦法自己做，永遠要你教，這很重要。」

　　尤先生所謂的給孩子空間，就是尊重孩子，允許孩子有一點時間去做到，練習自己做決定及讓他知曉方法。他舉自身的例子來說明空間的重要性，老大學習橋牌，自行摸索了一年後，方才知道父親精於橋牌，尤先生說：

　　「我覺得要讓小孩有空間，大人要負很大的責任。他完全不知道我也會打橋牌，我忍了一年，當時如果我告訴他，這個我也會，那個我也會，秀給他看，他就沒有一個學習的空間。讓他學習了基本的東西以後，你要教，他愛聽就聽，他不愛聽就算了，你不要硬要他這樣做，硬要他那樣做。

　　我教他很多事情是這樣的，其實是說，我不要他學我的方式，因為他也許會有更好的方法，等他闖出來就好了，不要執意他非要那樣或這樣不可。」

◎ 潛能不斷發揮的原因

　　這彈性的空間，正是促使嘯華潛能不斷發揮的主要原因。健談的他談到：

　　「爸、媽給我很大的空間，空間這東西是很重要的。因為我知道很多人的爸、媽，什麼事都跟在後面管，我媽很多事都不管，就是說她給我很大的彈性空間，讓我們什麼事情都可以自己去學，爸、媽不會要求我去學什麼，只當我說要學什麼時，他們提供我支助，要我自己去學。而我的個性是你要教我，我反而會排斥，如果你告訴我該做什麼事、什麼

方法，我自己去摸索那個方法，我覺得這樣，可以學的東西就很多。」

　　事實上，有許多父母生怕孩子輸在起跑線上，於是拼命送孩子上各式各樣的才藝班，孩子每天奔波其間，非常可憐。尤家孩子小時候鮮少參加才藝班，僅參加過作文及英文班，尤太太並不強迫孩子上才藝班，如果她認為孩子該學些什麼東西時，她會先分析一番，等孩子有意願時再送去，嘯華說：

　　「有些人上才藝班是被逼的，我媽是先跟我溝通，小時候，她先跟我分析這件事有什麼好處，有什麼壞處，讓我自己決定要不要參加？她一定分析的很透澈，她不會強迫我一定要去做。

　　她給我很大的彈性空間，有很多小孩，從小就被逼去學什麼樂器，我前幾天跟樂團出去玩，大家談到這個問題，他們覺得以前被爸、媽逼去學這學那，總是一件很痛苦的事，其實，我媽並沒有逼我，那些都是我自己想學的。」

　　嘯華是個既會唸書又會玩的孩子，興趣廣泛，學習慾望強烈，他喜歡學習新的東西，嘗試新的事物，行事很有分寸，因此，凡是他要做什麼事情時，媽媽一定不會拒絕，但她也有個要求，就是「遊必有方」，逢吃飯時刻或晚歸，一定得向家裡打個電話。

◎ 完美主義與自我要求

　　一般資優的孩子都會有一些完美主義的傾向，嘯華也不例外。在國中、高中前幾年，他會對所有事情要求完美，到了大學就開始可以忍受一些不完美，他說：

　　「國中、高中前幾年，會對所有事情都要求完美，到了大學就開始可以忍受一些不完美，當你發現很殘酷的事情是──沒有什麼事情都是完美的，於是就開始去學著忍受一些不完美，以前考試都會要求考一百分，到了高中以後就發現力有未逮或能力不及，於是就開始對每一科訂定不同的標準，但是對自己有興趣的東西，還是要求很嚴，凡是我有興趣的，我很願意努力去唸，我對自己的要求就會比較高。

　　像我對化學考試就比其他考試要求的高，化學考試沒有考很高分，就會覺得自己都不太滿意，雖然是全班第一名或第二名，但總覺得沒有達到自己理想中的分數，就會對自己不滿意，我不會以第一名或第二名做為一個標準，但會以自己的分數做為一個標準，不要以別人到達怎樣，你才要到達那樣，那會很痛苦，一直都在比，就是說自己對自己有個要求就可以了。」

　　自我要求是他成績名列前茅的重要原因，他說：

　　「小學是媽媽要求我，長大後變成自己要求自己，長大了，考試考不好，媽媽只會唸一唸，我自己會有警覺，覺得

自己下一次應該要考好、下次應該要怎樣，這就是自我要求。有些孩子一直生活在要求下長大，如果自己不懂得自己要求自己的話，將來也很危險。」

老大從小功課很好，小學維持在前五名，並沒有如後來那麼特殊，因爲尤先生有感於孩子的童年是最快樂的，如果由童年開始就事事被要求拿第一，是一件很殘忍的事，於是他要求太太不要逼的太緊。

到了初中，他的成績一直維持第一，接著保送建中，直到現在完全脫穎而出。

在國中惡補風氣盛行時，尤太太也曾考慮給孩子參加補習，但學校陳老師勸她不用補，她說：「如果妳兒子要補習的話，全仁愛國中的學生都要補了。」陳老師的一句話，讓他們打消了補習的念頭，直至今日，尤先生夫婦提起這位陳老師，還是心懷感激。

◎ 奠定堅實的基礎教育

國中完全自己唸，至於成績爲何會突飛猛進，嘯華認爲是自我要求，以及進入數理資優班給他的啓發教育。此外，還有一個更重要的原因是，他認爲功課好，完全是從小媽媽爲他奠定良好的基礎，教了他許多東西，他說：

「可能是基礎打得好，學起來就輕鬆，如果說要是以前基礎打不好，將來就很累。我一直都有這樣的感覺，尤其現

在當了家教以後，這種感覺更深，就是說，完全在基礎。其實不只是小學，現在美國提倡幼兒在三個月以前就可以胎教，完全是在那時候，就是說從小做起，如果從小就奠定一些良好的基礎，以後真的進步非常快，要是從小有些基礎不好的話，要修改，就會回想這個事情最早是什麼時候引發的，有時越想就越往前想，一直往前追究，想改就越改越難。」

媽媽是孩子成績好的關鍵人物，尤太太很謙虛的表示：

「我講的都很普遍，就是基本要求，字要寫的好、功課要在規定的時間寫完，不能跑到太外面去。幸運一點的就是他會照著要求做，一直都沒有犯太大的規矩，也許慢慢的就這樣。」

也就是說嘯華是個滿聽話的孩子，能照著媽媽的要求去做，「聽話」似乎是很多傑出孩子共同的現象之一。

◉ 成功的個人特質

除了基礎好以外，專心、喜歡思考、記憶力強、想像力豐富，都是其個人成功的特質，由於這些特質，讓他唸書輕鬆，卻依然擁有絕佳的成績，這些特質對他有積極正面的影響外，有時候也會帶來一些負面的影響，他憨厚的表示：

「有時候記憶力太好，就會偷懶，國中時，在家裡懶的背書，到學校利用下課十分鐘就背起來去考，我媽說我投

機，有時想起該用功時，就在家裡先背好，再去學校，有時候偷懶時，就會這樣。

功課一直很好，可能有點運氣，因為記憶力好，可以靠點運氣，有時候會覺得對不起同學，有些同學跟我說，『很多同學覺得你平常沒什麼唸書，在家裡都玩啊玩的，為什麼你考試都考的比別人好？』，所以，有時候我會覺得對同學不太好，好像人家會覺得你很奇怪，會過去吵人家。」

他自覺以記憶力、想像力及思考能力為最佳，而以好奇心及懷疑能力較差。他說：

「我的好奇心滿差的，最近我常在想，記憶力有什麼重要的，我覺得好像大部分的東西都在記憶力方面，就是說記憶力影響了很多東西。

我覺得我的懷疑能力也滿差的，通常你給我一個東西，我習慣先接受以後再慢慢去懷疑，我不會直接就懷疑，我會先接受，這對我學化學很有幫助，因為化學是先冒出一個公式，再慢慢告訴你為什麼？最先不能理解說這公式到底在那裡幹什麼，我通常會先記起來，以後再慢慢去理解，我覺得記憶力可能是滿大的優點，我的記憶力滿不錯的。

另一個是想像力，想像力可能也滿不錯，可以想到很多奇怪的，對於想像力方面應用還滿豐富的。」

◎ 思考是進步的原動力

他擅長於思考，思考是其進步的原動力，他說：

「我自己很容易去想，很喜歡去想一些事情，就好像作白日夢一樣，沒事就不知道在神遊，在想什麼，就是說，我不會光從一個角度去看任何事情，我喜歡從很多角度去看，尤其會在腦中去想什麼角度，以什麼角度去看事情，這樣可以從中間得到很多自己覺得對的東西，而且，你會發覺，這樣的想東西，應該才是正確的。」

為什麼他會有這種特性呢？他笑著說：

「我想可能是國中時，很早睡覺，九點睡覺，躺在床上睡不著，有時拖到十點，睡不著，那時腦筋就開始在動，開始想一件事情，可能也是看了很多這方面的書，它會告訴你說，很多事情並不是你想像中的事，每個人對某個事物都有不同的看法，譬如說，有些事情你可能會覺得很對，媽媽卻覺得不太對，她會跟你說這件事情應該怎樣做才對，我就開始比較那個較合理，這時候就開始想。

我想的時候很多，大部分在床上想。睡不著就想，而且我空閒的時間滿多，滿多時間，沒事就開始想，這不是空想，而是有目的想。譬如說，我今天想要去想什麼事情，但有時候也是空想，到處亂想，有時候就會想出一些東西來。」

嘯華因為很少參加各類補習、才藝，而擁有較多自主的時間，可以悠遊自在的去思考問題，加上其父母在日常生活上也經常以不同的角度跟他分析、討論事理，所以在思考、邏輯及分析能力上均很強。

對於資優孩子而言，他們發展較快，通常較一般同學成熟，很多人常常會將他們視為異類，因此會有找不到朋友，感到寂寞孤單的情況發生，嘯華也有過這種現象，但是他卻調適的很好，他說：

「你比較超前的話，如果你要跟他交朋友，自己就放慢腳步，才能跟他聊得來，配合每個人的情況，去跟每個人聊天，這樣才能交到很多朋友，我在班上朋友一直滿多的，但缺點是可能深交的朋友不會像想像的那麼多，聊的愉快，不見得可以聊到深交。」

☑ 成功的家庭教育方式

除了他自己成功的個人因素外，他認為家庭給他最大的影響是父母給了他很大的空間、思考能力的訓練、為人處世、基本禮儀的教導及父母為其奠下的良好基礎等，他很滿意父母的教育方法，但他認為這套方法因人而異，不見得人人適用，他說：

「每個人的情況都不一樣，某些方法對某些人是好的，對某些人是不好的，我覺得教小孩一定要循序漸進，絕對急

不來,這是我當家教的感覺。教小孩就跟當家教是一樣,因為你已經是過來人了,你已經學過所有的東西,小孩還是什麼東西都不懂的時候,如果你以自己的能力去衡量小孩的能力,一下子就把這麼多的東西硬塞給他,這是不公平而且不對的。在你急進之下,小孩會完全喪失許多樂趣。

　　父母應該配合孩子的時間表,不要揠苗助長,揠苗助長在台灣而言是非常嚴重,小孩還沒成熟就逼他做很多事情。」

　　尤先生夫婦教養孩子傾向開放自由的方式,有不少取自於西方社會,他們擷取了東西方的優點,教育出兩個優異的孩子,他們自己也極滿意這種成果,尤先生愉快的說著:

　　「有時候我跟太太聊天,覺得我們小孩還滿不錯的,非常滿足,這是憑良心講的,有時候會想問問自己到底犧牲了多少?我倒是覺得好像不太成比例,因為總覺得別的家長付出了更多,但並沒有得到那麼大的成長。

　　我覺得這是因人而異,孩子是什麼型的,父母最了解,他想要什麼,大人去配合,要針對他的個性,給他所需要的東西。

　　現在大人都很疼小孩,但不一定了解小孩,這點很重要,我們是滿了解小孩的,讓小孩有比較大的空間,讓他去自由發展。」

　　尤太太接著說:

「從別人口中，我們才知道兒子養得滿好的，因為這當中，我們可能比普通父母付出還少一點，因為其他父母還有接送孩子，我們幾乎沒有，他們是男孩子，又住附近，我先生主張訓練他們獨立、自主，老大唸到現在，沒讓父母、爺爺操心，實在是他本身滿規矩的。

還有一點，我最主要強調，父母之間一定要能溝通，父母不能溝通，一個嚴、一個鬆，小孩對你們倆個都沒辦法適應，他要如何去適應其他的人？常有人說，一個扮白臉，一個扮黑臉，白臉、黑臉應該是生活上的，對於唸書，父母的態度應該要一致，要求不要太高，失望也不會太多，因人而異。老大唸書比較輕鬆，我要求的分數是一百分，一百分是我的目標，對老二，我只要求九十五分，他的分析能力和專心就比不上哥哥。」

他們了解孩子、配合孩子的成長，循序漸進，適時的提供協助，他們夫妻對孩子的教養態度一致，也耐心看待成長中的孩子，並不因孩子聰穎而給予過度的學習及較高的要求，他們給予孩子很大的空間，也激發了孩子無限的潛力。

因此，父母實在可說是影響孩子一生的關鍵人物，父母教育子女的態度益發重要，誠如尤太太所說的：

「父母不要去跟人家競爭，你的孩子就會在正常的環境下長大。」

尤先生也特別強調：

「如果讓孩子感覺什麼事情，爸、媽都要把他塑造成某個形狀時，將來，父母絕對得不到心中那個想要的形狀，但是，如果說，父母給孩子多一點點的空間，那麼你將會獲得意想不到的結果！」

2 | 國際奧林匹亞數學競賽銀牌獎 單中杰

‧哈佛大學高材生

建中畢業

美、加科展正代表

高中數學一等獎

教育部一等獎

文化總會特等獎

亞太數學銅牌獎

國際數學銀牌獎

電腦軟體設計比賽特等獎

國際奧林匹亞數學競賽銀牌獎

在學期間獲獎無數

【父母親的話】

單先生

　　父母要注意孩子的性向是資優或績優，要大膽的放開，小孩只要有智慧，你重視他的教育，他終究是會有發展的。

　　我們看到校園裡許多大學生不用功，我一直覺得是他們從小學起就一直補習、培養，讀書都已經讀到厭了。這樣對孩子將來的讀書興趣會大打折扣，對他們影響很大。孩子自己願意讀書，將來才可能慢慢發展。

　　家長儘量在平日多注意他的生活，減少一些不必要的干擾，以減輕他的心理負擔，紓解精神壓力，讓他靜心思考問題。

單太太

　　我覺得關鍵在於滿足他的需要，這等於是幫助他，給他一些資訊或工具，幫助他盡其所能，達到他想要發展的。

◪ 學術大獎的贏家

　　來自各校推薦的資優生中，唯一獲得最多數不同學校老師一致推薦的是建中的單中杰。

　　在許多老師的眼中，他是個極富潛力、相當資優的學生。近年來，他不斷的在國內外贏得學術大獎，為自己及家人增添不少光采，在掌聲中，他依究以一貫謙虛的態度，在自己的興趣領域中努力鑽研。

　　究竟他是怎麼樣的孩子？在什麼樣的家庭中成長？其父母又是如何栽培他的？這些都是很多人非常感興趣的，為此，我們特別走訪了位於天母的單家。

◪ 精心計畫的結晶

　　中杰天資聰穎，早在襁褓中即顯現許多異象。兩歲不到已會加法，三歲多上幼稚園，在園中表現諸多特殊，學校建議他去接受測驗，經過測驗後，教育部核准他提早入學，於是進入師範附小就讀。

　　他的雙親均在國內著名大學任教，上有兄、姊各一人，表現亦極為優異。

　　三個孩子個個出色，因此單太太經常都被人問道，孩子為何如此聰明？孩子是如何調教出來的？

　　中杰的表現又在兄、姊之上，很自然就成為關注的焦

點，單太太笑著說：

「中杰是個在家庭計畫中的孩子，懷孕過程中，我很快樂，所以孩子個性比較偏向快樂，是一個我們想要、計畫下的產物。生下來也沒有很特別帶他，常有人問我，是不是給他吃了些什麼特別的東西，頭腦才會這麼發達？

基本上，可能是哥哥、姊姊的環境裡頭需要接觸一些知識的東西，他在旁邊耳濡目染跟著聽，在聽的過程裡，發現他滿能吸收的，你跟哥哥、姊姊教什麼，他也會有一些反應，小時候你唸一、兩遍故事書給他聽，他就會自己唸了。

他三歲時，我正準備考試，沒時間陪他，最好的方法就是我唸過，他記得，自己去唸，而床邊故事就是他自己唸給自己聽，故事講完了，就自己去睡覺。」

單教授夫婦均為單傳，兩人都很喜歡孩子，覺得兩個孩子不夠，於是想再添一個，為了能一舉得男，飲食上經過了特別的調配。單太太在當時是個家庭主婦，生活安逸，懷孕過程愉快，再加上他們優良的遺傳因子。

「我太太家血統滿優秀的，聰明的不得了，都很傑出，而我父親則是秀才。」

因此，在這樣精密計畫下所孕育的孩子，無怪乎天賦異稟了。

◎ 母教的影響

　　單教授夫婦非常重視孩子的教育，因此，單太太在孩子入學前並沒有上班，專心在家照顧孩子，對孩子的成長及教育有很大的影響。

　　中杰在幼稚園之前，他們住在鄉下地方，遊戲的空間很大，那時他非常喜歡玩積木，所造出來的房子，真是令人歎為觀止。他很會講笑話，三歲時，單教授帶他到台大去，他講故事，後面一大串台大學生跟著他跑。從小愛看書也是他特別的一點，單太太說：

　　「幼稚園之前，住在鄉下地方就是玩，我常帶他到幼稚園去看看，講故事給他聽或唸書給他聽。後來，他三歲多，我準備考試，就讓他去上半天的幼稚園小小班。可能因為我也準備考試，哥哥、姊姊也都在看書，家裡的人都在看書，自然而然的，從小他就喜歡看書，小時候，如果去什麼地方，他要鬧，遞一本書給他，他就安靜了。」

◎ 記憶力很好

　　他的吸收能力很強，記憶力更好，媽媽唸一、兩遍故事書給他聽，他就記住了。三歲前，每天晚上自己唸床邊故事給自己聽，聽完了，自己去睡覺，非常聽話，很少讓父母操心。

為什麼在那麼小的年紀，自己會看書呢？

單太太解釋：

「我們讀過以後，他就記得，大概記憶力還不錯，這個字搬到別的地方，他還記得，他就可以把它讀下來。」

單教授接著說：

「有一天，我太太唸了一本書給他聽，唸到第三天，他說，我自己看，他就把這本書給唸了。聽三遍就可以唸了，可能他的記憶力不錯。五、六年級時，中間講完一課，老師要看誰背的快，結果，他是第一個背過的。

最近，他說要看的書太多了，太複雜。他說，如果當初英文不讀的話，大概不會像現在這樣。我問他原因，他說，我就不專了。我告訴他說，你現在腦子很複雜，那時候腦子單純，要記的東西，一下子就記起來了，現在腦子思維太多，就不專了，記憶力就差了。

所以，真正要什麼的話，還是要在小時候，記憶力深刻一點。」

◑ 自覺能力不佳

單家三個孩子均相當優異，老大、老二，從小年年得「成績優良」獎狀（每班的前五名），老大保送清大。中杰考試成績很好，但拿出來的卻不是「成績優良」。雖然如此，但他每學期至少都領有一張獎狀，如兒童創作、數學分

組活動等。因此，他常自覺自己的能力不好（可能是沒拿到「成績優良」獎吧？）但是，到了國中後，他就一直保持第一名，為什麼會如此呢？

單教授解釋道：

「國小是生活教育，國中是品德教育，他國小功課都不看，卻都能考得很好，我想可能是生活教育不好，所以都沒拿到「成績優良」獎狀。

國中以後，他收斂自己，羣育上會注意。我對孩子有信心，不苛求他。他國中的成績始終保持第一名，原先我不知道，所以常常跟他說，不要考第一名，沒第一名也沒關係，但是他跟我說，我的成績就是這樣啊！

一直到國二，他才真正自己有信心。」

由於小學每學期都得不到成績優良獎狀，讓他產生挫折感，總認為自己成績不好，但單先生了解孩子的資質，對其深具信心，因此，他們仍然提供他大量的課外讀物，發展他的思考空間。

進入國中，也許受兄姊的影響，他開始在乎成績，主動要求買參考書，每天必定把功課做完而且力求盡善盡美，由於成績一直保持第一，到了國三，他才真正放開心情，肯定自我。

◩ 愛看書的孩子

幼年時期，他跟在哥哥姊姊身旁，耳濡目染的學了不少東西。幼稚園時，大他三歲的姊姊，每天從學校圖書館借書回來給他看，不懂的字，姊姊教他，因而他認識了不少的字。

單教授說：

「他讀幼稚園時就很喜歡看書、聽故事，附小規定二年級時才准借書，於是姊姊每天都到圖書館借一本書給他看，不會的字，姊姊教他，慢慢的，他就認了很多的字。姊姊對他的影響滿大的。」

為了滿足求知若渴的他，單教授寫了一份報告，請校長准許他提早借閱圖書。所以，一年級他一入學後，就經常到圖書館借書。

單教授也經常帶著三個孩子到書店看書、買書，很多書店的老闆都認得他，也會主動搬張椅子給他坐，他往往一坐就是大半天。

書香世家的單家，書是家中最多的東西，看書是他們共同的嗜好，中杰自小成績一直很好，雖然平時很少花時間在教科書上，但他卻很用功的閱讀各種課外讀物，讀書可以說是他的習慣、嗜好與休閒，他閱讀的範圍很廣，舉凡數學、天文、科學、文藝、音樂等，無一不涉獵。他看書非常專

心，單教授夫婦認爲「愛書的孩子不會壞」，因此，不論他讀那一類的書，他們都會給予肯定和鼓勵。

　　他們非常重視子女的教育，爲了孩子，他們仿「孟母三遷」搬了四、五次家，目前住在陽明大學附近。孩子生活規律，平常放學回家，學校功課一定在吃飯前做完，吃過飯後，各自做自己的事，晚上十點一定上床。

◎ 特殊語言天分

　　中杰具有特殊的語言天分，很小即能無師自通閱讀課外讀物。四歲開始收聽英語教學廣播節目，他非常喜歡英文，每天固定收聽，而且相當堅持。單教授談到這點，他說：

　　「有時候我們一忙就會不聽，但他卻一定聽，吃過晚飯，電視一定不看，進房去聽英語廣播教學。記得我們去澎湖旅行，時間到了，他堅持要回旅館聽英文，哭得很厲害，他每次都這樣。他的英文很道地的。」

　　小小年紀，在沒有目的的前提下，學起英文竟未曾間斷一日，其強烈的求知慾及毅力，確實令人相當佩服的。國小三年級時，他已開始看原文書了，小學六年級更是每天以英文寫日記。八十三年八月份赴韓國參加亞洲青年資優生會議，回國第二天立即參加托福留考，得了 657 分，接近台灣歷年托福最高分紀錄。

　　中杰曾經代表我國赴土耳其參加國際數學比賽，短短的

七天中，不曾接觸過土耳其語的他，竟也能與當地土耳其人熱絡交談，回國後並以流利的土耳其語對全校師生發表談話，讓人讚歎不已，建中林礽堂老師談到這點，他說：

「他學語文可能有自己的一套，像去年七月中旬去土耳其伊斯坦堡參加國際數學比賽，在那前後只停留一個禮拜，但他土耳其語一些變換的規則就已經會了，在旅遊的行程中就可以跟土耳其人交談了，這點很厲害。回來時，帶隊老師要他用土耳其語跟學校師生說些感謝的話，結果他都會說。

我想，這些可能不是他爸、媽的關係，因為在沒有增強物之下而有這個興趣，可能是他對語文之間的變換，就是說，他不認識字而是聽來的，這可能要問他自己。」

「他很想找到一個世界共同的東西，最近他從電腦裡頭搞一個世界語出來，他把中、英、日等統一在一起，只要講一國的語言，全世界都可以共通，人家寫的一些規則，他也可以用。」單太太接著說。

「他曾經告訴我，這世界上有一百多個人都在用這個，他也是其中一員，他說，以他的標準來看，中文作文是一件最不容易做好的事情，因為用中國文字，思想已經受到很多的限制，寫論說文，還要引用某些人的，那思想更狹隘，他現在懂的語言比較多了，他知道用那一種語言來表達比較能夠淋漓盡致，能真正傳譯，他可能在語文方面有很獨特的天分。」林老師說。

◙ 超常的整合能力

　　中杰記憶力驚人，不論中、英文都能在極短的時間內背誦如流，單教授提起往事，他說：

　　「四、五年級時，我看「空中英語」這段不錯，我要三個孩子背，他背都是一句句的背，他聽完了，看一下，馬上可以背出來。」

　　「他比較不喜歡死背的東西，他說，我只要查得到的東西，為什麼要花半個鐘頭去背？他看過的東西，過了三年、五年他還能知道在那裡，可以馬上找出來。」單媽媽說。

　　他的組織能力非常好，可以迅速的從幾本書中組成一篇很精闢的文章，一個晚上短短幾個鐘頭內，可以打出一篇長達九千多字的報告，他在學問上的組織能力相當特別，常引起學校老師們的驚歎！林老師說：

　　「自我學習的能力是他最大的特徵，我們都不了解他為什麼看書而能知道重點在那裡？他語文的學習到底怎麼回事？任何科目的自我學習能力是怎麼學習出來的？他科技整合的能力異乎常人，統整能力相當強，他能用數學的方法把化學的東西統整出來。

　　有一次，化學老師相信他絕對沒有看書，考試時，他居然能以數學的方法把化學的東西統整出來，讓化學老師驚歎萬分，連大學生都做不到的事，他居然可以辦到。過了幾

天，物理老師講的東西，同學聽不太懂，老師於是嘗試用化學方式來解釋，他們班上只有三位同學聽得懂，他就是其中之一，他的科技整合能力相當特別。」

為什麼他的組織能力又快又好？是否與父母的訓練有關？單教授說：

「他在小學二年級時就做了一篇論文，華視也來訪問他，他慢慢的就做了很多論文，為什麼他會寫這些論文？參考資料 Reference 也寫了很多，我想跟我太太很有關係。我太太寫論文時，也用這個型式，他跟著媽媽做，一板一眼的，他每天晚上寫一篇報告，動作快而且很認真，寫東西都很慎重。」

「我們都沒什麼要求，但他做一個東西，自己都會要求的很完美，在小學就是這樣，做什麼事情都很認真、很慎重也很堅持。」單太太說。

「他有完美主義的傾向，我想是逐漸形成的」單教授補充說。

中杰不僅在語文方面有特殊的天分，其他如作曲、電腦、數學等更是樣樣精通，樣樣好。

他從幼稚園起學習音樂，不久即能作些簡單的曲子。二年級時，陪著媽媽去學電腦，引發他對電腦的興趣，八十三年參加電腦軟體設計比賽獲得特等獎。他自己擁有三部電腦，平常上學則是手提一部電腦上學，做自己的事情。

◇ 數學是他的最愛

　　他在數學方面頗有天分，小學二年級時，參加學校專為五、六年級數學能力較佳的同學所辦的特殊輔導班，經常見他在課堂上講的頭頭是道，令同班的大哥哥、大姊姊們摸不著頭腦，單教授回憶說：

　　「他二年級時，附小輔導室有數學組、天文組，他參加數學組，他在數學組或天文組都非常愉快。數學組是五、六年級每班選兩名數學比較好的，六班二十四個，加上他一個，二十五位同學在一起，找一個專題，他經常一個小時就在那表演，火柴棒擺來擺去，老師發現同學都不懂，因此老師經常要先跟中杰溝通，再向同學講解。那時候他的數學就越來越強。」

　　數學是中杰的最愛，單教授說，不管孩子學音樂或電腦等其他東西，他總會回到數學，總是脫離不了數學，因此，數學一直都非常好，除了他本身的條件外，父母的引導也很重要，單教授是如何引導他呢？單教授說：

　　「我拿書給他看，有關數學的書，只要我去外面一看到數學的東西，我就買回來給他看，他適應力很強，給什麼看什麼，他對新奇的東西非常好奇，一定要弄到會，凡是他有心要學的東西，他都非常專注。」

　　為了滿足孩子的求知慾，單教授每星期總會從圖書館借

回十本左右的有關電腦、數學的新書給他看，而他經常是第
一個閱讀該書的讀者。

中杰最喜愛的仍舊是數學，他以素有數學諾貝爾獎之稱
的「費爾茲獎」為目標，努力鑽研。單教授說：

「他自己有期望，他希望將來得「費爾茲獎」，這是他
的目標，在數學領域走的想法，將來要慢慢靠他自己。」

◎ 不願做個特殊份子

中杰各項優異的表現，給了他許多次跳級的機會，但他
卻捨跳級而按部就班的接受正規的教育，許多建中的師長都
認為他待在課堂上是一種浪費，林老師說：

「我覺得他願意上課，可能給他很大的壓力，他與父親
的觀念不見得相同，父親希望他在課堂上課，他很尊重父
親，很多老師都覺得他留在課堂上是一種浪費，高一下全學
期在校上課可能不到一個月，因為他那時候就在忙三種事
情，亞太、國際數學奧林匹亞、國際科展等，高二更忙。事
實上，他的學習過程是——你不必教他，只要給他書，一系
列的書。

高一時，我叫他跳級，他不跳考，他認為高中已經很有
彈性，很方便，我分析給他聽，他已準備跳級。」

「六年級原想讓他跳級，可是因為考慮他心理的發展。
他本來有兩次跳級的機會，又退出，高二上，我們覺得還是

跳級比較好，事實上，我們比較注重他的心理。」單太太
說。

　　聰明的孩子，經常覺得學校的教材相當簡單，因此他們
在課堂上常顯得無聊。中杰在教室裡也常覺無聊，但他卻不
願意做個特殊份子，單太太說：

　　「他不願意在群體中做一個很特別的人，可以不上課或
可以很特別。」

　　「我事先跟老師講，他可以上課看自己的書，他會覺得
無聊，但他也會尊重老師，他自己不願意特殊，我告訴他說
學一點總是好，他在中學就是要接受中學的知識，王××是
失敗的例子，他一直跳，就是因為人際的關係。中杰覺得建
中很好，與同學相處很愉快，他很注意人際的關係。」單教
授說。

◙ 追求真理

　　中杰為人理智、冷靜、擅長思考，學習態度認真而且專
注，常常媽媽喊他都聽不到，在他眼中的世界都是非常美
好，罕見他批評別人，是個快樂、善良的孩子，對父母孝
順，對兄姊、長輩尊敬，不恃才而驕，謙虛有禮，人緣極
佳。他喜歡追求真理、事實，常會指正老師的錯誤，引起老
師的不悅。

　　單教授說：

「他喜歡求真，數學老師不對，他會指正，在這點上，他顯得急躁，其他事情都很溫和。中杰是突變，不是我們想像的，很多老師一開始不了解這孩子本身的優點，長久後才發現他很善良、很可愛，他的基因善良，他不喜歡的事，他不會講一句，哥哥、姊姊被罵，他會維護，哥哥姊姊講他、訓他，他從來沒有說他們不對，這點很難。」

單家親子關係很好，手足感情深厚，尤其是大他三歲的姊姊，對他照顧無微不至，也是影響他至深的人，除了前面所提到的，教他識字，到圖書館借書給他看，培養其喜愛閱讀的習慣外，在生活上也處處照應他，單教授說：

「姊姊對他的影響很大，很照顧他。小學時，她中午會先到弟弟教室照顧弟弟吃飯，然後自己再回去吃飯。中杰下了課就出去玩，等姊姊替他弄好便當，他再回來吃飯，從小受姊姊影響很大，而且好像生活上就不太會照顧自己。」

中杰小時候曾參加過音樂班，兩年中，他學習鋼琴與作曲，這短暫的才藝訓練，安排得很有彈性，有空才去，去之前先與老師約好時間，因此，在學習上並沒有什麼壓力，這孩子天分很高，對音樂非常敏感，學習音樂後，開始了簡單的作曲。國二時，參加學校交響樂團，他更是每天作曲，往往在回家的車程上，迅速構思一首曲子。單教授描述孩子的生活情形，他說：

「國中時，一放學回來，洗洗澡、彈彈琴，自己做功

課，看書、背書，吃飯前功課就做完了；吃過飯，開始聽英文，小學六年級開始寫英文日記，還邊作曲。

國二時，學校一有交響樂團，他更是每天作曲，國二功課都不管了，每天作曲，整個人就沈浸在電腦與音樂中。

高中時，活動更是排滿了，他自己規劃的滿多，數學、物理、考試、科展……。高中一回家，書包往陽台一丟，第二天又背走了，可能只是換書，他都沒有看書，只是用電腦來做別的事。

學校也滿有彈性的，能配合他，他在國二結束時，哥哥跟他一起上電腦課，我感覺他可以同時做三件事，一邊聽課，一邊打電腦，一邊說說話。」

◎ 境教影響深遠

單家三個孩子完全沒有參加任何補習，寒暑假一刻也沒浪費，不是待在電腦中心就是在圖書館裡。

中杰大半時間都在媽媽的辦公室（陽明醫學院）利用資訊網路蒐集論文。有時一次就是四十多篇世界各國的論文，每天帶幾篇去學校閱讀，資訊的獲得容易，如虎添翼，更滿足了其求知慾，他孜孜於研究工作，宛若一位學者般。

中杰的進展非常快，國一時，父母已經沒辦法教導他了。單教授認為良好的環境，的確對孩子有相當大的影響，他說：

「他很聰明，但還要給他環境的栽培，『陽明』給他資訊的環境，對他有很大的影響。」

除此之外，單教授夫婦也儘可能的提供各種資訊與工具來滿足孩子的需要，幫助他發揮所長。

單家注重啓發性的教育及創造力的培養，啓發孩子創造的靈感，有時是拿書給孩子看或把經驗提一下，單教授說：

「對任何東西，我擺在這裡，你自己去發現，我給你帶到這個環境，你自己想辦法去發現。」

◙ 提供思考空間

中杰常跟媽媽一起做研究，她非常了解孩子的特質，常用啓發誘導的方式提供子女思考的空間並尊重孩子的決定，她說：

「我會根據他的表達，再給他提一點，你覺得這樣如何？他如果覺得不錯，再走下去，如果他覺得還沒達到他要表達的意念時，我會再跟他討論，我跟他一起做東西時，滿尊重他的決定的。」

單教授接著說：

「由於我們給他自由思考的領域，三年來表現不錯，尤其近半年來的表現更肯定『思考問題』的重要性。」

單家三個孩子個個優秀，其中以中杰表現尤為特殊，他的教育過程是否與兄姊不同？單太太表示：

「我覺得過程一樣，三個孩子個別需求不一樣，如果老大需要這些東西，我們也會提供他。中杰，他要那一方面資訊，他會把單子開出來，我們只是負責把他需要的東西找到給他，滿足他的需要，而老大、老二沒有提出來。

基本上，只是以他為出發點，而不是由我們父母特別給他什麼，他是主動，我們父母只是配合而已。」

◙ 他為何傑出

在整個的漫長教養過程中，孩子有今日的傑出表現，其個人成功的因素，單教授分析認為：

「孩子本身具有健康的身體、聰明的頭腦、良好的記憶力及肯上進的強烈求知慾，進而具備語文、邏輯推理、電腦資訊的能力。」

而其成功的家庭因素中，最重要的則是父母對子女的引導，關鍵即在於滿足孩子的需要，單太太說：

「我覺得關鍵是滿足他的需要，這等於是幫助他，給他一些資訊或工具，幫助他盡其所能，達到他想要發展的。」

建中林老師觀察認為，中杰求學沒有功利化，所以才能有如此的成效，他說：

「他不以功利主義為出發點，小小年紀學英文也不知道有什麼目的，竟然那麼有毅力，他沒有功利，如果有的話，他可能就沒有今天的成就。」

天賦異稟的中杰，在自己的努力與父母的協助下，其發展顯然與同儕大不相同，當其他同學正孜孜矻矻與功課奮戰不懈時，他早已超越他們，朝自己的目標努力邁進。

◎ 擬定合適的生涯規劃

他聰穎、敏感而特殊，因此，父母對他的生涯規劃都抱持著相當謹慎的態度。單教授說：

「這個小孩很敏感，我們稍微一講話都會影響到他，就是說，我們對他有什麼期望，都要很謹慎，要研究，經過很多思考，很長時間。我們聽了吳院長（大猷）、楊教授及很多老師的建議，根據他的素質、表現才給他規劃了路子，這是在國中以前。國中以後，建中林老師很會規劃。他自己有期望，他希望將來得費爾茲獎（素有數學諾貝爾獎之稱），這是他的目標，將來還是要靠他自己。」

面對如此資優的孩子，十多年來，單教授夫婦一直都在思考到底要如何教育他，如何滿足他的求知慾，經常思考什麼才是最適合他的。他們多方請教教授、專家，就孩子的資質、表現，以謹慎、研究的態度，隨著他的成長，漸進規劃並不斷的加以修正，他們用前瞻性的眼光判斷，掌握孩子學習的大方向，幫助孩子擬定合適自己的生涯規劃。單教授說：

「我們經常在想問題，想如何教育他，如何修正，十多

年來，一直都在替他想規劃，什麼才是他適合的，答案是——滿足他。滿足他的同時，也注意看是不是適合他，我們一直在修正他，幫助他，根據經驗來輔導他。現在我們更尊重他，問他『這樣可以不可以？』我們一直在想如何為他規劃。」

◎ 給家長的建議

養育三位資優孩子的教養經驗，非常值得大家參考學習，單教授也不吝惜的給家長們一些建議，他語重心長的說：

「父母要注意孩子的性向是資優或績優，要大膽的放開，小孩只要有智慧，你重視他的教育，他終究是會有發展的。

我們看到校園課許多大學生不用功，我一直覺得是他們從小學起就一直補習、培養，讀書都已經讀到厭了。這樣對小孩將來的讀書興趣會大打折扣，對他們影響很大。孩子自己願意讀書，將來才可能慢慢發展。」

單教授夫婦認為孩子在努力工作時，他身心負擔的壓力是別人所無法體會的，做為父母的人也只能略知其甘苦，因此他呼籲家長們：

「儘量在平日多注意他的生活，減少一些不必要的干擾，以減輕他的心理負擔，紓解精神壓力，讓他靜心思考問

題。」

　　單家是許多人羨慕的對象，但他們也有一些困擾。雖然國內資優教育已走了二十個年頭，但給單教授夫婦實際上的幫助不大，單教授在孩子上高中以前，都是單打獨鬥，自己想辦法，他說：

　　「以前都是家庭式的，自己想辦法，高中以後，慢慢的學校也注意到了，可是教育制度仍舊受到限制，他現在的最大問題是兵役問題，我規劃是他考完大學後，轉學出去，唸完博士後再回來服兵役，如果他能夠讀到博士以後再服兵役，比較合適。」

　　除了孩子的兵役問題外，他更希望我們的教育制度未來能朝更開放及更具彈性的目標邁進。

　　家有資優兒，的確可喜，但如何不斫傷這寶貴的人才，則是家長們所面臨的最大挑戰。單家父母付出的心血並不因為孩子資優而減少，他們了解孩子的資質、重視其教育並給予健康、正確的教養方式、滿足孩子的求知慾，並以謹慎、積極的態度來幫助孩子發揮其最大的潛能。

　　因此，我們可以預見的是中杰在學術領域未來發展潛力無限，其前途將會是璀璨無比的。

註：單中杰建國中學畢業後，隨即進入美國哈佛大學就讀。

3 │ 國際奧林匹亞化學競賽金牌獎
楊定學

‧台灣大學高材生

全國自然科學競賽化學科一等獎

國際奧林匹亞化學競賽金牌獎

第一屆世界傑出華人青少年智育獎

台大書卷獎

在學期間獲獎無數

【父母親的話】

楊先生

我們只是儘量滿足孩子的需求，補其不足的地方，換句話說，就是提供孩子學習的工具或環境，經常帶他去找資料，或添購需要的學習材料等等。

我們諄諄告誡他：操行遠比成績重要，飽滿的稻穗是越往下垂的，學問越好，更應該謙恭。

楊太太

胎教是很有影響力的！

孩子之所以突出，主要在於他的專心、觀察力敏銳及思考能力周延。

◨ 才德兼備的孩子

曾經於第二十五屆國際化學奧林匹亞競試中，為我國贏得一面金牌，保送進入台大的楊定學，從小到大一直都是名列前茅的學生，所得獎項之多，不勝枚舉。進入台大後，他依然是個佼佼者，每學期獲頒書卷獎。興趣廣泛，唱歌是他最大的樂趣，課餘並參加校內、外合唱團，相當活躍，此外，他也是個絕佳的領導人物，擔任班代及系上主要幹部，頗得教授們的喜愛，誇讚他是個相當優秀的學生。

這麼一位耀眼的孩子，他的點點滴滴，他的家庭及父母如何協助他出類拔萃？這一切是令人相當好奇的，於是與楊宗堅夫婦敲定時間，一解迷團。

◨ 胎教的影響力

楊先生服務於美商公司，定學是他們的頭一個孩子，楊太太跟許多婦女一樣，懷孕時，免不了會對腹中的孩子有所期許，她對這個孩子懷著很深的期望，希望孩子比人家強，比人家好。因此，懷孕期間，她不斷的對著胎兒說：「孩子，你要比人家強，比人家好！」

此外，她非常注意營養、情緒的安定，經常聽優美的音樂、唱唱歌，是個相當快樂的媽媽。

定學出生後，楊太太整天都讓孩子沈浸在音樂的環境

中，不論喝奶、睡覺、清醒，時時刻刻都是音樂陪伴著，楊先生認爲孩子日後的發展，與良好的胎教及營養都很有關係，楊太太更是強調：「胎教是很有影響力的！」

◙ 國際化學奧林匹亞金牌得主

定學智商很高，記憶力佳、反應快、音感很好，非常喜歡音樂。小時候，他非常好奇、好問，尤其對於電器用品，更是喜歡拆開來研究。對於新奇事物的學習，都有高度的興趣，而且一學就會。

對於數字，他很有概念，兩歲多，媽媽教他數學，一點就通，學習速度很快。他的模仿能力極強，三歲不到，便拿著其父的名片，邊看邊臨摹，有模有樣的，寫得好極了。

上幼稚園中班後，老師發現這個特殊的孩子，認爲幼稚園似乎不太滿足他，乃由中班直接進入國小一年級就讀。

上了一年級，由於完全沒學過注音符號，第一次考試，考得非常差，而別的同學都考一百分，楊太太相當訝異他的表現，回家後，慢慢教他，由於定學好強的個性，加上學習能力很快，一個月後，不僅趕上進度而且還超前了。

定學從小學一直到大學，均爲名列前茅的好學生，智育一向維持第一；但美勞、體育較差，五育合併下來，則爲第二。

國中畢業時，以優異的成績保送至建中數理資優班，數

學一直是他最有興趣的功課，高中時，每星期六下午參加台大數學系專為數理資優生所辦的輔導課程，他一心一意要以數學資優生保送或代表國家出賽，但在無心插柳之下，參加科展，獲得化學科第一名，並代表我國參加國際化學奧林匹亞競賽，一舉拿下了金牌，獲得保送台大。

◎ 重視基礎教育

　　楊先生夫婦非常重視孩子的教育，他們為孩子提早啟蒙，經常唸書、講故事給孩子聽，也充分利用輔助教材如錄音帶、錄影帶等豐富孩子的世界，他們經常帶孩子到各大書店、社教機構、圖書館、博物館等地吸取豐富的知識，楊太太花了許多時間在孩子身上，一直到老二三年級後，她才到國小去代課，在此之前，孩子的功課，她一直都參與。

　　定學讀國小時，楊太太對他嚴格要求，回家必須先把功課完成，字寫不好，重新寫過，功課務必做到盡善盡美的程度。一、二年級的功課，楊太太每天檢查。到了三年級，換了一位很嚴格的老師，建議他們讓孩子自己來，楊太太提起往事，她說：

　　「老師看孩子的個別差異，程度高的，功課寫得很好，拿『甲上』沒問題，但如果當中有一個錯字，馬上掉到『乙下』，賞罰分明。剛開始時，我無法接受只有一個注音不對，等第相差那麼多。

　　後來，我慢慢調適，孩子自己也會先檢查過，有時，他會要求媽媽幫忙，我都推說有弟弟要照顧，要他自己檢查，結果，他反而比我還細心，要求比我高，我甚至還要將橡皮擦收起來，否則他會一擦再擦，他的字寫得非常工整、正確。」

◙ 自我要求高

　　此後，楊太太不再插手管定學的功課，由於自我要求高，他經常會為了一件事或一件報告，花很長的時間，下很多的工夫準備，以期盡善盡美。

　　楊太太說：

　　「他做什麼事都很投入，尤其在解數學題時，沒有解出來，你叫他吃飯，他不會來吃飯。

　　他在高中數理資優班時，老師的教學方式是給一個題目或一個方向，自己去找答案或做一份報告。有時候為了這個，他可以忙得很晚或做得很好，只為了想要表現很不錯。

　　從小，我們給他一個觀念，爸媽不是萬能的，有疑問，可以問老師、同學或找百科全書或到圖書館去查，以後遇到不懂的地方，他就知道去找資料、找答案。

　　他對任何事情都很投入，且做得很好，養成他今日對什麼事都能貫徹自己的想法。」

　　令楊太太印象深刻的一件事是：

「他在小學三、四年級時，老師要他們查生字、寫解釋，別人頂多寫兩、三個；他不一樣，他真的翻破一本字典，找出相關的，字很工整，花了很多的時間。他很多的詞彙都是那時累積下來的，他沒上作文班，但是，他的作文能力很好，我想跟他下功夫有關。」

☑ 成功的個人特質

聰明又肯下工夫是定學突出的一個因素，另外一個特點則是他的專注力。

許多老師對定學最為稱許的地方，就是他的專注力。上課眼神專注，課堂上做的筆記又快又多，所以，應付考試輕而易舉。他通常於考前一星期才準備，考得也相當不錯，對於同學剛剛考完月考，馬上又為下次月考準備，他認為太累了，他說：

「讀書要有要領，如有不懂的地方，一定要追根究柢弄清楚。」

專心及徹底了解是其超越同學的一個原因。

定學常常一面做功課，一面聽音樂，楊太太說：

「他有一個優點，當他專心投入的話，外界的聲音有多大，完全沒有影響。」

楊太太說，定學是個能讀也能玩的孩子，他不曾補習，完全自己唸，遇有不懂的地方，自己找資料或請教老師、同

學，徹底了解，對於老師交代的功課，無不用盡心力去完成它。

◎ 喜歡思考

平常，他也看些連續劇、影片、小說，對於益智活動的遊戲更是喜歡，如橋牌、象棋、大富翁等，自己看書、自己研究；課外讀物看的也不少，尤其是思考方面、動腦筋的書。小時候，他最喜歡翻閱父親有關頭腦體操的書，這些皆有助於其思考能力的培養，因此，他對思考方面的課程，一直保持高度的興趣。

當然，思考能力的培養也與父母的教育方法有關。

小時候，定學非常好奇、好問，常常纏著媽媽東問西問，楊太太總會要他先想一想，不會立即告訴他答案，有時給他一些提示，藉以訓練他的思考能力與解決問題的能力。此外，他身處一個大家庭的環境裡，不能像小家庭的孩子一樣，毫無顧忌，為所欲為，因此，他比一般人想得周延、觀察得更細微，人際關係也較為圓熟。

◎ 重視勤勞努力與品德教育

對於從小就耀眼的孩子，在楊家並沒有特別優渥的待遇。楊太太對兩個孩子一視同仁，他們對孩子的管教態度一致，尤其在孩子小的時候，管得很嚴，他們重視勤勞努力，

對於為人處世更加注重，楊先生常告誡孩子：

「操行遠比成績重要，飽滿的稻穗是越往下垂的，學問越好，更應該謙恭。」

在這種教育理念下，定學雖然成績優秀，也不自滿、驕傲。

定學優異的表現，帶給弟弟很大的壓力，兩兄弟所就讀的學校一樣，難免引起一些困擾。因此，弟弟的表現，略遜於他。

◎ 傑出的原因

對於定學傑出的表現，楊太太認為：

「主要是孩子的專心、觀察力敏銳及思考力周延。」

楊先生則認為：

「我們只是儘量滿足孩子的需求，補其不足的地方，換句話說，就是提供孩子學習的工具或環境，經常帶他去找資料，或添購需要的學習材料等等。」

從定學的成長過程來看，其優異的表現除了個人的天賦、特質及勤奮向學外，更重要的是其家庭的支持。楊先生夫婦非常重視孩子的教育，從小給了他許多智慧的啟發，為其奠下堅實的基礎，他們提供豐富的學習環境，重視思考與問題解決的能力，經常花時間陪孩子做有益成長的活動，給他支持與鼓勵，除學業外，他們更重視品德的教育，因而造

就出一位深受師長、同學喜愛的才德兼備的孩子，我們確信，他的未來定會是光明燦爛的。

4 | 國際奧林匹亞數學競賽銀牌獎
袁新盛

·台灣大學高材生

桃竹苗區數學能力競賽第一名

全國數學能力競賽第二名

亞太奧林匹亞數學競賽銅牌獎

國際奧林匹亞數學競賽銀牌獎

【父母親的話】

袁太太

他父親說書要讀，也要運動、做家事。我們不會叫他們要唸書，只是擔心他們的身體，不要唸太晚。他爸爸認為讀書要輕鬆，這是他的重點，身體好，書才讀得好，身體差，整天讀也無效。

我常常鼓勵他，不管那一科，只要你有頭腦，有健康的身體、認真、想要做，每一樣都會成功，只要自己的前途有辦法把握，以後都會不錯的，什麼事都要靠自己去發展。

◙ 寒門優秀子弟

　　經由桃園武陵高中盧澄根老師推薦的袁新盛，曾經代表我國參加國際奧林匹亞數學競賽，榮獲銀牌獎，其在數學上的優異表現，令人不由得想從其家庭探知成功的原因。經由接觸得知其雙親教育程度僅止於國小，而其長兄亦為台大的高材生，對於這麼一個家庭，充滿著好奇。

　　袁明乾先生是一位計程車司機，袁太太在台北某市場販賣成衣，他們育有三位優秀的孩子，老大、老么均就讀於台大，唯一的女兒就讀工專；新盛是最小的孩子。

　　也許正值農曆年，忙於生意，聯絡了好幾次，終於敲定了年初二到袁家拜訪。

　　年初二一大早由桃園家中出發，半個鐘頭抵達八德鄉，東轉西轉，終於在一所國中後面找到了袁府。

　　不巧，袁先生出去作生意，家中只有袁太太與三個孩子，袁太太看起來非常年輕，從事成衣生意已經有十多年了，她每天早上從桃園到台北市場販賣成衣，中午生意結束，立刻返回桃園。袁先生每天一大早開著車子出去做生意，一直忙到深夜才回家，他偶爾也會回家休息片刻，夫妻倆相當勤奮。

　　據袁太太表示，袁先生因家庭經濟的因素，而無法繼續升學，她則因不愛唸書。但兩人腦筋都不錯，孩子可能有一

些來自遺傳。

袁先生夫婦教育程度不高，對於三個孩子的功課完全插不上手，除了偶爾去房間看看孩子做些什麼外，孩子的功課完全靠他們自己。

三個孩子都很乖巧、聽話。老大個性內向，從國小起，功課一直很好，記憶力不錯，唸書非常認眞，好勝心強，常常喜歡跟功課好的同學競爭，因此花了很多時間在功課上，他很喜歡運動，參加不少體育社團。

由於老大成績好又認眞，給弟弟、妹妹一個很好的榜樣，他們也有樣學樣，自動自發做功課。

老三新盛，個性活潑，國小時提前入學，國中畢業保送武陵高中，他的記憶力與理解力都非常好，反應很快，什麼東西一學就會，用功、專心是他的特色，他常常專心看書到渾然忘我的境界，在他眼裡，認眞唸書是極其自然的事。

◙ 長於數學

從小，新盛跟著媽媽在市場賣衣服，媽媽總要他幫忙算帳，爲了加強心算能力，他去學了一陣子心算。國小開始，對數學即有著濃厚的興趣，每當學期開始時，他就將買來的數學習作，一口氣做完。他在課堂上很喜歡講話，似乎不太認眞，一旦被老師叫起來回答問題，卻又都能答對。

數學是一般學生頗感頭疼的科目，每每遇到難解的習

題，不是請教父母就是老師。新盛在國小時，遇到不懂的習題，父母無力協助，他常常轉而請教鄰居。有一次，謙遜的袁太太，覺得孩子老是去麻煩鄰居，心裡過意不去，於是告訴孩子，不懂的地方，儘量自己研究、自己讀，別去麻煩人家。此後，遇有難解的習題，新盛都自己想盡辦法去解決它，不輕易麻煩別人。事實上，袁太太正是歪打正著，因為數學就是需要經過思考，不懂、不會的、讓孩子自己去想，總有想出來的時候。

◎ **讀書要輕鬆**

　　袁家是個傳統、保守的家庭，中國人勤勞、努力的美德都落實在生活上，袁先生認為健康為一切之本，他對孩子的功課並不要求什麼，但卻要他們勞動筋骨、早睡早起，他強調，要輕鬆讀書，身體要健康，讀書才有效果。他經常叫孩子出去打打球、做做運動、少看電視，而對家務的操持，更是堅持，孩子如果沒做家事，免不了一頓訓誡，有一次沒擦地板，三個孩子一塊被揍。袁太太解釋說：

　　「他父親說書要讀、也要運動、做家事。我們不會叫他們要唸書，只是擔心他們的身體，不要唸太晚，他爸爸認為讀書要輕鬆，這是他的重點。身體好，書才讀得好；身體差，整天讀，也無效。

　　我們都忙，孩子要幫忙做家事，我們不能跟家境好的同

學比，我常要他們靠自己。」

　　袁先生很嚴，三個孩子都怕他，對於父親的要求，也不
敢違逆，因此，他們的生活非常單純、規律，每晚十點睡，
早上四、五點起床，放學回家功課一定先做完。孩子看到父
母親爲生計奔波，勤奮工作，受到不少的影響，對於功課也
不敢輕易鬆懈。

◙ 重視課業

　　兄弟倆從小學起就一直是資優班的一員，他們覺得在資
優班裡非常不錯，老師管得嚴，受到老師的照顧也多。老大
好勝心強，常常喜歡找成績好的同學做爲競爭的對手，因此
他花了很多的時間在功課上，他覺得唸書是盡本分，對於老
師交代的事都盡力做好，有力求完美的傾向，他的讀書方法
是徹底了解，他說：

　　「我跟別人有一點不一樣，我比較注重課本，別人都比
較注重參考書，我唸書唸得很徹底。」

　　新盛成績與哥哥不相上下，他也喜歡找同學互相競爭，
他認爲讀書是一件非常自然的事，本來就該唸書，而且更要
唸得好，他有不服輸的個性，因此，對於課業也是全力以
赴。

　　在國中時，有位老師曾在班上公開鼓勵他，相信他將來
定會出人頭地，這一席話，更激勵了他認眞向學的心。

　　新盛對於數理及英文非常有興趣而且表現優異，經常代表學校去參加各項比賽，在國中時，他曾經參加桃竹苗地區的數學競試，榮獲第一名，當下給了他很大的信心，接著參加全國數學競試，再獲二等獎，此後，再接再厲，榮獲亞太奧林匹亞數學競賽銅牌獎及國際數學奧林匹亞競賽的銀牌獎。

◎ 爲人處世的教導

　　在學期間，新盛獲獎無數，頭幾回拿到獎狀時，相當興奮，後來愈拿愈多，也就不覺得稀奇了。通常他將領回的獎狀擺在抽屜裡，也沒讓媽媽知道，偶爾袁太太會不經意的發現兒子又多了幾張獎狀，她對孩子的出色表現，很少向人炫耀，給孩子的鼓勵也不多，她認爲，給孩子太多的鼓勵，容易養成他們驕傲的心理，她說：

　　「我在市場看到一些人的孩子，如果得第幾名，就賞什麼獎，我常常說這樣不好，而且也是很沒道理，這不是鼓勵，而是養成孩子驕傲的心理，我教孩子要穩重、謙虛，人本來就是要這樣，對將來比較有幫助，如果太驕傲，實在不好，我們做生意那麼久，看多了。」

　　在母親的教導下，孩子都非常謙虛、含蓄，新盛認爲讀書是自己的事，把事情做好最要緊，至於其他外在的掌聲，就如同過往雲煙一般，他依舊默默的、認眞的去做該做的事

情。

兄弟倆就近在居家附近的國中唸資優班,曾經有人建議他們送孩子去路程遠些的好學校就讀,但袁太太認為沒有必要,她說:

「以前新盛唸國中時,人家跟我說這裡很爛,叫我給他去桃園唸,我說不必,我認為近就好,不必坐車坐那麼久,時間上就可以省很多,萬一到那邊學壞了,更糟,最怕就是國中學壞,我的想法跟別人不同,因為國中到高中這段時間比較不穩定,以前他高中下課時,我都會騎車載他回家,到了大學,我就比較放心。」

到了大學,袁先生夫婦還是很關心孩子,新盛為了準備研究所考試而沒回桃園,他們夫婦會連袂到宿舍去看看孩子。

◎ 尊重孩子的興趣

孩子功課好,父母自然對他們有所期望,他們對孩子的期望很簡單,那就是不變壞及將來有份安定的工作,如果能唸到博士更好。當初新盛獲得保送進入台大數學系時,袁先生曾要他放棄並參加聯考,以醫學為志,但袁太太反對,她認為要以孩子的興趣為主,她說:

「我先生朋友的兒子考上醫學系,他也要兒子唸醫學系,我跟他說,讀醫學系也要孩子有興趣,不是要他讀,他

就讀，我覺得當醫生也不見得出頭。

　　新盛就是對數學有興趣，我常常鼓勵他，不管那一科，只要你有頭腦、有健康的身體、認真、想要做，每一樣都會成功，只要自己的前途有辦法把握，以後都會不錯的，什麼事都要靠自己去發展。他哥哥唸化工，將來也不會太差，再說也是他自己選擇的。」

◨ 沒有補習

　　袁家三個孩子都沒有參加任何補習，他們肯定資優班給他們許多的協助，老師很照顧他們，尤其是高中的導師盧澄根老師，對新盛生活上的關心、為人處世的教導，及在數學上給他很多的啟發，讓他獲益匪淺。

　　對於孩子的優異表現，袁太太說：

　　「都是老師的功勞及孩子自己的努力，尤其是盧老師，盧老師很會教，他教的孩子都不必補習。我跟新盛說，盧老師那麼照顧你，你要認真努力，不要懶散，從此以後，他就比較認真讀書。」

◨ 成功的原因

　　在平凡的家庭背景中，他們為何表現出色？對此，老大山富的看法是：

　　「我想最大的關係，可能就是父母沒有逼我去補什麼

課，讓我比較自由，沒有壓力，讀起來輕鬆，而且自己也有較多的時間。」

弟弟則表示：

「最主要是家庭安定，父母的身教、勤勞、認真、謙虛。」

從袁家的例子來看，或許有人會認爲「歹竹出好筍」，事實上，孩子的優異，是有跡可循的：

一、聽話、乖巧：可以接受父母、師長的教導。

二、專心。

三、健康的身體：父母鼓勵多運動，以強健的體魄迎接繁重的課業。

四、作息規律：早睡早起、睡眠充足、精神好，上課專注。

五、安定、和諧的家庭。

六、父母良好的身教：勤勞、節儉、努力、謙虛。

七、分擔家事：訓練組織能力及獨立、負責的態度。

八、沒有補習：輕鬆讀書，有較多自己的時間。

九、尊重孩子的興趣，不施加壓力。

十、獲獎極多：建立其自信心。

十一、兄弟互相模仿學習。

十二、喜歡與成績好的同學互相競爭，有挑戰的目標。

十三、重視課業，花很多時間在功課上。

十四、小學基礎好，學習按部就班、穩紮穩打、徹底了解。

十五、對數學極具興趣並自行超前學習。

十六、思考能力的訓練：小時候，新盛數學不懂時，老是去請教別人，袁太太不希望孩子去麻煩別人，而要他們自己「想」，「想」就是「思考」。經過自己搜索枯腸後，再向別人請教，與不動腦筋就向人求教，兩者間差別很大。

　　從袁家的例子來看，他們夫婦雖然沒有高深的學問，他們只是提供一個正常的生活方式，自然的教育方法，讓孩子有很大的空間去發展，這意想不到的結果，可能對重視孩子成績、唯恐孩子輸人的心急家長，有著另一番的啓示。

5 ｜ 兩度跳級以十六歲之齡進台大醫學院 廖俊智

·台大醫學系畢業

國小第一名畢業
國中、高中兩度跳級並開該校跳級之先河
以十六歲之齡進入台大醫學系
每學期獲書卷獎
美國醫師考試及格
台灣醫師國家考試及格
高等考試獲公職醫師優等第一名

廖俊厚

·台大醫學院高材生

國中第一名畢業
高二曾跳級考上台北醫學院（放棄）

廖俊星

·台大醫學院高材生

國中第一名畢業

【父母親的話】

廖醫師

　　教育孩子是一件非常有趣的事，孩子的成長過程很快，一轉眼就過去了，如果家長不了解孩子，方法運用不對，親子雙方面都會很辛苦。事實上，每個孩子都有每個孩子的長處與興趣，父母要提供他們機會，培養他們的興趣、專長，尊重他們的興趣與專長才會成功。

廖太太

　　孩子在成長過程中，爸爸、媽媽在家最要緊，他們回來，一定見到父母，萬一我有事出去，我會把飯菜、水果準備好才出去，這是一種溫暖。我覺得很多孩子變壞，都是回來沒見到爸爸、媽媽，無聊就出去外面。孩子幾點回來，我都知道，媽媽在家等，他們就有媽媽在家等的心理，加上學校表現好，老師疼，好像沖天炮一樣往上衝。

◎ 一門俊傑

撥弄著手中廖家兄弟的小檔案，心裡不禁想著，究竟他們是在什麼樣的環境中長大？他們的雙親又是如何教育他們的？

懷著一顆好奇的心，在陰雨綿綿的午後，由台南驅車前往台中拜訪，按址尋訪，終於在文林街一家私人診所看到了廖鐵郎醫師夫婦。廖醫師的三位公子，個個優異，尤以老大最為出色。

老大俊智在國小時，即顯現不凡，以第一名的成績畢業；到了居仁國中，首開該校跳級先河；高中時，又再度成為台中一中的首位跳級學生。因此，在連跳兩級後，以十六歲之齡，進入台大醫科就讀。此舉，在當時曾經造成轟動，國內外報紙紛紛報導。

俊智天賦高、記憶力好、反應快，自幼相當好奇，每逢外出時，看到街上的招牌，立刻會問媽媽，那是什麼字？廖太太總是不厭其煩的告訴他，滿足他的好奇心。慢慢的，在他兩歲時，就已經認得相當多的字了。

他求知慾很強，兩歲多時，發現地上一張濕漉漉的國語日報，他好奇的蹲在那兒，看個半天。廖太太為了滿足他，經常帶他去書店看書、買書，他最大的樂趣就是看書。

個性內向的他，喜歡讀書，相當自動自發，喜歡思考，

思路敏捷，對於任何不懂的問題，他相信「思考」可以克服，不懂就想，任何時候都在想，他會將問題從頭到尾反覆的思考，而他的創造力也很高，做任何事情都相當專心，全力以赴。

在求學過程中，他一直都很突出，除前所述外，在一九九三年他曾是台大與美國哈佛醫學院的公費交換學生，在台大醫學系更是每學期的書卷獎得主，目前已自醫學系畢業，正服役中。

老二跟哥哥一樣聰明、個性活潑開朗，相當外向，人緣極佳，具領袖氣質，經常擔任領導人物，興趣廣泛，讀書自動自發，做事情很有計畫，他自己訂了「全天候自動研讀及作息方式」，一天二十四小時，全憑掌握。

他目前也在台大醫學系就讀，國中以第一名的成績畢業，於台中一中高二時越級考上台北醫學院，由於不合理想，自願放棄，他學習的動機很強，很有毅力，有不服輸的個性。因此，在求學階段，均名列前茅，獲得為數不少的獎項，是個能文能武的全才。

老三在兩位優秀的哥哥影響下，壓力很大，個性保守，相當依賴，但其表現也不輸給哥哥們。他在居仁國中以第一名畢業，保送台中一中，他不喜歡有太大的壓力，主動向學校表明自資優班轉入普通班就讀，全學年維持在一、二名間。

三兄弟都喜歡思考、屬自動自發型，他們讀書時，喜歡戴耳機聽音樂。

廖家三兄弟，個個出色，除了遺傳好（外祖父為台中第一位牙醫博士，舅舅、父親均為醫生）外，最主要是其父母的教養方式。

廖醫師是個非常忙碌的醫生，太太是純家庭主婦，也是一個灑脫的媽媽，一心一意只希望孩子好，想聽她談談教育孩子的方式，她笑著回答說：「我覺得很簡單」。

廖太太家世很好，但是她自謙自己不愛讀書，大而化之的她說：

「我栽培孩子，我也不知道會這樣，我自己想，認為對的，我就這麼做，我先生也不管我，但是我有一個方向，那就是我要栽培孩子比人家強。」

在這種信念下，凡是她認為對孩子有利的，她就去做，聽說吃母奶的孩子聰明，她讓孩子吃母奶，學營養的她，更是注意均衡營養的重要性，凡是對孩子有用的，她就去買，而坊間叫得出名字的才藝，幾乎都讓孩子去接觸、去學習。

◎ 及早啟發

對於孩子突出的原因，她認為是「很早啟發」。

在她眼中，老大俊智，天生是塊讀書的料子，相當好奇，於是針對他這個特點，適時的給予啟發。

俊智兩、三歲跟媽媽上街，好奇、好問的他，由市街廣告招牌認得了不少的國字，於是廖太太經常帶著孩子去逛書店、看看書，同時也買了相當多的圖書，尤以理科方面的書為最多。

在早期，學兒童英文的人口並不如現在的多，在俊智學前階段，廖太太就買了一套價格不菲的英文錄音帶讓孩子學習，雖然很多朋友都罵她神經病，但她仍舊堅持己見，陪孩子邊看邊學，平常孩子遊戲時，以英文兒歌當背景音樂，以達潛移默化的效果；小學起，每天固定收聽英語教學節目，廖太太則是忠實的伴讀者，她說：

「剛開始聽鵝媽媽英文，我一定陪，因為剛開始，他們聽不懂，你不陪，他們一定不要聽，原先我陪他聽，每天才二十五分鐘，以後習慣了，他有興趣了，也就自己聽了，那時學英語的孩子少，我們是走得比人家早。」

在國中時，老師交代的功課是查英文生字，俊智不僅把生字查好，而且每個字都以畫圖來表示，好像一本可愛的小字典般，英文老師讚不絕口，直稱「沒見過這麼認真的好學生」。

◙ 提供機會，試探興趣

廖家是一個很特別的家庭，孩子天分高，但三兄弟卻從小補習不斷，遊走於各類才藝及補習班間，廖醫師夫婦提供

各種學習的機會給孩子，試探他們的興趣，英文、電腦、速讀、心算、鋼琴等文的方面及武的方面，如各類運動、跆拳、網球、游泳等，延聘老師特別訓練，至於孩子學多少算多少，並不要求孩子學什麼東西，一定要能得到多少，他們不強迫孩子，一旦發現孩子對某項才藝不想學或沒興趣，也就算了，因此孩子也沒任何壓力。

　　這些才藝都是廖太太替孩子安排的，老大很聽話、溫馴，只要媽媽認爲對他將來有益的，他都相當認眞的去學習。通常不會開車的廖太太，攔部計程車，把一窩孩子送到同一個地點上課，她則在外面守候至下課後，再一車子打道回府。老大聽得懂的，老二、老三則似懂非懂的，但廖太太並不要求他們學習某樣東西，非得得到多少不可，她說：

　　「我帶他們去，我在外面等，他學得怎麼樣，我都不知道，我也不管。反正，我就是提供機會讓他們去學，我不要求他們學什麼，一定要得到多少；去學回來，有沒有做，我都沒有關係，就是讓他去學，學多少算多少，去學，無形中總會貫通，不要給他壓力。

　　以前，他學鋼琴，我逼他每天彈半個小時，他很排斥，沒興趣，就不學了；後來，我要他再去學，有沒有學到，都沒關係，就像去玩一樣，他興趣就來了。」

◎ 堅持補習

　　雖然不少老師都笑他們，孩子都是跳級的，那裡需要補習？但廖太太對於這點倒是相當堅持，她完全不理會人家的訕笑，對於才藝，她可以不計較成效，但對於課業，卻是非補不可，尤其數學、理化、物理、英文，她認為「不補，不放心，若等到孩子聽不懂時，再去補習，就來不及了。」

　　三個孩子，老大，六年級開始補；老二，三年級補；老么國小一年級開始補，她說：

　　「老實說，我很不愛讀書、看書，叫我看他們的功課，我就火大，而且沒有耐心，乾脆都交給補習老師，月考時，老師也教的好好的，我們都不必操心。

　　我的親戚是老師，孩子自己教，結果考的很不好，老師的方法和母親自己當老師的教法，都不一樣。我這樣，既不會得罪他、也不必氣得半死，老師有方法，而他又聽得懂。

　　所以，我教孩子很輕鬆，人家問我怎麼教孩子，我說就是『補習』。」

　　以他們的經驗，認為孩子經過補習，在校表現比一般同學佳，自信心大增，自然越來越出色，而且與補習老師的關係親近，沒有距離，孩子較聽得懂，且有興趣。因此，廖太太認為補習是很重要的，而她所選擇的補習老師，也是最好的。

「一開始就要去補，別人不會，他早就會了，在學校不敢問老師，在補習班就敢問。

我的思想跟別人不同，往往很多人去補習，都是不會了，才去補，很困難，老師不接受，也有的程度不好，要這個老師補，結果跟不上，孩子也很累。」

◙ 好的開始是成功的一半

廖太太是未雨綢繆，先補了再說，不待孩子跟不上再做補救，她表示，孩子要有好的開始，才是成功的一半，她說：

「我覺得孩子小學的基礎很重要，地基打得好，就是打七層樓的底。有的人到了五、六年級才補，來不及，老大小學一、二年級，雖然沒有補習，成績也不錯，家裡給了他一些課外的東西；老二，我就發覺沒補習是不行的，小學三年級去補；老三，一年級就去補，他們的基礎都是老師打起來的，基礎很穩，成績很好。」

國小一年級，究竟補些什麼？

「就是到導師家寫課題，說句老實話，明天要教的，今天去老師那裡，他先教，別人不會的，你先會，表現好，自然自己有信心，功課不會的，可以馬上解決，不會積壓，如果沒有補習，一定會積壓。

雖然他父親很聰明，但是對現在孩子的功課有些也看不

太懂，乾脆去給老師教，我認爲補習老師的好處就是一有問題，馬上解決。」

孩子補習，並不會因爲重複而覺得枯燥乏味，他們反而覺得從兩個不同的老師那裡，可以學到不同的東西，與老師也很親近，溝通容易，效果更好，至於補習之後，上相同的課程時，是否會覺得無聊，老三的回答是：

「不會，你聽第一遍，有可能聽到一些東西，另外一遍則可能會想到一些其他的，學校老師講的比較理論，去補習老師那裡，講的比較實在一點。」

由於他們的突出表現，老師也另眼看待，給他們的作業比別人來得多，當別的同學寫三張作業時，他們則多於三張，由於比別人多做，比別人加倍努力，因而成績自然保持優越。他們回家後也鮮少做功課，幾乎都是在補習班裡解決掉了。在廖太太的眼中，她覺得孩子唸書很輕鬆，回家還可以看看電視。

◎ 了解孩子個別差異

事實上，廖家兄弟的出色，並不全然是靠補習，除天生的資質優良外，最主要則是父母非常了解他們及疼愛他們，對於孩子的優異表現，廖醫師謙虛的說：

「我是好運，他們三個都做我的兒子，讀書全才。」

由廖醫師手中接過他們爲孩子整理得井然有序的七、八

本厚厚的記錄中，看到他臉上漾著驕傲與滿足的神情。這位醫師，非常了解三個孩子的個性，對待每個孩子就如同診斷病患一樣，針對其不同的個性，下不同的處方。

　　老大生來聰明、好奇、記憶力佳、反應快、自動自發，是塊讀書的料子。在他小時候，廖醫師要求他成績要好，成績差則會受罰，因為聰明而表現差，代表的是不認眞、偷懶。

　　老二，則是出了名的愛玩，天資聰穎，他對於有競爭性的、要算成績的，則相當感興趣，對於無所謂的科目，就鬆懈，根據廖醫師的觀察，只要注意他，推他一把，他還是會動。

　　老三，又是完全不同的典型，由於與哥哥的學校完全相同，哥哥出色的表現，很自然的帶給他很大的壓力，他若成績考的不理想，也就算了，父母講他，他依舊老樣子，廖醫師講了幾回後，發現沒有效果，於是改變策略，親自去學校拜訪老師，請他們不要要求他，不要給他壓力，讓他自動自發。

◎ 幫助孩子超越自己

　　廖醫師夫婦非常了解孩子的個性，因此施予不同的教育方式，尤其在他們有困難的時候，運用方法，幫助孩子突破困難，超越自己。

　　記得老二在國小時，每次考試都是第二名，廖醫師很納悶，他相信兒子應該可以考到第一名。五年級時，廖醫師去拜訪老師，針對老二的愛好競爭的心理，請老師幫忙。拿了五千元給老師，以做為與老二打賭的籌碼，如果老二月考能拿到第一名，則能贏得老師的這五千元獎金，老師也挺幫忙的，他先潑孩子一頓冷水，以挑起他戰鬥的心理，認定他絕不可能拿到第一名。偏偏老二就是那種喜歡競爭、不服輸的個性，於是拼命唸書，那回真的讓他拿到了第一名，而贏得了五千元。他非常得意的不是第一名而是「學生贏了老師五千元」。

　　老二突破了障礙之後，一直都保持冠軍寶座，這段歷程，孩子至今仍被矇在鼓裡。談起往事，夫妻倆忍不住開懷大笑，他們的確是一對很有智慧的父母。

　　廖醫師認為孩子的成長過程很快，父母要把握時機，他說：

　　「教育孩子是一件非常有趣的事，孩子的成長過程很快，一轉眼就過去了，如果家長不了解孩子，方法運用不對，親子雙方面都會很辛苦。事實上，每個孩子都有每個孩子的長處與興趣，父母要提供他們機會，培養他們的興趣、專長，尊重他們的興趣與專長才會成功。」

◘ 溫暖的家庭

廖太太把所有時間都花在孩子身上，完全以家庭為主，照顧孩子的生活起居、學習的接送，孩子一回到家，都能看到爸爸、媽媽，讓孩子感受家庭的溫暖，讓他們在充滿了愛的環境下成長，他們親子關係非常融洽，家就像磁鐵般的吸引著孩子，現在還在唸醫學院的老二、老三每天固定打通電話回家聊聊，相當難得。廖太太強調溫暖的家實在是太重要了。

廖太太說：

「孩子在成長過程中，爸爸、媽媽在家最要緊，他們回來，一定見到父母，我不讓他們找不到媽媽，萬一有事出去，我都會把飯菜、水果準備好才出去，這是一種溫暖，我覺得很多孩子變壞，都是回來沒見到爸爸、媽媽，無聊就出去外面。孩子幾點回來，我都知道，媽媽在家等，他們就有媽媽在家等的心理，加上學校表現好，老師疼，好像沖天炮一樣往上衝。」

雖然廖醫師夫婦在孩子身邊，卻不會把他們盯得緊緊的，他們強調，讓孩子自己讀書，自己做功課，不要逼，她說：

「讀書，要讓孩子自己讀，不要在旁邊唸。把孩子盯得緊緊的，陪他們讀書、做功課、作答，這些人大多數是失敗

的。

　　我的朋友是老師，參考書一條條的唸，小孩作答，唸到晚上一、兩點，另外一個親戚也是題目一題一題的問，跟的緊緊的，結果這種孩子唸的都不好。」

◈ 不給壓力

　　廖太太認為他們沒有給予孩子壓力，是孩子優異的另一個因素。

　　老大的跳級，曾經轟動一時。他不僅功課好，機運也好，國二時，校長鼓勵他跳級並無條件為他安排老師，給予特別指導。廖太太看孩子為了跳級很辛苦，她心疼的告訴孩子，去跳個意思就好，不一定非要考上不可，但不肯馬虎的老大卻認為，「要做，就要做好」，而他果然不負眾望，成為居仁國中首位跳級成功的學生。

　　到了高二，教育部公布跳級辦法，此時距離考期只有短短的兩個月，要在兩個月內讀畢高三整年的功課，孩子壓力很大，廖太太也相當煩惱，她不知道該如何安排，如何去找老師幫忙。她靈機一動，到學校去試試看，於是她到省立一中門口坐，看到老師來學校，她則趨前去問問看：「我的兒子要跳級，你幫我介紹老師好嗎？」。老師問她：「妳要那一科？」。「七科都要補！」

　　這次，老大憑著他堅實的實力，再度跳級，進入台大醫

學系，成為台中一中第一位跳級成功的學生，大大出乎其父母的意料。他以十六歲的小小年紀進入台大醫學系，海內外報紙紛紛加以報導，帶給父母、師長許多的喜悅。

◎ 尊師重道

廖醫師夫婦認為老師對於孩子的成就，有其不可抹煞的功勞，他們都會在年節時去探望老師，孩子與老師的感情深厚，尤其是老大，非常尊敬老師、聽老師的話，他們對老師常存感激的心，但老師也不敢居功，一位老師曾說：「不是我會教，而是我運氣好，剛好教到你們俊厚（老二）」。

孩子都朝醫學的領域發展，是否期望他們繼承衣缽？廖醫師說：

「我當醫生，我也不要求他一定要來接，他選法律也可以，他們之所以選擇醫科，是我們灌輸的，我告訴他們說：在這個社會裡，我們沒有生意的底子，別人有生意底，有基礎來做，總是比較好。在社會上有一技之長，生活總是在中上的。

所以，他們會選擇醫科，時代怎麼變，他們也是中上的生活。」

◎ 成功之道

廖家夫婦重視教育，他們提供良好的環境與機會，試探

孩子的興趣，培養他們的專長以及讀書興趣，了解每個孩子的特質，尊重他們，不施予壓力，讓他們在充滿愛的家庭裡，以個人先天的優厚條件，憑著自信，加上個人不斷的努力，奠定了良好的學習基礎。因此，在求學過程中，三個孩子的表現一直都相當突出，令人矚目。

在下午的訪談過程中，廖醫師一會兒下樓為病患診治，一會兒上樓與我們聊，看得出來他們相當重視這次的訪談。

6 國際奧林匹亞數學競賽銅牌獎
林英豪

·台大醫學院高材生

大學聯考成績名列全國前十名，數學為全國最
高分（100分）

全國數學及自然學科能力競試，數學組第二
名，物理組第三名

亞太數學奧林匹亞銀牌獎

國際數學奧林匹亞銅牌獎

在學期間獲獎無數

【父母親的話】

林先生

父母要教孩子做學問的方法，孩子經常來問，但我們不會馬上給他答案，只是提示他怎樣去思考，因為知識經過他自己去想了之後，比較不會忘記。所以，我們幾乎沒有直接給他答案，都是讓他自己去想。

家長是以怎樣的態度來關心，孩子就會被塑造成怎樣的形狀，家長關心孩子的方式，有時還是需要修正，孩子的每個階段都非常重要，父母的觀念尤其要正確，要真正的把心拿出來，該做的，絕不能馬虎，要劍及履及去做。

林太太

我們非常注重機會教育及從遊戲中學習，因為孩子好奇心重，時常發問，這時，我就利用機會教育，不是刻意安排，這樣孩子學起來興趣濃厚，記憶深刻，尤其數理的東西，要讓孩子真正了解，切忌填鴨式的硬塞或死背，那會抹煞孩子學習的意願。

　　我們不特別在意分數，不要求他每一樣都得第一，其實要長久保持第一名，實在很累，把第一名讓給其他同學也不錯，讓孩子偶爾失敗時，也能有接受挫折的容忍力；要不然，像這種孩子，萬一失敗而轉不過來時，真的會很慘，所以培養孩子能夠接受挫敗的容忍力是相當重要的。

◎ 響叮噹的人物

　　林英豪（化名）是個台南府城的孩子，國小、國中各跳了一級，高中也取得跳級資格，但因與出國研習時間衝突而放棄。高二時，全省甄選兩位高中生代表，參加美國喬治華盛頓大學所舉辦的暑期科學資優研習營，以第一名的成績脫穎而出。高三時，曾獲亞太奧林匹亞數學競賽銀牌獎，並前往莫斯科參加國際奧林匹亞數學競賽獲得銅牌獎，當年又以高分考入台大醫學系就讀。

　　從小到大，他一直都表現得相當突出，在台南地區是個響叮噹的人物。除了正課外，還參加不少研習活動，經常代表學校參加各項比賽，生活得多采多姿，可以說是會唸書又會玩的孩子。看到這麼優秀的孩子，自然的，英豪的父母便經常成為其他家長詢問的對象，林太太謙稱：

　　「其實，在我心目中，他只是比別人先學，我們也只是盡父母養育的責任，並沒有什麼特別的訣竅。」

　　謙虛的林太太輕描淡寫的帶過，但天下畢竟沒有不勞而獲的事，縱使是一塊寶玉，也必須經過琢磨，才得以光璨耀眼，孩子資優，仍需靠父母的栽培，才得以傲視群倫，因此，我們還是特別走訪了林府一趟，以探究其養育優秀子女的訣竅。

　　林先生夫婦育有一子一女，老大目前在台大醫科；老二

在國小四年級就讀；林太太爲台南一所國小的主任，原服務
於高雄市。

◪ 數學啟蒙教育

　　英豪小時候留在台南，由爺爺、奶奶照顧，由於家中開
設童裝工廠，他平日即和童工們玩在一起，兩歲多時，童工
看他無所事事，便拿些鈕釦給他數，或吩咐他把衣服按大
小、顏色分類。有一天，林太太驚訝的發現孩子居然已經會
數數了，在這種自然的環境下，他對數的概念相當具體而清
楚，在他四歲時，林太太親自教他數學，首先告訴他 1、2
代表的是什麼？利用實物，從實際操作理念引到抽象符
號，讓他眞正了解到數的眞正意義後，再利用數字卡教其數
學。

　　在工廠裡，英豪常常看到伯母以計算機來記帳，不久他
也學會了連加法，林太太發現孩子很聰明、領悟力很強，便
加以誘導，進而三位、四位數的連加法，他都會了。平常，
夫妻倆再把這些簡單的數學應用到實際的日常生活上，吩咐
他到附近市場買東西，此後，「採購」就成了他的專利。

　　英豪懂得數學後，林太太自己製作心算卡來教他，以增
進其速度，她常跟孩子玩撲克牌，把數學變成非常有趣的東
西，因此英豪的數學進步神速。

　　林先生認爲孩子的數學不錯，主要在於剛開始學習時，

就有很清楚、具體的「數」的觀念，他說：

「他跟普通孩子不一樣的地方，譬如，對『數』的認識來說，他不是光認識1、2、3，而是真正的認識一個、兩個、三個，加法、減法是真正的有具體的觀念，不是紙上作業，而是真正的過程在他腦海裡，他接觸的所有東西，第一步都非常具體，和一般孩子比起來，一般孩子比較可憐，他們第一步就是填鴨式的，而他在沒上學前，對數的認識非常好，在工廠數鈕釦、1、2、3、4……或2、4、6、8……，很自然的接觸，不刻意去教他。他很小就表現出數學天分，11是怎麼來的，他是真正知道，不是死背，這方法很重要，要讓他知道「方法」，他才知道要如何去類推。」

林太太接著說：

「除了在工廠數1、2、3量的方面外，另外對數序如衣服2號、3號、4號數序，他第一次就接觸到了。現在我們搬到這裡，老二就沒這種機會了，現在我們就玩撲克牌，一般人認為這是賭博的行為，禁止孩子去玩，如果換個角度來看，撲克牌卻是一套非常好的數學教具，按照數的大小排排看（數序、大小的練習），把相同的花樣排一堆（數的分類、集合），兩個人玩比大小、大多少（減法練習）、撿紅點（兩數合起來是十，連加法的練習）等等，無一不是最富趣味的數學課，又可增進親子的關係。」

◙ 重視機會教育

　　英豪的記憶力及模仿力非常強，三歲能學會電視上的英文字母歌及奶奶哼唱的日本歌曲，而且字正腔圓。從小，對知識具有強烈的好奇心，林先生夫婦經常買書給他看，他一瞬間就看完，常黏著媽媽喊「無聊」，林太太常要想些點子讓他去忙，但他動作很快，一會兒工夫就忙完，又頻頻喊「無聊」，令林太太束手無策。他極為好奇，喜歡打破砂鍋問到底，林先生夫婦常順著孩子的發問教他一些常識，從日常生活中俯拾教材，透過巧思及饒富趣味的安排，讓孩子自然而然提高學習的興趣。

　　記得英豪小時候喜歡吃冰棒，可是小小年紀、動作慢，吃到後來，冰棒成了冰水，這時善用機會教育的林太太就指導孩子觀察其不同之處，陪他做簡單的實驗，把水放入冰庫，過段時間再拿出來，看看結果又是如何？看媽媽燒開水，水煮沸又有什麼現象發生？從日常生活中教導孩子物體的三態變化，廚房、浴室的瓶瓶罐罐，透過父母的巧思，樣樣都是活生生的教材，林太太說：

　　「我們非常注重機會教育及從遊戲中學習，因為孩子好奇心重，時常發問，這時，我就利用機會教育，不是刻意安排，這樣孩子學起來興趣濃厚，記憶深刻，尤其數理的東西，要讓孩子真正了解，切忌填鴨式的硬塞或死背，那會抹

然孩子學習的意願。」

◎ 良好習慣及早建立

英豪兒時的諸多表現，讓父母直覺他滿聰明，但卻不知道究竟有多聰明，在他國小一年級下學期，正好台南永福國小舉辦資優生甄選，他們在完全沒有準備之下，讓孩子去試試看，結果發現其智商相當高，從此，他就踏入了資優生的行列，由國小、國中進而高中。

林太太在國小長期擔任低年級老師，她認為國小階段是將來學習的根基，地基堅固，才能蓋得起高樓大廈，因此，孩子良好習慣的養成、為學方法、態度及待人處世等，都必須及早訓練。譬如，英豪剛入小學時，林太太特別注意他的習慣，注音符號教學、筆畫、執筆方法，字的肩架等都會注意；回家後，功課必須做完，才可以玩；專心習慣的養成等，這些習慣的養成，總得陪他花上一、兩個月時間，等習慣建立後，再慢慢放手，讓孩子自行學習。她說：

「小學這個階段真的很重要，是基礎教育，一些複雜的題目分解下去，也都是單項，九加七是怎麼來的，我們先告訴他方法，以後我們要求他一看到九加七就是十六，不能再想了。

我很注重習慣，國小剛開始，我一定很注重他們的執筆習慣，有沒有寫錯，功課寫完，才可以玩；我更要求他上課

要專心、要認真聽課。」

　　對於孩子學習每樣新事物，他們都非常重視，而且更注意其良好習慣的養成。孩子每學一樣新的東西，林太太一定花很多時間在上面，等孩子習慣養成了，再慢慢放手。

　　英豪的妹妹，目前就讀國小四年級，一年級時，她做完測驗卷，林太太都會拿來改；二年級時，則自己寫完，自己改，不懂的地方，再去問爸、媽，這就是習慣的養成，林太太表示：

　　「我看到很多家長為了孩子寫功課，在那一遍再遍，我不希望有這種情形發生，所以孩子一開始，就必須養成他們良好的習慣。」

◎ 英文能力的培養

　　學習外國語文也是如此。英豪在國小四年級下學期開始學英文，從高師大英語系畢業的林太太認為語言的學習，必須聽、說、讀、寫並重，時下英文考一百分而不會說的大有人在，有鑑於此，英豪剛學英文時，林太太即陪著他上課，注意其發音是否正確及語調的練習，規定他平常在家學英文一定要唸出聲，不到一年的時間，即開始聽「大家說英語」的廣播節目，過了半年，聽「空中英語教室」，這個階段，對英豪而言，生字是多了一點，開始時，林太太除了陪他收聽外，並幫他錄下來反覆聽，甚至於幫他查生字，漸漸的，

詞彙慢慢增加後，再也不需要媽媽的協助了。除了校外兩年的英語基礎，再加上英豪自己不間斷的收聽廣播教學，研讀英文課外讀物及學校老師的教導下，他的英文能力進展的很快。

　　高二時，英豪在參加全省甄選兩位高中生代表參加美國喬治華盛頓大學所舉辦的暑期科學資優研習營時，以第一名的成績脫穎而出。兩位入選者，不但學科要好，英文程度也必須夠水準，才能與其他各國的資優生共同研習。當時，擔任評審委員的五位外籍老師給他的評語是：「土生土長的台南孩子，其英文成績，眞是好到令人驚歎！英文程度相當於美國高中畢業生的水準。」那回，在華盛頓大學與來自世界各國的資優生代表一起生活了六個星期，大家還以爲他是華裔呢！

◙ 不要求樣樣第一

　　小學一、二年級時，英豪的成績並非頂尖，林太太了解孩子的程度，不要求他樣樣第一名，她認爲長久保持第一名也挺累的，她說：

　　「我有些朋友注重小孩一定要考第一名，測驗卷不知道寫了多少，我認爲寫一張就夠了，孩子只要有一個水準，不要太差就好了，如果爲了分數，反覆練習，多考一、兩分又有什麼意思，學生都變成機械化，我寧可他少考幾分，多看

些課外書。」

◙ 重視思考能力

從小他看了許多的課外讀物，對其能力的精進，幫助不小，林先生夫婦也會經常利用時間，拋些問題讓孩子做做頭腦體操，訓練其思考能力。他們最常做的就是應用問題，林先生夫婦只在意他的思考過程，不在意計算方式，他們認為計算過程將來到了國小、國中老師都會教，因此，只要答案正確，如何計算則不是那麼重要。

假日裡，他們帶著孩子到鄉下觀察，印證一些影片上介紹的各種東西，或利用旅遊機會，隨機教育，尤其在寒暑假，他們找些課外的功課，讓孩子做加廣、加深、加速的學習，如有疑問，再協助他，有時遇到瓶頸的時候，林太太會忍不住指導他，但林先生反對，他非常注重思考能力的訓練，他說：

「父母要教孩子做學問的方法，孩子經常來問，但我們不會馬上給他答案，只是提示他怎樣去思考，因為知識經過他自己去想了之後，比較不會忘記。所以，我們幾乎沒有直接給他答案，都是讓他自己去想，數學可以三步完成的，不必用到五步，我們不注重表面形式，只要有答案就好，甚至有時遇到瓶頸時，他不會，媽媽想教，我反對，這方面我們常有爭執，不會的話，讓他去想，明天、後天他就想通了，

有時給他稍微提醒一下，他就會想通的，想到最後，真的没辦法時，才問爸爸、媽媽或老師。」

◙ 教孩子如何做學問

　　林太太表示，教孩子做學問的方法非常重要，英豪在資優班獲益良多，她說：

　　「我覺得那時的資優班老師很好，有做加廣、加深的學習，他們平常跟一般同學一樣月考，資優班的老師又另外出問答題，讓他們作答，這樣一直培養出做學問的方法很好。」

　　林先生接著說：

　　「老師很早就教他們問答式的作答，每次考試方面的表達，都接近一百分，這方面的訓練，老師的功勞滿大的，尤其是自然老師魏鑑源先生。」

　　魏老師是永福國小資優班的老師，指導學生上課作筆記，帶學生到戶外參觀、教學，要求學生寫心得報告，從事前的蒐集資料，上課時的筆記、事後整理、參考有關書籍，家長從旁協助，小小年紀寫起心得報告，有模有樣，不但內容充實，還加上目錄、封面，儼如一位學者，林太太認為這才是真正為學的方法。

　　林先生回憶起哈雷彗星風潮時，自然老師帶著孩子觀測，在台南觀測時的效果不是很好，後來聽說墾丁觀測點效

果較佳，老師又帶著學生去屏東，林先生自然也陪同孩子一塊去，他表示，很多事情，他們都是跟孩子學習，跟著孩子一塊成長的，林先生舉例說：

「每個人心目中都認為『日正當中』，太陽一定在我們頭頂上。英豪他非常仔細的去做實驗，他把竿子豎得非常直，但再怎麼做，中午時，影子一定偏在一邊，標準的記錄，影子也是偏在一旁。由這裡，引發我們找尋問題的真正答案，最後在百科圖鑑上，找到了記錄。經過仔細觀察後，發現在台南所做的觀察記錄與圖鑑是完全不一樣，其原因就在於國內百科圖鑑是翻印自日本，其資料是在日本地區所做的觀察記錄，結果當然有所不同。

由孩子提出的問題，讓我們覺得自己白過了二、三十年，也就是自己二、三十年都沒發覺這個問題。所以小孩子的一點一滴，我們去聽，等於是跟他學，以前我們小學也沒學過『竿影』，所有的一切都是跟孩子一起成長、一起學。」

◙ 專注的學習態度

英豪從小一直沒有補習，生活規律，晚上九點就寢，林先生認為孩子必須睡眠充足，上課才有體力與精神去接受老師的教導。

英豪的專注學習態度，是所有教過他的老師最為稱許

的。老師所教的東西，他幾乎上課時間都可以應付，回家後，他不用花很多時間在學校功課上，也就是說，他在學校都已經唸完了。尤其每逢考試，他回家連功課也不複習，他認為學校老師已幫忙複習過了，回家何須重複。林太太尊重孩子的意見，任由他看其他的書或做喜歡的事。他不僅學習專心而且相當執著，譬如玩拼圖或學一樣新的東西，一定要把它完成才罷手。

在國小二年級時，令林太太印象滿深刻的是記錄「竿影」移動的事，一般老師要學生回家記錄，能真正去執行的，恐怕不多，但英豪確實認真的去觀察，林太太提及往事：

「那真正是在做學問，才國小二年級，住都市，必須上頂樓陽台，才觀察得到竿影的移動，他每兩個小時一定會上頂樓加以記錄，從早上一直觀察記錄到下午，從沒間斷，這對他來說印象非常深刻。從這裡可以了解到孩子非常專心。」

專心，是英豪表現突出的重要因素之一，當然這與其父母的教育方式極有關係。林太太從小以拼圖來訓練孩子的集中力。

「以前讓他跟爸爸玩拼圖比賽，看看花了幾分鐘，拼圖可以訓練集中力，如果先拼大塊的，一定會有挫折感，我們先拼一部分，再慢慢加大，給他成就感，慢慢的訓練他的耐

力和專心。

　　從小，我告訴他上課要專心、認真聽，功課做完，才可以玩。我跟他不同一個學校，可是一回來，他很少做功課，都是在學校做完了。平常考試都不錯，表示他上課很專心，我們也常提醒他，要有好成績，必須要非常專心，以實例告訴他，如果做事不專心，絕對不會達到那個效果的。」

　　許多孩子唸書喜歡一邊聽隨身聽一邊看書，常常令父母擔心孩子這樣容易分心，英豪也是邊聽邊看書，他認為不如此，是沒有辦法唸下去，林先生觀察的結果認為孩子是以喜歡的音樂來排拒外面聲音的污染源。

◨ 忙碌充實的生活

　　除了專心外，他們同時也訓練孩子的速度，動作快，也是他贏人家的地方。

　　林太太以自製心算卡訓練他，小時候，每天像洗牌似的訓練，一見題目，答案立刻出來，以數學為例，他們不要求孩子考一百分，而是要求他原定五十分鐘的，能以幾分鐘完成，而把剩下來的時間，拿來做報告。數學能以三步完成的，絕不用到五步，因此，有些老師會認為他方法不對，林先生夫婦了解後，會自動給他加分，他們不要孩子去跟老師斤斤計較分數。

　　專心、動作快，替他省下不少時間，本身善於安排時

間，有計畫的看書，不死讀書，各項活動都喜歡參一腳，由於他非常好勝，任何比賽都不放過，且盡心盡力的力求表現，由佳績中獲得快樂與肯定。頗具領導能力的他，雖然連跳兩級，在班上年紀最小，卻也連續當了好幾年的班代，他的日子忙碌而充實，看課外讀物、打球、聽音樂、相聲、唱歌、打電腦等，而電視更是每天必修課程，有時媽媽會說說他，他給媽媽的答覆卻是：「我的功課寫完了，數學只花十五分鐘，我的同學要花一個多鐘頭，爲什麼我不可以看電視？」

現在他在台大醫學系唸書，仍然是很活躍的一份子，除必修課外，還旁聽自己喜歡的學科，每學期都榮獲「書卷獎」，而棒球隊、土風舞社、佛學社、南友會也都有他的蹤影，他並且參加了許多課外活動，有時林太太看他辦活動太過頭了，都會忍不住說說他。看他多采多姿的生活，直覺他唸書似乎很輕鬆，林太太認爲：

「最主要是他領悟力強、讀書專心、速度又快，動作快替他省了不少時間。」

◙ 挑戰性的學習

寒暑假裡，英豪的媽媽會跟同事拿一些數學習作，給他做加廣、加深、加速的練習，這種具有挑戰性的學習，孩子滿有興趣的，在國小三年級時，他已經把小學六年級的數學

做完了。

到了四年級，他開始學習較深、較廣的課程，林太太買了兩本資優數學的應用問題讓孩子練習，她表示那兩本書讓孩子獲益不小，她說：

「現在的國小程度很差，只要稍微一變化，就不會了，沒有一點思考能力，平常我們很注重思考能力，所以我每天規定他至少做十題應用問題，由淺到深，後面很難，必須想，不會的，自己想，實在沒辦法了，才去請教爸爸，到了四年級暑假就全部做完畢了。」

像這樣的超前學習，老師所教的，他都懂了，在課堂上，他會不會無聊？

林太太表示：

「沒聽說，因為他都在資優班上課，老師比較有彈性，我們不先拿課本來教他，只做習作，思考性的，讓他知道自己的能力有幾分；上課時，課本是第一次接觸，老師規定的也是要做。」

英豪理科方面能力很好，為什麼他們只側重在數學方面呢？

林先生解釋：

「理化方面，我覺得小學的自然教的非常徹底，非常的按部就班，小學二年級時，觀察葉片，英豪真是按照老師的要求，每個鐘頭去觀察、記錄一次。他走過的每個階段都滿

踏實的，經過踏實的訓練，老師對他有高標準的要求，而考試作答文字上的表達，也都有很好的訓練，這些訓練對他物理、化學方面的基礎影響滿大的，這方面老師的功勞很大。」

◙ 和孩子同步學習，同步成長

除了老師盡心的教導外，自然的每一個單元，林先生採「知行合一」的學習方式，陪著孩子用心的做實驗，採購簡單的實驗器材，讓孩子親自體驗學校課程中的重要課題，為孩子奠定了堅實的科學基礎。

用心的林先生認為家長陪伴孩子學習，和孩子相互研討，本身就是一種成長，林先生說：

「我覺得我們真的是跟小孩一起學習，從小學到國中，甚至到高中，在國中以前，真的是跟他一起學習，了解到什麼程度，後面將會遇到什麼困難。他讀他的書，我們看我們的書，隨時給他最需要的輔導，而不是說去那裡補習，當孩子有疑問時，如果留到補習時再問，可能問題早已忘記了。我們在他最需要的時候，都能夠隨時在側，給他及時的解惑。」

「我們提供加廣、加深、加速的資料給他做，他也滿乖的，都會聽話的去做。但也是我們要逼，我覺得如果太放任的話，也是不行，如果什麼事都讓孩子太自由，那種教育對

孩子也不太適合，畢竟孩子還小，不太可能自動，就連我們大人不也都會偷懶呢！」林太太說。

　　林太太在教育孩子的過程中，她秉持的理念是循序漸進，不揠苗助長，她強調：

　　「有一點很重要，小孩子不想學，你硬要教他，是沒有效果的，孩子的發展都是一個階段、一個階段，有時興這套，有時又不興這套，有一段時間，他認識了一百多個國字，但是一段時間過去了，他又不認了，我也就算了，孩子喜歡時，我們再教他，效果會更好；硬教，是沒有效果的。」

◘ 培養孩子接受挫敗的容忍力

　　英豪表現好的時候，林先生夫婦總不會忘記給他讚美與鼓勵，讓他肯定自己、擁有自信心並以同儕的成就來激勵他，給他一個努力的目標。當孩子偶爾失敗、遇到挫折時，他們也能容納他、接納他，為了培養孩子能夠接受挫敗的容忍力，林太太常會體貼的對孩子傳達他們不在乎分數的訊息，她說：

　　「我們不特別在意分數，不要求他每一樣都得第一，其實要長久保持第一名，實在很累，把第一名讓給其他同學也不錯，讓孩子偶爾失敗時，也能夠接受挫折的容忍力，要不然，像這種孩子，萬一失敗而轉不過來時，真的會很慘，所

以培養孩子能夠接受挫敗的容忍力是相當重要的。」

在才藝方面的學習，林太太尊重孩子，孩子喜歡學什麼就讓他去學，學膩了，不想學，也不勉強，英豪興趣廣泛且天分高，學什麼就像什麼。

◨ 及時拉他一把

林先生夫婦非常關心及了解孩子，隨時掌握他的學習狀況，他們站在輔導的立場，不逼迫孩子，不緊迫盯人，當孩子需要援助時，及時拉他一把，幫他渡過學習障礙的關卡。

英豪曾因跳級，小學少唸了一年；到了國中時，第一次月考，國文只考七十多分，林太太立刻爲他做補救教學，她表示：

「國小這個階段，孩子要隨時了解，並不是要很注重成績，而是我們要了解孩子到底確實會不會？不會的話，要馬上拉他一把，我覺得這是滿重要的。

平常看他成績不錯，表示跟得上，國一時他的國文很差，因爲小學少唸一年，國字不會，我立刻利用晚上時間給他練聽寫，趕快拉他一把，因爲我的及時發現，所以他又拉了上來，如果我沒有去關心的話，他這樣一路下去，說不定今天都不能跳級，因爲國文太差了。

我們家長只是站在輔導的立場，孩子的情況一定要隨時掌握，不能讓他滑下去，等到他滑到底再拉，就來不及了，

只要他稍微一滑，馬上就要拉。」

◎ 尊師重道與重視生活倫理教育

除了關心孩子的學業外，林家與學校老師也保持著非常親近的關係，他們肯定老師對孩子成就的影響，對老師心存感激與尊敬，縱使孩子離開學校，依然與老師保持聯繫，維持深厚的感情。當英豪參加跳級考及大專聯考時，小學老師甚至主動去陪考，林先生表示，老師隨時的關心和鼓勵，對英豪的成就也有某種程度的影響。

英豪的出類拔萃，帶給父母許多的榮耀與喜樂，他們欣慰的，除了孩子的學業表現外，莫過於他的為人處世。他謙虛有禮，不因功課好而驕傲，喜歡幫助別人，人際關係很好，孝順父母、尊敬師長，這種種的表現均源自於他有一個重視生活教育、倫理觀念的家庭。

從小，他們要求孩子「凡是自己會做的事情，媽媽不會幫你做」，孩子會做的事，一定自己做，以培養孩子的獨立性與責任感。英豪在很小的時候，已經會自己收拾房間、玩具，自己穿衣、吃飯，媽媽絕對不插手，日常生活教育相當成功。

◎ 良好的身教言教

林先生認為父母良好的身教很重要，他們給了孩子一個

很好的榜樣，假日回家，他們必定會到墓園去，讓孩子真正體會父母的孝心，讓孩子耳濡目染，知道要孝順父母、愛物惜福，他們更教導孩子不要恃才傲物，林太太說：

「我們經常灌輸孩子的一句話就是『幫助同學』，不要因為自己聰明就驕傲，當同學有困難、需要協助時，要誠懇的去幫助其他同學。他很乖、很聽話，這點他做的很好，學校老師都說他人緣很好、很有禮貌，同學滿喜歡他的，這也許是他兩次跳級，雖然年紀比其他同學小，到了國中、高中，都能適應的非常好的很重要的一個因素。」

◉ 家庭教育極為重要

擁有資優兒是值得高興的，父母所擔負的責任也不輕，林先生夫婦對於孩子的每一階段的發展都以謹慎的態度，隨時檢討、修正教育的方向，他們成功的經驗，令不少家長羨慕，有些甚至興起把孩子送到林家的念頭，但林太太婉拒，她說：

「我的教育方式不一定適合其他的家長與孩子，有家長說，你們教一個也是教，乾脆我孩子也來你們家住，跟你們一起唸。我說你們兒子來，成績會一落千丈。那位家長是緊迫盯人，請家教逼；而我兒子是很自由，唸了不會才來問，方式不一樣，我們也沒教，她不相信。後來據了解，她的孩子成績不太理想。

　　孩子小的時候，用硬擠、硬壓的方式還可以，但越大越沒辦法如此，到了國中、高中根本不可能，成績當然就越來越退步。」

　　「我覺得一般家長對孩子都非常關心，家長是以怎樣的態度來關心，孩子就會被塑造成怎樣的形狀，家長關心孩子的方式，有時候還是需要修正，也有不少家長關心孩子而把家長應該做的事情委託別人去做，這方面效果可能會打折扣，孩子的每個階段都非常重要，父母的觀念尤其要正確，要真正的把心拿出來，該做的，絕不能馬虎，要劍及履及去做。」林先生說道。

　　從英豪的例子，我們看到了一個資優兒從發掘到培育成材，父母投注的心血是相當可觀的，孩子有幸天賦異稟，也需要父母善盡責任培育，否則只會暴殄天物。英豪的出類拔萃，除了自己本身的特質及勤奮努力外，父母細心的培育是最重要的因素。林先生夫婦細心發掘孩子的天賦，用心持續不斷的誘導他的興趣，提供大量的書籍，讓充沛的好奇心得到滿足，針對其能力，給予加廣、加深、加速的挑戰學習，使其潛能持續發展，重視啟發及思考能力的培養，以讚美、鼓勵建立其信心，隨時關心，在需要時適時協助。

　　林先生夫婦毫無保留，細膩的敍述這十多年來的教養經驗，雖然他們一直謙稱「我們並沒有刻意要造就他，只是我們日常生活就是要這麼做，只是日常的要求而已。」但林太

太仍舊提到了一個最關鍵的因素，那就是家庭教育對孩子的影響非常重大的。她說：

「現在很多家長的觀念認為孩子送到學校就是老師的責任，他們都沒有責任。其實，一個孩子天資不錯，送到學校，還是家庭的因素，因為他在家裡的時間，總是比學校多，家庭如果沒有站在輔導的立場，只想依賴老師的話，成就有限。

如果，今天我們家長沒有這樣配合的話，他有這麼好的基礎，只是上課會較輕鬆，但時間就是這樣平白過去，沒有什麼成就。

我們只是提供他一些該唸的知識、該懂的，提供他多一些學習，我覺得家庭教育是占著滿重的角色，當然老師的功勞是絕對不能抹煞的，回家時，我們家長要配合，沒有配合的話，說實在的，成就不會很高，家庭教育實在是滿重要的。」

林太太是一位職業婦女，能將孩子教養的如此出色，的確是令人相當欽佩，對其夫婦教育孩子所付出的心血，留下了非常深刻的印象。

7 ｜ 全國特殊優良學生
　　　孫慧婷

・成大醫學院高材生

台、港、大陸三地科學實驗競賽第二名
台南十大傑出兒童
台南十大傑出青少年
全國特殊優良學生
在學期間獲獎無數

【父母親的話】

孫先生

我們對孩子的教育很重視，我的觀念是，以後要給她的，現在給她也是一樣，要說我們以後有多大的財富，可能性不大，不如從教育方面給她，把她教好，以後求職比較有機會，這樣就是給她一筆無形的財產。

我們對教育很重視，家庭生活很好，沒有不良習慣，對孩子可能有影響。有時看孩子唸書很辛苦，全家會到附近公園走走或到戶外玩玩，不會一天二十四小時唸書。我們在物質上沒讓孩子享受什麼，但精神上卻很充實；太太的觀念很正確，對孩子付出了相當多的心血。

孫太太

說真的，家長真的要付出很多，我覺得智商再高，還是要下很多功夫的，不要看鴨子划水，表面悠哉游哉的，其實水底下那兩條腿卻是非常用力的在那兒划，什麼都是要付出，大人真的要很用心，孩子就可以得到更多。

◙ 多才多藝的資優生

孫家大女兒慧婷（化名），今年參加大專推薦甄試，進入成大醫學系，不久前更獲得全國特殊優良學生的殊榮，雙喜臨門，全家人都為她高興不已。

這位自幼聰穎，從不令孫先生夫婦操心的女兒，記憶力很好，很小就會認字、看書及報紙，多才多藝的她，在幼稚園裡即有不凡的表現，口齒伶俐，中班、大班時均代表在畢業典禮上致辭。小學一年級起開始參加校內外各種演講、作文比賽，屢獲佳績。她曾當選過台南十大傑出兒童及十大傑出青少年。國中畢業以數理資優生保送台南女中，她在數理方面的表現極為優異，常常獲獎，是個非常有自信的孩子。

服務於稅務單位的孫先生育有二女一男，其中以慧婷的表現最為耀眼，孫先生謙稱在教育兒女上，自己只是個配角，而把孩子的成就全歸功於太太。

◙ 重視零歲教育

孫太太出身於貧困的家庭，基於經濟的因素，只唸到初中，但聰明、勤奮的她，以一雙靈巧的手藝，開了一家時裝店。喜歡看書的她，在懷孕過程中，接觸了一些有關零歲教育的書籍，給了她很多的啟示。因此，在老大出生後，她毅然的將生意極佳的時裝店結束，專心在家照顧孩子，唯有在

孩子上學、忙完家務後，利用餘暇為人縫製衣服，非常重視孩子教育的她，覺得「孩子比我賺錢重要」。

慧婷於襁褓期起，孫太太便開始教育她，躺在搖籃裡，陪伴她的是古典音樂及故事錄音帶，此後，她的音感很好，滿有音樂細胞的。幾個月大時，孫太太常唸書給她聽，孫先生提起這點，忍不住稱讚太太一番：

「我太太很有耐心，訓練孩子大便，有時蹲上半個鐘頭，邊陪還邊拿一本書教她。」

在帶孩子的過程中，孫太太深深體認到早期教育是相當重要而不可忽視的。

在老二剛滿月時，她的婆婆體諒她帶孩子的辛苦，特意把老二帶回鄉下照顧，老二在鄉下乏人教導，欠缺文化刺激。一年後，孫太太把孩子接回來，赫然發現老二相當不同，很多生活習慣、動作都讓孫太太花了好長好長的時間及精力去導正，不僅孫太太自己覺得老大、老二差別很大，朋友也是這麼覺得，她說：

「我那時也不知道為什麼有這麼大的差別，那時我年輕，書看的不多，如果是現在的話，我一定不會給婆婆帶回去。

雖然只有短短的一年，但是，我覺得那一年對她往後的學習影響很多，她回來以後，我跟她講什麼，她都不懂，很多生活習慣或動作，我糾正、調整了好久好久才調整過來。

　　所以，我覺得從一開始，孩子的生活環境就非常重要。雖然孩子不會講話，但她的腦子裡就已經吸收了很多。

　　到了老三，更驗證了這點，老三我自己帶的，我買圖書給他看，他當時還不會說話，我問他，他都會指給我看，所以，我非常確定的是，孩子雖然不會說話，但腦子卻已經有記憶力了。」

◙ 良好的學習態度

　　慧婷從小非常好奇，有強烈的求知慾，經常纏著大人問個不停，喜歡打破砂鍋問到底，直到獲得滿意的答案為止。孫太太對女兒這種好問的情形，除深具耐心外，更不敢掉以輕心，遇到不懂的地方，她一定去查書，很謹慎的回答，唯恐稍一不慎，給了孩子錯誤的訊息或觀念。

　　孫太太表示，慧婷功課好跟她的專心很有關心，從小她不管做任何事都非常專心，看書或報紙時，常聽不到別人喊她，孫太太說：

　　「最重要就是她很專注，光是這點，就贏人家很多。」

　　慧婷積極主動的學習態度及追根究柢的研究精神是孫太太常津津樂道的。

　　猶記得慧婷即將上小學一年級時，她跟媽媽要求學鋼琴，那時孫家經濟不太寬裕，媽媽看她滿有音樂細胞，但又擔心她僅有三分鐘熱度，於是再三詢問，慧婷相當堅持，最

後孫太太竟信以爲眞的貸款買了一台鋼琴。剛開始學琴時，孫太太陪著她彈單調的練習曲，沒多久，她主動要求媽媽不必陪她。而令孫太太印象滿深刻的是慧婷讀小學一年級時，午睡起來，跟著一羣鄰居孩子玩，玩得正酣，她一看手錶，正好四點，立刻毫不留戀的回家練琴，小小年紀的她，能有如此主動的學習自覺，在一般孩子中，的確是相當罕見的。

慧婷功課很好，在校的月考成績一向滿分，國小三年級時，自然科月考，居然錯了一題，在絕大部分同學的正確答案中，她居然是錯誤的，被扣了兩分，以致引起老師的注意，該題目是：「鏡子斜放水中，牆壁會出現彩虹」，老師叫她來問，她說：「沒有太陽，那來的彩虹？」，爲此，學校老師開會決定，全三年級那題一律都給分。

慧婷有時甚至可以爲了了解一個生物上的問題，來來回回成功大學向教授請教，直到完全了解爲止，她心思細密及追根究柢的研究精神，對其學習方面幫助極大。

慧婷領悟力強，一點就通，學習速度快，做任何事都全力以赴，不會半途而廢，要求盡善盡美。通常在暑假裡，她會要求去學點東西，孫太太一定會同意，因爲她的學費從來都不會白繳的。譬如，國三去成大學電腦，結業時以第一名成績，擊敗大專程度的同期學員；學游泳時，以短短一個月時間，學會了四種泳式。

◎ 因材施教

　　對於老大這種自動自發積極向學的態度，孫先生夫婦經常要踩煞車；相對的，老二、老三則需要父母推一把，孫先生說：

　　「三個孩子都不一樣，我們要用三種方法，孩子要因材施教。老大很自動，我們要踩煞車；老二、老三要推。老大高中時，也有考的不好的時候，我們通常會說不要緊；老二、老三考七十多分，我們就要看看他們為什麼不會。因此弟弟妹妹就會抱怨『姊姊考壞了，爸、媽也不罵姊姊』。

　　事實上，個性不同，老大不會的，她一定會去徹底弄清楚；老二、老三如果不會，就算了。因此，不能以同一個方法來教育孩子。」

　　孫太太表示，老大凡事自動自發，很少讓她花心思，遇有不懂的問題，常追根究柢，非要徹底弄清楚不可；老二、老三則比較缺乏主動學習的精神，孫太太說：

　　「他們跟姊姊想法上就不同，老大認為唸書是為自己；老二認為唸書是為父母，自動與勉強的效果是相差很多的。」

　　老二的圖畫畫得很好，表現也還不錯，但沒有像姊姊那麼出色，因此，她經常生氣姊姊、嫉妒姊姊，總認為姊姊搶了她的光采，她生活在姊姊的陰影之下，孫太太常常需要開

導她，的確讓他們挺傷腦筋的。

◎ 童年影響深遠

孫太太教育孩子非常注重從遊戲中學習，每逢兒童節或生日，送給孩子的禮物，都刻意選擇教育性的東西給孩子，如顯微鏡、地球儀，地圖拼圖等等，孩子鮮有其他玩具，於是天天把玩這些益智玩具，因此，無形中讓孩子獲得意想不到的結果，慧婷說：

「在我的成長過程中，小時候是我成長中非常重要的一個部分。現在回想以前的事情，小時候的記憶會顯得非常的鮮明，就像我小時候背起來的唐詩，會比我國中背起來的唐詩更熟練，國中背什麼，我可能現在早就忘光了，但是，國小的，我到現在都一直還記得，我記得小時候，媽媽買一套詩樂飄香的錄音帶給我，那些詩都是用唱的，我小時候不一定會背那首詩，但是我卻會唱，媽媽抽背時，我都要在心裡唱唱看，再背出來。

我覺得這種東西，等於是說，在成長過程中是一種潛移默化，你在生活中常常接觸，她就會映在你的腦海裡。

還記得小時候，媽媽買台灣、大陸的地理拼圖給我，到現在我還記得山東省是什麼顏色、遼寧省是什麼顏色，可見我小時候就是一天到晚在拼那種東西，所以，我覺得越小的時候印下的記憶會越清楚，比妳現在學的還更清楚。以前人

家說『三歲定終身』，我覺得這是非常可信的，因為小時候的東西，我爸媽在我身上栽培的，我到現在都還看得到。

　　小時候，爸媽在兒童節或生日時送我的東西，都是非常有營養的，像顯微鏡、地球儀或世界地圖這些東西，小時候我沒什麼玩具，就一天到晚玩這些，玩這些的結果，就是我全都記起來了。」

◎ 書是最值得投資的

　　書，更是孫太太常買給孩子的東西，她深深覺得從小養成孩子愛看書的習慣是非常重要的事，她認為父母或學校所能給孩子的知識，實在有限，如果孩子喜歡看書，就可以從書本中獲得更多的知識，因此，她認為買書是最值得投資的。

　　孫太太愛看書，為培養孩子閱讀的習慣，小時候，孫太太陪孩子一起看書，唸書給她們聽，她常用誘導的方式，鼓勵孩子多讀課外書，並互相交換心得，相互成長。

　　她喜歡買書，經常一套套的搬回家，有時買多了，甚至還偷偷藏起來，不敢讓先生知道，孫太太說：

　　「孩子喜歡看書，我也很捨得買書給她看，光是買書，可能花了幾十萬，但我不心疼；孩子喜歡看，就不會覺得很浪費。」

　　孫先生起先對太太這種大量買書的行為非常排斥，認為

孩子看不了那麼多，為什麼買一大堆回來，孫太太卻認為書擺在那裡，孩子隨時想看，隨手有書。愛看書的媽媽，自然帶出喜歡看書的小孩。電視在孫家，僅占極微小的一部分，電視新聞完畢立刻關機，闔家人手一書，自稱罕見摸書的孫先生，漸漸的也被太太潛移默化，進入了書香世界。

孫太太這種立即滿足孩子求知慾的情形，經常出現在生活中，孩子喜歡畫圖，家裡圖畫紙一買就是上千張，紙黏土也是一箱箱的搬回家，她認為孩子想創作時，發現沒有材料，再上街添購，一則不方便；再則可能也會減低其創作的意願。因此，凡是孩子教育上需要的，他們絕不吝惜，盡量滿足孩子的需求。

◈ 真心付出，成就孩子

孫太太雖然只有初中的教育程度，對教育的觀念卻是相當正確，她非常上進，不斷充實自己，經常閱讀育兒方面的書籍，到處聽演講，在教育孩子方面，有自己的一套。有些國小、國中的老師還會請教她，甚至還有老師想請她幫忙照顧孩子，但她推卻了，她說：「我帶怕了，我覺得用心帶很苦，如果只帶到不哭，很簡單。」，就是這份「用心」，孩子才會有所成就。

孫家夫婦的用心，可由下面幾件事看出一、二：

學校寒暑假作業，大多數會有日記一項，孫太太為避免

孩子流水式的日記，於是經常帶孩子出外找題材，去海邊實際看海浪、雲的變化，提醒他們仔細觀察；或帶他們到鄉下外婆家尋找題材。因此，孩子所寫的日記，篇篇都相當精彩。

高一時，慧婷參加台、港、大陸所舉辦的「青少年衛星搭載蕃茄種子對比種植實驗競賽」，榮獲第二名，該實驗過程長達五個月，從育苗到收成，相當辛苦。她分別在學校及家裡各種植一株。上學時，媽媽在家要照顧她的蕃茄，爸爸替她抓蟲、施肥、照相，其間遇到很多問題，便去農業改良場及成大請教專家、教授。曾經有一回在成大實驗室培養細菌不能回家，孫先生夫婦則陪著在實驗室外等，一直到半夜兩點，仍舊不見結果，於是慧婷央求爸媽先回去，她仍要繼續等待結果。孫太太現在回想起來，覺得滿辛苦的，她說：

「說真的，家長真的要付出很多，我覺得智商再高，還是要下很多功夫的，不要看鴨子划水，表面悠哉游哉的，其實水底下那兩條腿卻是非常用力的在那兒划，什麼都是要付出，大人真的要很用心，孩子就可以得到更多。」

◪ 良好的教育是無形的資產

孫先生夫婦對孩子的教育非常重視，在他們的觀念裡，賦予孩子良好的教育，如同給他們一筆無形的資產，孫先生談到這點，他說：

「我們對孩子的教育很重視,我的觀念是,你以後要給她的,現在給她也是一樣,要說我們以後有多大的財富,可能性不大,不如從教育方面給她,把她教好,以後求職比較有機會,這樣就是給她一筆無形的財產。

我常跟他們說,爸媽有很多東西要給你們,問題在於你們要不要拿,父母要給你們的,你要拿的,現在儘量去拿,不要以後怪爸、媽沒給你們什麼。」

凡是孩子教育上需要的,他們一定想辦法滿足孩子的需要,就像老大學鋼琴,需要鋼琴,孫先生在負債的狀況下,依舊向服務的單位貸款給孩子買琴。他們重視孩子教育的程度,可見一斑。

他們愛孩子,重視孩子、關心他們,但卻不造成孩子的壓力或給予太多的束縛。高中時,慧婷是演辯社的副社長,經常帶著學妹們南征北討;孫太太都放手讓她去,孫太太認為:

「有時要適度放開孩子,因為父母不可能帶她一輩子,這就像風箏一樣,一收一放,她才能飛得高,飛得遠。」

◎ 不後悔的選擇

慧婷的音樂才華頗受老師的肯定,國小時,一直鼓勵她去考音樂班,但孫太太認為孩子太小,並不適合那麼早就決定她的將來,因此並沒有給她去報考。到了高中時,慧婷面

臨選組、選系的抉擇時，孫先生夫婦只把事情分析的很透徹，並不替孩子做決定，最後慧婷選擇了學醫，對於父母的明智，慧婷有著太多的感激，她說：

「小時候，我學鋼琴，音樂對我來說，一直是很大的興趣。我一直很感謝我媽媽沒有把我送去唸音樂班，那時鋼琴老師一直說我一定會考上，我那時也很想去。但是，媽媽說，不要那麼早就決定自己未來的方向，如果唸音樂班的話，一直唸下去，音樂的路是很固定的。我一直很感激我媽媽這個決定，如果不是這樣，我可能就一直唸音樂班，現在也沒辦法發現我對生物這麼有興趣。」

根據研究報告顯示，許多學生選擇就讀的學校、系所，以家庭的影響占了很大的一部分，慧婷卻是完全憑個人的興趣選擇了醫學的道路，她說：

「我國中以數理資優保送台南女中，高一升高二選組時，徬徨了很久，因為法律系一直是我的第一志願，如果再不由數理組轉出來，可能會很辛苦。父母一直沒有給我壓力，而把事情分析的很清楚，他們只是站在一個協助的立場，最後的決定還是由我決定。

到了高三，我的興趣就愈明顯，決定唸醫。這個決定，父母沒有給我任何壓力。聽學姊說，系上很多同學大部分都是出於家庭的意願。

我今天很慶幸，我自己的選擇是我自己決定的，我的父

母親也很支持我的決定，我覺得這是一個不後悔的選擇，很感謝父母在我選組、選系的波折中，給我很大的精神支持。」

◎ 均衡發展，樣樣傑出

慧婷不是一個光會唸書的書獃子，她會彈琴、繪畫、演說、辯論、游泳、球類運動樣樣在行，是個多才多藝的孩子，她以一般人誤解資優生只是會唸書、考試，提出澄清，她說：

「我進了台南女中數理資優班，從一年級到二年級，班上拿了四次排球冠軍，我不會以資優生為傲，卻會以班上拿了四次排球冠軍為傲，因為這在學習的過程中，絕對不是只有唸書，還有其他事情要做。

一個人的人格必須非常健全的發展，每一方面都要多所涉獵，才會有健全的人格。在台南女中的環境裡，大家要玩的時候，很開心的玩；要讀書的時候，就非常專心的讀書，這樣也可以培養一個人自制的能力，而資優生絕對不是只會唸書、只會考試而已。」

孫太太對孩子極具信心，她相信孩子的潛能，不僅止於音樂方面，她鼓勵孩子朝多方面發展，注意均衡發展的她，買各類的圖書，引導孩子其他方面的興趣，從慧婷歷年來所獲得的無數獎項中，可以看出她各方面的發展均相當均衡而

且傑出。

慧婷對於台南女中資優班非常肯定，她說：

「在學校從事科學研究是所有老師都會支持的，學校給予支持，也會讓你有動力去做研究，給自己許多學習的管道及學習的機會。」

◙ 慎選老師

除了家庭環境之外，不可否認的，學校對孩子的影響，也是一個不可忽視的力量，孫先生夫婦表示，與學校老師保持很好的關係非常重要，如此可對孩子的狀況有更清楚的了解。

三個孩子，三種版本，孫先生夫婦按孩子的個性，分別施予不同的教養方式，特別是針對孩子的個性，慎重選擇老師，孫先生提起這點，他說：

「我們不選名校，但我會選級任老師，主要是爲了要跟孩子能配合的。譬如，孩子屬於自動型的，就找比較開放的老師；被動型的，就找盯得很緊的，事先都會先去打聽，看看他們教學方式，選擇適合孩子個性的。才藝班的老師，我們也會注意選擇，大部分都是很不錯的。因爲花錢事小，但不能浪費孩子的時間，老師我是滿注意的。」

◎ 成功的關鍵

在兒女的教育上，無疑的，孫太太是個成功的關鍵，對於慧婷的優異表現，孫太太的看法是：

「我覺得她天生領悟力比較強，一點就通，理解力強，記憶力也好，讓她有更多時間去看更多的書，雖然小學智力測驗是全年級最高的，但我不會覺得她智商高就如何，倒是她的學習態度很好、學習能力很強、很專心，有些人智商很高，不見得有什麼成就，因為沒有往那方面去，而慧婷智商很高，剛好往這方面去，正面去，就有效果。

父母的管教方式也有關係，但最主要還是要靠小孩子，如果她自己本身沒有意願，家長用強迫的方式，效果可能不會很好。」

慧婷把成就歸於父母，她說：

「在我成長過程中，父母提供我很多學習的機會，也提供我很好的學習環境，他們從來不會給我壓力，壓力都是我自己給自己的，就像我媽不會叫我考第一名，但是我會叫我自己要考第一名。」

孫先生自認在孩子教育上是個配角，只要太太決定的事，他都全力支持，夫妻倆在觀念上很接近，教養方式也一致，孩子是他們的重心，溫暖的家是支持孩子上進的動力。孫先生說：

「我們對教育很重視，家庭生活很好，沒有不良習慣，對孩子可能有影響。

有時看孩子唸書很辛苦，全家會到附近公園走走或到戶外玩玩，不會一天二十四小時唸書。我們在物質上沒讓孩子享受什麼，但精神上卻很充實，太太的觀念很正確，對孩子付出了相當多的心血。」

在教養孩子的過程中，他們善盡職責，付出心血，關心孩子、了解孩子，給予孩子彈性的空間與自主權，針對孩子的特長、興趣及個性，給予適切的啟發與教育，沒有太多束縛及壓力，讓孩子在溫暖和諧的家庭環境中，充分發揮潛能，因而得以出類拔萃。

8 ｜ 一門三台大
周佳敏

·台灣大學高材生

高二跳級進台大
大學聯考試考生
書卷獎第一名

周雯菁

·會計師
高中第一名畢業
大學第一名畢業
台大研究所畢業

周欣怡

·台大研究所高材生
雄女第一名畢業
大學聯考數學滿分
大學第一名畢業
在學期間獲獎無數

【父母親的話】

周先生

　　小孩給人家帶是不行的，人家等於是她的父母親，替代式的父母親，整天跟孩子在一起，什麼習性都來了。孩子託給別人帶，孩子的文化營養全部都沒有，因為營養最為重要，食物營養、文化營養，這些都沒有，那你怎麼去發揮潛能？都停滯在那邊，智育方面就不行了。

　　我只給她方法、原則、道理，讓她們知道，自己會讀，不需要強迫。很多家長、老師都強迫孩子，那是沒有效的；愈強迫，問題愈出來。我是無為而治，沒給壓力，她的潛能就會發揮出來，你給壓力，反而碰到潛能就壓下去了，我是用啟發的方式，慢慢開發。

◎ 孩子優秀的主要原因

　　經由台南女中蘇主任推薦的周佳敏，家住高雄旗山，我們由高雄往旗山方向走，不多時就到了周府，一進入大廳，映入眼簾的是滿排的書架，看得出來是書香之家。周道男先生有三位女兒，個個表現都相當優異，從小到大，她們一直是師長眼中的好學生。周先生原為一所國中的輔導主任，目前已退休；周太太為現職護士。

　　親切幽默的周先生，對於我們的來訪，似有準備，他開門見山的先總結幾點孩子優秀的主要原因：

　　1.遺傳

　　2.提供孩子文化營養

　　3.灌輸他們應有的讀書態度

　　4.人格的培養

　　周先生認為遺傳是很重要的因素，且是無法改變的。周先生的父親，曾任小學校長，當選過高市模範父親，母親早在日據時代的高雄女中即年年第一，曾任小學教導，當過模範母親。其雙親常以大拇指自許自己的學業成就相當高，而周先生的三個女兒都幸運的承襲了良好的遺傳因子，智商很高。

　　關於提供孩子的文化營養，周先生非常重視這點，他所謂的文化營養，就是親子間的接觸，他認為孩子小的時候，

非常需要媽媽的文化刺激，經由這種文化的刺激，小孩所有的智力、性向發展、潛能，才得以發揮出來。因此，老大出生後，周先生就要太太辭掉護士的工作，專心照顧小孩，一直到最小的女兒上了高中以後，她才第二度外出工作。周先生強調：

「母親在家很重要，否則，她們的潛能沒辦法發揮，智力發展都會受到影響。」

周先生從小灌輸孩子讀書應有的態度，他給孩子一個良好的示範，即在任何時候都是手不釋卷，無形中孩子得到潛移默化，她們非常愛看書，除了經常買書外，周先生也常帶孩子到圖書館或大百貨公司的圖書部門，一待就是大半天。孩子三、五歲時非常好問，他們也儘量給孩子一個滿意的解答，絕不敷衍，他們灌輸給孩子的觀念就是「讀書是自己的責任，要為自己而讀」，孩子們都相當聽話，非常喜歡讀書，而且自動自發。

在人格的培養方面，他把孩子當成一個完整的人，強調靈性化的教育，與人為善，常以身作則做些善事。

◎ 資質優異三千金

周先生秉持著這些教育觀念來教養孩子，因此三個女兒的表現均相當優異：

老大雯菁在高中、大學時均以第一名的成績畢業，目前

已自台大會計研究所畢業，並已取得會計師資格，目前在會計師事務所任職。

老二欣怡從小學到大學，一直與「第一名」相隨，高雄女中第一名畢業，聯考以高分考入台大財金系，數學甚至還得滿分，她極富研究精神，相當受到教授的肯定。她學習動機強，抱負水準很高，對自己的要求也滿高的，喜歡讀書，常覺得讀書時間不夠用，她喜歡接受挑戰，意志堅強，不認輸，是個非常獨立自主的女孩，她在系上成績優異，獲獎甚多，且年年獲得台大人最高榮譽的書卷獎，大學以第一名的成績畢業，並以最優異的成績考進研究所，她希望將來繼續攻讀博士學位。

老三佳敏長得相當甜美，說話速度很快，聰明伶俐的樣子，很討人喜歡。她跟二姊一樣，從小學開始，一直到大學，都保持第一名，她曾以優異的成績考取鳳西國中資優班，但周先生擔心孩子壓力太大，因而轉讀附近的國中，國中畢業，以高分考入台南女中，高二上學期自覺高中課程兩年即可唸完，於是參加甄試，跳級考入台大，她的大學成績亦名列前茅，榮獲書卷獎第一名，她曾被選為大學聯考的試考生，當時新聞爭相報導，非常風光。

佳敏從小喜歡讀書，閱讀能力很強，語文能力及思考力頗佳，凡是她喜歡看的書，可以不眠不休的看完，相當有毅力。她非常活躍，經常參加各項比賽，如演講、作文及各種

社團活動等。

◙ 提供最佳的物質與精神營養

　　三個女兒耀眼的表現，帶給父母無上的榮耀與喜樂，社會上許多人都投以羨慕的眼光，究竟周府有什麼育兒的訣竅，能讓三個女兒個個突出呢？

　　周先生認為遺傳相當重要，環境因子也很重要，孩子承襲了良好的遺傳因子，天賦異稟，不論在記憶力、反應速度、理解力等各方面都占了很大的優勢，因此，在所有的學習上都能收事半功倍之效。曾經有位老師說過，周家的孩子，隨便教教，她們都可以讀得很好。事實上，老師僅只是從旁協助而已，因此，不可否認的，周府三千金的成功，家庭環境的影響，是一個很大的因素。

　　周先生夫婦打從孩子一出生，就給她們安排一個最好的環境。

　　他們重視孩子的營養，不論是物質或精神上的營養，他們都特別注意。當老大出生後，他們提供最好的奶粉，並請時任護士的太太回家當專職媽媽，專心教養孩子，給孩子最好的文化營養。

　　周先生認為：

　　「親子間的接觸就是最好的文化營養，尤其是孩子小的時候，極需要媽媽的刺激；孩子所有的智力、性向發展、潛

能才得以發揮出來。」

　　他們重視孩子的教育，尤其是學前教育，周先生表示，幼兒期的頭幾年非常重要，極須父母給予智慧的啓發，他們常藉遊戲給孩子文化刺激，讓孩子從遊戲中學習，經常講故事或讀讀書來啓發孩子的智慧。在孩子好奇、好問的時候，依孩子的程度，用孩子的語言，來回答孩子的種種問題，當孩子搖搖頭時，他們再換另外的方式，直到孩子滿意爲止。此外，周太太也常帶孩子到學校去玩，讓她們從小就喜歡學校。

◎ 全職媽媽極爲重要

　　周先生及孩子們都認爲媽媽在家是非常重要的，平常她們回家，看到媽媽的第一件事就是把學校發生的事全告訴媽媽，以紓緩一天的情緒，母女藉著聊天而交換彼此的經驗，對她們的成長而言，有很大的幫助。周先生特別強調：

　　「小孩給人家帶是不行的，人家等於是她的父母親，替代式的父母親，整天跟孩子在一起，什麼習性都來了。

　　我的孩子跟我親戚的孩子就不一樣，我們三個都是台大的，親戚把孩子生下，必須上班，孩子託給別人帶，孩子的文化營養全部都沒有，因爲營養最爲重要，食物營養、文化營養，這些都沒有，那你怎麼去發揮潛能？都停滯在那邊，智育方面就不行了。」

◙ 培養讀書的興趣

很多人常問周先生「孩子是怎麼教的？」，他的答案很簡單——「小時候把她教好」。

周先生表示，孩子書唸得好，關鍵在於小時候，他們花了許多的時間陪孩子，培養她們讀書的興趣，

他說：

「凡是她們有什麼疑問，我就給她答覆，沒有逃避，直到她們滿意爲止，花時間在她們身上，以後她自己就會讀書，讀書的車，她自己會開，我不必開。」

周先生從小灌輸孩子讀書應有的態度，他們趁孩子年幼時，在孩子心中播下「愛看書」的種子，讓孩子認知讀書是充實自己，讀書是件快樂的事，也是她們的責任。

他經常帶孩子到書局、圖書館或書展，讓孩子發現自己喜歡的書，買她們喜歡看的書，並設立家庭式小小圖書館，布置一個書香的家庭。他們夫婦也以身作則，任何時候都手持一書，連上廁所也不例外，無形中，孩子潛移默化，很自然的，她們就非常喜歡閱讀。

喜歡閱讀的習慣建立後，帶給她們很大的影響，直到現在，老三還是非常喜歡閱讀課外讀物，她有著強烈的求知慾及學習慾望，她所涉獵的範圍也很廣，上自天文，下至地理，不論古今中外文學、武俠小說，甚至瓊瑤的小說，都在

她的興趣之內。她表示，她的興趣在課外讀物，而小時候建立的良好閱讀習慣，則是她自認較他人突出的原因，她說：

「我覺得從小爸、媽培養我們讀書的能力比較好，小時候看的話，妳長大一定讀書讀得多，而且比一般人快，有時看報紙或什麼東西，我都看得比較快，吸收的比別人多，相對的，效率比較高，可能勝過別人的地方就比較多。」

老二、老三從小學起成績一直名列前茅，在她們印象中，父母似乎不曾叫過她們要唸書、去唸書或逼迫她們唸書，她們覺得父母從小就沒有施予任何壓力，只是自然的引導她們喜歡讀書，老二說：

「激發小孩子的興趣，讓孩子自己肯去唸書比較重要，而不是逼他去唸書。」

老三也深有同感，她說：

「自己去唸，感覺比較好，這樣沒有學習障礙，而本身有興趣的話，就會想要去多看一些書。」

周先生認為孩子與別人不同，主要在於小時候其潛力有被開發出來。

在孩子年幼時，周先生灌輸孩子讀書應有的態度，他經常掛在嘴邊的話就是「讀書都是自己的事」，讓孩子有認同感，認為讀書是為她們自己，是為充實自己，是自己的責任。而三個女兒都滿聽話的，也恪遵父親的教誨，漸漸的，讀書已不全然是責任，它已發展成一種興趣了。老二、老三

甚至可以為一本喜愛的書而通宵達旦的把它看完，老三說：

「我覺得看書是非常快樂的事，可以從中學習，而且學習是一件很愉快的事，它可以讓我們的生活變得很寬廣，可以給我們另一片天地。」

老二的成就動機很強，抱負水準很高，做什麼事都要求的很完美，非常有毅力，她極愛看書，常常覺得看書的時間不夠，因此，從小到大，她一直都與第一名相隨，很得師長的喜歡。她的讀書方式是先理解，再加以記憶，老二認為姊姊成績好是因為「喜歡唸書，而且讀書的方法也對」，而其自動自發、追根究柢的學習態度，則是其出眾的原因之一。

周先生夫婦非常善於幫助孩子發揮其潛在的能力，只要有任何比賽或活動，他就鼓勵孩子去參加，以便從中發現孩子究竟有那方面的才能。當孩子有出色的表現或學校寄來一份漂亮的成績單時，周先生夫婦即刻回報有效的增強物來激勵孩子，他們絕不放棄任何一次激勵孩子自我增強的機會，每逢生日或佳節時，孩子喜歡問周先生夫婦要什麼樣的禮物，他們的答覆永遠是那份漂亮的成績單，因為周先生認為這份漂亮的成績單可以請領獎金、獎狀及獎品，同時也含有社會的讚美。

◙ 無為而治，激發潛能

在父母眼中，老二、老三是頗具創造力及毅力的全才，

對於這樣的孩子，周先生是採「無為而治」的態度來管教孩子，他讓孩子有足夠的空間、尊重孩子、了解孩子、不壓抑她們，也不強迫她們，讓她們唸書沒什麼顧慮，讓她們從小就懂得自己向自己負責。周先生對孩子的期望就是希望她們儘量的把自己的潛能發揮出來，他常跟孩子說：

「妳們的能力到什麼地方，就做到什麼地方，要適合自己的能力，但最起碼要唸得比老爸好。」

有些家長對孩子的教育很關心、很重視，介入孩子的功課也很多，刻意去注意，周先生雖然也很注重孩子的教育，但他僅給孩子們方法、原則、道理，由她們自己去唸，不強迫孩子。他說：

「我的原則就是這樣做，她們成功或失敗我不管，我只給她方法、原則、道理，讓她們知道，自己會讀，不需要強迫，很多家長、老師都強迫孩子，那是沒有效的，愈強迫，問題愈出來，我是無為而治，沒給壓力，她的潛能就會發揮出來，你給壓力，反而碰到潛能就壓下去了，我是用啟發的方式，慢慢開發。」

孩子習慣父母這種方式，老三自認是個叛逆的孩子，她說：

「父母管我功課太多，我會覺得很煩，爸、媽的態度很重要，如果我爸是以那種平常家長壓抑孩子的方式對待我，我可能現在不是唸台大，我可以說是一個叛逆性滿強的人，

可是因為我爸、媽都不壓抑我做什麼事情，不會要我不要去做什麼事情，我自己就懂得要去做自己該做的事情，懂得自己對自己負責。」

◙ 民主的教育方式

因此，她覺得父母給孩子足夠的自主權是很重要的，就像她即使第二天學校要考試，前一天晚上爸爸還是允許她看小說，但她也依舊能拿到很優異的成績。

周先生接著說：

「從小，我常跟她們說，所有事情，自我決定，自我負責，譬如睡懶覺，來不及上學，我說，妳自己負責，遲到了，到學校自然會被老師罵，我不需要罵她。她反抗的時候，我們就接納她們的反抗，接納的意思，就是她們會這樣做，我知道，我們接納她的錯誤，但不排斥她的錯誤，不拒絕她的錯誤，這樣子，她們能受到尊重。有些事情，你阻礙她的行為，反而比讓她去做更糟糕，讓她去做，讓她受到一些挫折，反而可以學到一些經驗。」

周府採用民主的教育方式，絕對的尊重孩子，讓孩子覺得自己很重要，她們給孩子足夠的自主權，孩子做什麼決定，都會先跟爸、媽說一聲，絕不隱瞞。因此，她們親子間的關係非常親密。

◙ 有愛才能成長

　　周先生夫婦的生活，完全以孩子為主，他們把時間都給了孩子，風雨無阻的天天接送孩子上、下學，讓孩子感受到父母全心全意的愛。

　　周先生感性的說：

　　「我們完完全全為她們，整個時間都是孩子的，讓她們得到大部分的父母愛，因為有愛，才能成長。

　　「很多家長只是忙著賺錢，為了名與利，這樣孩子當然沒辦法完全的發展，一個人如果沒有人關懷，跟狗一樣，沒有教養是沒辦法成長的。」

　　兩位女兒談到家庭給她們的影響時，表示是父母親給了她們很好的開始，從小善於啟發她們的智慧，安排一個溫暖的家庭環境，父母親不壓抑孩子的好奇心或壓抑她們的反抗學習，讓她們對唸書產生興趣，同時也把她們當成一個完整的人，教導其選擇自己的方向，學會自己對自己負責，並給予她們足夠的空間去發展。

　　在短短的幾個鐘頭裡，看到幽默風趣的周先生與孩子相處，就像好朋友一樣，讓我們留下了非常深刻的印象。

9 ｜ 台大醫學院高材生 吳靜恬

‧台大醫學院高材生

潮州國中連續三年獲最高榮譽獎座，畢業時獲
　議長獎
數理資優保送高雄女中
自然實驗操作競賽成績優勝
高中英文演講、英文作文比賽優勝
南區國語文競賽高中組朗讀第一名
高中三年成績均為第一名

【父母親的話】

吳先生

　　以我女兒為例，我從不覺得她比其他孩子聰明，但值得慶幸的是，在她的教育過程中，她擁有真正了解她興趣與長處的父母與老師，在求學中不斷給予她喜愛的知識資源，我們給了她全世界最好的釣竿，就靠她自己的力量往知識之海航去。

　　我們給她的幫助都是很溫馨，家庭融洽，讓她處處都得到愛，讓她感到「爸爸、媽媽都很關心我，我就要盡我的能力努力讀書，有點成就，達到爸、媽的期望」，很簡單、很自然。

吳太太

　　孩子的榮譽感與責任心要從小培養，我覺得小學階段最為重要，人家說一、二年級不重要，但是我覺得那個時段最重要，因為那時榮譽感不出來，成績不出來，以後要如何接下去？

　　從小培養孩子的良好習慣是非常重要的，待孩子讀國中時，根本不必再操心她。

　　喜歡看課外書是靠培養出來的，我規定她每天一定要看一個鐘頭以上的書。

◉ 聰明、乖巧的好學生

　　為了能一日連趕兩處訪問，天色未明，即風馳電掣直奔屏東，與潮州吳先生約定上午九點，眼看著即將抵達目的地，突然路旁冒出一位警員示意停車，心頭一驚，暗叫不妙，「超速」，這是走遍大江南北頭一遭收到罰單，真是出師不利，所幸還能及時趕上約會。

　　吳先生在潮州經營錄音帶、唱片的發行生意，已有十多年的歷史，他平日忙碌於全省的發行工作；太太則照料店面，婚前她是一名幼稚園教師。

　　他們育有三位女兒，以老大靜恬（化名）最為優秀，目前為台大醫學院的學生。

　　由吳先生所填回的密密麻麻的資料中，可以看出靜恬是個多才多藝的孩子，從國中到高中，成績幾乎保持年年第一。數學、語文能力都相當不錯，曾參加過英文演講、英上作文比賽，科學、數學競賽，國語文演講、朗讀比賽等，均獲得優異的成績，她並以數理資優保送高雄女中，三年來，一直保持全校第一名。

　　吳先生夫婦認為靜恬是個聰明、乖巧、自動自發、頗具創造力的孩子，吸收能力很強，對於追求學問有著嚴謹的學習態度，每門功課會事先預習，上課專心、認真，而且把榮譽看得很重。由於長久都是別人眼中的好學生，因此，對自

己的要求自然很高，吳先生夫婦常常要她放輕鬆。

◙ 巧遇愛心的啟蒙老師

靜恬的童年，就像普通孩子一樣，沒什麼特殊。塗鴉是她最常做的事，由於家裡經營唱片行，她每天就浸淫於故事錄音帶、童謠、音樂的環境中。唸完幼稚園中班後，就直接上國小一年級。

靜恬入學時，年紀很小，吳太太很擔心她跟不上，回到家裡，吳先生負責指導她的功課，他督導嚴格，字寫不好，撕掉重寫。那年，她幸運的遇到一位極富愛心的江老師，非常呵護她，可以說是她的啟蒙老師。

吳先生因工作的關係，夫妻倆有段時間無法在孩子放學時立刻接她回家；因此，熱心的江老師，總會義務照顧靜恬幾個鐘頭，留她在教室寫寫功課、看看書，如此，不經意的竟養成了孩子愛看書的習慣。

小學一、二年級時的靜恬，沒什麼特別表現，成績均在五名之內，三、四年級則特別突出，每科均為一百分，國中時更加突出，老師經常誇讚她，學什麼像什麼，而且學得很好。

◙ 莫名其妙發現她是資優

吳先生是如何發現孩子的天分？

他回憶說：

「我是莫名其妙發現她是資優，從一篇文章開始，她一、二年級的作文很爛，都被我撕掉，寫的毛筆字也是一樣，亂寫，趕著去玩，寒假作業亂寫，我火大，就要她重寫，要她重寫時，我都會教她。

三年級下學期，有一次我們在桌上發現一篇作文寫得很好，我不相信是她寫的，我還去翻了國語日報，看是不是抄襲的。那是她的即興創作，我看這篇文章不輸給五、六年級的學生，我真不敢相信女兒可以寫這麼好的文章。那時，我才發現她的天分不一樣，接著她寫了很多文章，每篇文章都寫得很好。」

◉ 她爲什麼會突出

靜恬的語文能力強，與其極愛閱讀課外讀物有著極大的關係。吳先生說：

「我的孩子不像別人一樣，回來就看電視，或出去玩，她一回來，一定先寫作業，這是她媽媽要求的，而我則規定她每天一定要看一個鐘頭以上的課外書，我不管她有沒有看書，就是要坐在書房。

她爲什麼會突出？我感覺她就是喜歡看書，從小她不知不覺中就已經看了很多課外書，慢慢的越來越有興趣，我就鼓勵她寫作。」

☉ 愛看書是培養出來的

　　吳太太常常買書給孩子看，她認為，孩子喜歡看課外書是靠「培養」來的，她說：

　　「靜恬從小就很乖，很好帶，從小孩子還是要自己帶；我老三給別人帶，三歲帶回來自己帶，很難帶，孩子差很多。老大、老二從小就愛看書；老三就是看不下書，我們就要想些方法，讓她喜歡看書。」

　　「習慣是要培養的，如果放給她自然，都不必看書，她絕對不會去看書，如果把她養成習慣，什麼時候看書，自然的，時間到了，她就會去看書；好像三餐一樣，一餐不吃，會很難過，習慣是很重要的。」吳先生說。

　　吳太太尤其重視專心習慣的養成，從小要求孩子讀書專心、做每一樣事情都專心，為此，她絕不把書房與臥房合而為一。她很注重孩子的規矩，不讓他們太放任，該嚴則嚴，該開放則開放。她表示，從小培養孩子的良好習慣是非常重要的，待孩子讀國中時，根本不必再操心她。

☉ 小學基礎最為重要

　　而在所有求學的階段中，她認為小學的基礎教育是最重要的一環，有些人認為小學一、二年級功課不重要，不必管，吳太太不以為然的說：

「我覺得小學階段最重要，人家說一、二年級不重要，但是我覺得那個時段最重要，因為那時榮譽感不出來，成績不出來，以後要如何接下去？我照顧老大一直到小學三年級。

考前一星期我陪她讀、問她，普通時間我不用管，每晚陪她也沒那時間。小學功課很少，考前一個星期就夠了。因為國小一、二、三年級沒什麼榮譽感，等於是家長在讀，但那個基礎培養不起來，家長陪著讀二、三十年，孩子那有什麼面子？

我不像有些國中老師那麼累，兒子讀數學，她跟在旁邊做數學、學理化，跟著讀理化；我都不必，反正從小培養好，到國中根本不必管她。」

◙ 從小培養榮譽感與責任心

很多人都知道靜恬書唸得很好，當別人請敎吳太太時，她也不太敢明說，因為她認為每個人帶孩子的方法都不同，每個孩子的情況也各不相同。當然，也有人耳語說她們逼孩子逼得很緊，吳先生夫婦表示，他們從來不逼孩子，他們只是給予適當的壓力及適時的鼓勵，把孩子的責任感與榮譽心培養出來而已，自然的，孩子就懂得自我要求。吳太太強調，孩子的榮譽感與責任心必須從小培養起。

靜恬的優秀表現，除了智商外，最重要的還是其父母的

教養方式。在吳先生的觀念裡，他認為「養重於生」，既然生下兒女，就必須負起教養兒女的重責大任，而孩子教育是否成功，父母親扮演著相當重要的角色，尤其是他們的一言一行，都是孩子仿效的對象，不可不慎。

☒ 優異的表現來自於旺盛的企圖心及努力不懈

對於孩子優異的表現，吳先生指出，一則為給孩子旺盛的企圖心；一則為讓她對「努力」價值的認識。

怎樣讓孩子產生企圖心與努力的動機？

吳先生說：

「那就要靠父母的教育方式了，父母必須給孩子主動尋求知識的動機，在孩子剛開始認識這個大千世界時，他一定有很多的疑問，這就是知識動機的萌芽，這時父母親絕不能以『你問這麼多幹什麼』來壓抑孩子，而應該以鼓勵與耐心來培植它，讓孩子了解掘取知識是多麼美好的事，讓孩子對知識的渴求，就像海綿吸水般的，而不是一時將知識灌進大腦的水缸儲存，這樣才能讓孩子享受遨遊知識天空的樂趣，這就是成功的第一步。

孩子逐漸茁壯後，父母必須給他一個和樂的家庭，做為他努力求學的後盾，並給予適當的壓力與適時的鼓勵。適當的壓力勝於過分的期待或放縱的溺愛，而適時的鼓勵又遠勝於無理的打罵或一味的忽視。

　　要讓孩子感受到父母給他的愛，明白父母的期待事實上是為他的幸福著想，那麼父母可以不用任何鞭策或利誘，便能見到孩子主動而快樂的學習，而孩子是『真正想要什麼』的時候，他才會有源源不絕的動力去持續努力。」

◎ 了解、關心與溝通

　　吳家生意相當忙碌，但對孩子的照顧卻是無微不至的，吳太太說：

　　「我們雖然很忙，但孩子的吃飯時間、作息時間都不會耽誤，否則吃飯時間拖一、兩個鐘頭，孩子其他事情都不必做了。」

　　此外，孩子生活上的言行舉止也隨時留意、了解、導正，吳先生說：

　　「孩子生活上的點點滴滴，我們都會去了解，每天生活中做些什麼，隨時注意。

　　以前老大小時候，看到桌上有錢，會拿去買東西，譬如剛剛的五十元，這會兒怎麼只剩三十元，做父母的就要知道那二十元到那裡去了？父母親要去追究。剛開始她會怕，但你要疏導她去承認，拿了要說，不對要改，如果一旦她養成了習慣，看了就要拿，今天讀的再高、再好，都沒有用。」

　　孩子的一言一行，很自然的吳先生夫婦都會去關心、了解。從小孩子都習慣把學校的事告訴爸爸、媽媽。國小五、

六年級時，吳太太發現靜恬有段時間都悶悶不樂，他們就試著去了解，發現靜恬在自己的文章中自擬是個木頭人，以發洩自己的情緒，讓身為父母的警覺自己的教育方式可能需要修正，於是透過溝通而渡過了那段反叛期。

吳太太提到往事，她說：

「那時我們不能以父母親那種壓迫的方式帶這種孩子，父母親要扮演很多種的角色，就像演戲一樣，要去溝通、要想方法。」

◑ 謙虛、不恃才傲物

靜恬由小到大成績均名列前茅，但她非常謙虛，不恃才而驕，因此，人緣極佳，這得歸功於父母的教導，吳太太表示：

「小孩子，妳不能太在意她的成績很好，不能讓她太驕傲，要殺殺她的威風，所以，有時她跟我說，我在聽，好像又沒在聽，我不會很在意。

她去參加保送考回來，跟我說，人家都有媽媽陪，只有我一個人去，我心想，保送考有沒有考上都沒關係，反正還有一個聯考，我也不要她壓力那麼重，我覺得孩子自在就好，不要小孩一有點什麼，就好像煞有其事似的。」

不少優秀的孩子對於自己的成績非常在意，有時難免對分數斤斤計較，尤其是女孩子，小學時，靜恬也會為了一、

兩分去跟老師要分數，吳先生常開導她，避免她成為分數的
奴隸。

此外，他們也鼓勵孩子多交朋友，廣結善緣，高中三
年，靜恬一個人住在高雄，但她卻不寂寞，因為她有許多的
好同學，互相照顧，相互督促。

◎ 給她一籮筐的魚，不如給她一根釣竿

吳先生一再提到愛看書的孩子，將來絕對有成就，而靜
恬成功的關鍵則在於小時候博覽羣籍。有句話說：「給她一
籮筐的魚，不如給她一根釣竿」，吳先生培養孩子良好的閱
讀習慣，就是給了她一支最好的釣竿。他指出，孩子喜歡看
課外書，是靠「培養」。

「最重要的就是給孩子有固定的時間、場所，在這段時
間內就是看書，待她習慣了，不去做，反而覺得怪怪的，就
像去運動一樣，那段時間不去，就覺得怪怪的，她自然就會
拿起書來看，至於看多看少，就隨她去了。

「我們都是很自然的去教她，並不刻意去教，用很真摯
的方式去啟發她，我們每個父母對孩子都有期望，但她有沒
有照你的期望去做，這很重要。」

「其實這都要付出很多時間的，你不理她，孩子怎麼可
能有辦法？」吳太太說。

她舉國中的老三為例，她是個頗具領導才能的孩子，功

課一度考到全校四十多名，吳太太告訴孩子「妳現在好好努力，辛苦這三年，將來可省下二十年的辛苦」，她想通了這句話，在媽媽不斷的鼓勵下，在下次月考時，竟一躍而進入全校第四名。

◙ 真正了解她興趣與長處的父母、老師

教養出成功的子女，是父母最大的喜悅，吳先生謙虛的表示：

「以我女兒為例，我從不覺得她比其他孩子聰明，但值得慶幸的是，在她的教育過程中，她擁有真正了解她興趣與長處的父母與老師，在求學中不斷給予她喜愛的知識資源，我們給了她全世界最好的釣竿，就靠她自己的力量往知識之海航去。

其實，我們給她的幫助都是很溫馨，家庭融洽，讓她處處都得到愛，讓她感受到『爸爸、媽媽都很關心我，我就要盡我的能力努力讀書，有點成就，達到爸、媽的期望』，很簡單、很自然，也沒什麼。」

在中午時分結束了這趟豐富之旅，步出吳府，耀眼的陽光潑灑了一身，匆匆用過午餐，再繼續下一站的行程。

二、美國部分：

1. 陳丹蘋姊妹
2. 張湛偉
3. 劉大衛
4. 廖建勳兄弟
5. 曹立仁
6. 鍾定文
7. Corey 成
8. 陳艾梅姊弟

1 | 美國總統獎（藝術成就）
陳丹蘋

‧青年鋼琴家、作曲家

美國茱麗亞音樂學院高材生（鋼琴、作曲雙主
修）以優異成績畢業，獲頒難得的 Peter
Mennin Award

以藝術成就非凡獲美國總統獎

以藝術才華榮登 International Whoś Who of
Professional and Business Women, 1992
年版

經常巡迴世界各地舉辦獨奏會或演奏

其作品及演奏先後贏得多項比賽優勝

陳潔思

- **美國茱麗亞音樂學院高材生（小提琴、作曲雙主修，爲該校有史以來第一人）**

美國芭蕾舞學校高材生

其作品先後贏得多項比賽冠軍，並多次在美國
及世界地演出

【父母親的話】

陳太太

　　做事專心最重要，我的孩子回家都不必練多久，因此，她才有多餘的時間去做那麼多事情，這就是要專心。

　　像我以前教音樂時，都會隨時注意她有沒有在聽，一教完，立刻問，就知道她有沒有吸收進去，而她也知道我一定會問，所以就很專心聽，漸漸的養成專心的習慣。一旦知道她沒聽進去，我就會用另外的方式再教她，直到她懂為止。抓住「專心」這點，就會成功。

　　以前有個媽媽跟我說，她女兒彈琴兩個小時，兩個小時一到，多一分鐘也不肯彈，我覺得怎麼會有這種事情？就好比做家事，做完家事就好了，何必硬性規定要做兩個小時家事？我覺得講效率就好。我常跟朋友的孩子說「Don't Practice Stupid!」，你努力，但不要那種 Stupid 的努力，我強調的是效率。

☉ 醫生、音樂家的女兒

翻閱了一下，以藝術成就榮獲一九八八年美國總統獎得主陳丹蘋的資料，由於她驚人的音樂天賦、得獎無數及周遊列國的演奏經驗，再再引起我們的興趣，與陳府聯絡後，熱心的陳太太很高興的接受了我們的打擾。

陳丹蘋居住在紐約市布魯克林區（Brooklyn），那個地區，在印象中似乎不太安全，對於一位醫生及音樂家的家庭居然會選擇那個地方居住，心裡相當納悶。

週末，開著車子依陳太太的指示，很快的到達該地區，看看時間還早，於是先行找個停車場把車停妥，再安步當車在街上逛逛。走在街上發現不少黑人駐足在街頭或商店門口，舉目所見四周的店家，幾乎都是鐵窗環繞，不安的氣氛慢慢湧上心頭。走進知名的炸雞店，橫跨在店家與顧客間的竟是冰冷的鐵欄杆，由窄小的窗口遞送出來的炸雞，頓時失去往日的芳香。

匆匆結束中餐，步行至陳家寓所，通過荷槍的黑人警衛後，逕自上樓。按鈴後，隨著房門的開啓，是陳太太燦爛的笑容及悅耳的樂聲，一下子溫暖了我們的心。

親切的陳太太，舉手投足之間顯現著自信與積極的氣質，她開門見山的道出選擇居住此地的原因，她說：

「我們跟別人不一樣，別人賺了錢都喜歡住豪華的房

子，我們為什麼一直住在這裡？第一、我先生生性不愛動；第二、我很喜歡去林肯中心聽音樂，我不能搬到郊區；第三、這裡的 Saint Ann's School 有教中文，它是一所私立學校，教學採創造性教學法，很尊重學生，我覺得這點跟我們傳統的教育不同，我很喜歡孩子有創造力，也鼓勵她們發展創意。」

陳文哲先生是一位小兒科醫生，在曼哈頓區自行開設診所，同時也是紐約大學的教授，陳太太方秀蓉女士是一位音樂家，他們育有兩位千金；丹蘋是大女兒，潔思是二女兒。兩位在音樂、舞蹈藝術方面均有相當傑出的表現。

陳醫師夫婦來自台灣。陳太太出身於一個愛好音樂藝術的醫生家庭，排行老大的她，從小對音樂相當著迷，當時住家附近有個著名的鼓霸樂隊，彷彿磁鐵般的吸引著她天天去聽，媽媽看她如此著迷，於是延聘一位音樂老師到家裡來教孩子們，在五個子女中，唯有她最認真，最渴望多學一些。

初中畢業，她當時考上北一女及藝專，她選擇了藝專，讓原先指望有女繼承衣缽的父母好生失望，不過，她後來也是嫁給了醫生。

陳太太藝專畢業後，隨夫赴美，原定居芝加哥，但她一心嚮往充滿濃厚藝術氣息的城市——紐約。不久，陳先生很幸運的在紐約的醫院找到了工作，陳太太終於如願以償的到達紐約，定居於布魯克林，直到現在。

◙ 天才的崛起

　　有一回，陳太太的老祖母來美渡假，看到曾孫女花太多時間在電視上，於是勸她該教教孩子彈琴。於是老大四歲半即隨媽媽正式啓蒙。

　　學琴後，陳太太發覺孩子非常喜歡彈琴，除了承襲母親的音樂細胞外，另外還有一個特別的原因，那時陳家老二出生了，陳太太整天忙於照顧小寶寶，讓老大相當嫉妒。聰慧的她察覺到，媽媽唯一不理小寶寶的時候，正是教她彈琴的那一刻，而那也正是她能完完全全擁有媽媽的時候，因此特別珍惜，特別認眞。

　　陳太太很早就發現大女兒的音樂天賦，她回憶說：

　　「我剛開始教她一些簡單的曲子，她五歲時，我說我有一個學生很喜歡彈大家都耳熟能詳的『給愛麗絲』，但卻老彈不會。她就要求我教她，五歲多，居然就能彈『給愛麗絲』，我非常驚訝，而事實上，我並沒有故意要把一首很深的曲子拿給她彈。

　　有一回，我們去一個朋友家，丹蘋很愛現，在那兒露一手後，我才發現她有絕對音感。朋友建議她去考茱麗亞音樂學院，那時是一九七六年七月，茱麗亞考試在八月中，我看了那些考試的曲子，我相信在很短的時間內可以把她教會。果然不出所料，她真的都會彈。去報名時，學校嫌她年紀太

小，但是校方聽了她彈的練習曲後，決定讓她試試看。

　　考試分兩階段，十三歲以下及十三歲以上各彈不同的指定曲，結果她六歲時彈十三歲以下的指定曲；一年後，七歲時彈十三歲以上的指定曲，她一考完，所有的老師都站起來鼓掌，那時我就知道她不一樣。

　　她看譜、背譜都很快，我彈琴，她可以很快的把我所彈的曲子模仿起來，她聽到別人彈曲子，即使人家都沒彈錯，她也會嫌人家彈的不夠好。」

◎ 中西教育方式

　　從事音樂教育的陳太太，深知音樂教育奠基的重要性，她教育孩子採鼓勵、誘導兼具嚴格要求的中、西方式，讓孩子在愉快、無壓力的氣氛中學習，她說：

　　「我教過的一個美國學生曾對我說過：『妳有高標準，但是並不兇』，這是很重要的，有些人付學費，老師對妳很好，但並沒有教什麼，有些老師又太兇，會打。從前我看電視曾看過一個畫面說，孩子就像朵花，但被父母毒言惡語罵一罵，花就枯萎了，我很不喜歡打罵教育，我是 high standard meanwhile in an encourage way，我覺得這才是成功的原因。因為你不會寵壞她的天分，有些人一發現孩子有天分，就趕快施肥，結果太肥了，就死了。」

◙ 「獎」不完的音樂成就

老大丹蘋，四歲半隨母親正式啓蒙，六歲考入世界著名的茱麗亞藝術學院大學預科學習鋼琴及作曲。她在音樂方面的優異稟賦及精湛的鋼琴造詣，讓她獲得無數的獎學金及比賽的優勝。

十一歲起，每年在茱麗亞學院、林肯中心、肯尼迪中心及全美各州巡迴舉辦個人演奏會。美國 CBS、NBC 等幾家電視台多次訪問她並播放她的演奏會。十三歲時，創作的「年曆」十二生肖組曲，曾獲得 BMI（Business Music Inc.）全美學生作曲獎。十四歲時，把自己的音樂、詩、夢境組成一首附有管絃樂伴奏的混聲四部合唱曲。

一九九〇年曾與倫敦交響樂團合奏舒曼的鋼琴協奏曲及其自己創作的雙人舞鋼琴協奏曲，錄製 CD 唱片在世界各地發行。

一九九一年，爲紀念莫札特逝世二百週年，她在美國卡內基音樂廳與紐約交響樂團演出莫札特鋼琴協奏曲第二十三號 A 大調·四八八，就以這場音樂會而言，著名的英文報章「REPORTER」就曾讚許她：「年紀雖輕，卻能聰明靈巧地駕御難纏的莫札特作品」，樂評家特別指出她是一位眞正的天才，同時更爲她光明的前途寫下預言：

「張大眼看好她，她將有所作爲！」

　　此外，「ATTITUDE」雜誌一九九一年亦盛讚她是位竄紅最快的年輕鋼琴家。

　　這些英文報章雜誌的佳評，僅是一小片斷，實在無法描述丹蘋的全貌。她從六歲起就在茱麗亞藝術學院的預科就讀，每週六去上合唱、樂理、視唱聽寫、鋼琴、作曲等課程，在校成績非常優異。預科畢業時，曾代表畢業生致辭，這在人才濟濟的學校中能由華人代表致辭，確屬不易。其他時間，她則和一般孩子一樣上普通學校，高中畢業於私立聖安學校（Sanit Ann's School），並正式進入茱麗亞藝術學院主修鋼琴及作曲，在茱麗亞成績優異，畢業時獲頒難得的Peter Mennin Award，她希望將來能成為一個眾望所歸的作曲家及演奏家。

　　她說：

　　「我喜愛演出，在舞台上體驗聽眾的反應，這對我而言，值回一切的辛勞。舞台於我，像是自己的家裡一樣。」

　　她上台的感受，不是緊張，而是興奮。在事前，她一定做到熟練與完美的準備工夫。因此，只要她一出場，很快的就贏得滿堂彩。她多次在美國、英國、日本、台灣及中國大陸各地舉辦獨奏音樂會，其音樂才華早已在國際間的巡迴演奏中表露無遺。

◘ 才華橫溢的妹妹

陳家老二，潔思，五歲開始跟隨母親學習鋼琴，同時也在絃樂學院學習小提琴，八歲時，考入茱麗亞藝術學院預科學習小提琴及作曲，同年亦考入著名的美國芭蕾舞學校（School of American Ballet）學習芭蕾舞，她並且也是聖安（Saint Ann's School）學校的學生。

在音樂、舞蹈等藝術的多方面興趣中，她最喜歡的還是作曲。八歲時，作了一首小提琴和鋼琴的協奏曲，以後便年年都有新作品發表，而她的作品曾多次在重要比賽及國際作曲比賽中得獎，其中包括美國聯邦音樂總會及紐約分會青少年作曲比賽全美國及紐約州之第一名，她的作曲也多次在美國各地演出，是茱麗亞學院有史以來第一位以小提琴及作曲雙主修的學生，的確是個才華橫溢的孩子。

面對如此優異的孩子，其父母究竟是以什麼方式來教養她們？

◘ 健康開放的教育

陳醫師表示，由於診所的業務繁忙，所以子女的教育全由太太負責。開朗、健談的陳太太喜歡以開放而健康的方式來教育孩子。由於兩個女兒均就讀於菁英匯集的茱麗亞藝術學院，校方又經常舉辦音樂比賽，無形中，周遭的環境已帶

給孩子不少壓力，陳太太不喜歡孩子有太大的壓力，因此，她不壓迫孩子，也不敢過度期望，她說：

「我常對孩子說『只問耕耘，不問收穫』，妳的部分就是耕耘。」

孩子考試考壞了，她不責罵孩子，鋼琴比賽沒得獎時，她安慰孩子「那是很正常的事」，但在此同時，她也教導孩子如何處理失敗，她說：

「失敗不要緊，但最重要的是，要知道如何處理失敗。中國人最不好的地方，就是都要利用別人的肯定，來肯定自己；別人肯定妳，很好，但你必須自己知道自己的程度，說你好，你也不要太高興；說你不好，你也不要太難過。」

從小，她就培養孩子有自覺的能力，讓她們充分認識自己、認識環境，尤其在人才濟濟的茱麗亞學校，必須深切體認「人外有人、天外有天」的道理。孩子除了第一次失敗曾流過眼淚外，以後的任何比賽，她們都保持平常心，因為她們清楚自己的能力，能夠自我肯定，根本不需要靠外在的眼光來肯定自己。

陳太太常提醒女兒：

「身為西方社會的中國人，必須加倍努力，才能出人頭地，如果你沒有比他們更優秀，Why you？」

在此一認知下，女兒自幼即非常認真、努力，以求異於他人。

◎ 強調效率

中國人總是保有傳統的勤勞努力，尤其走音樂的路子，更需要苦練，但陳太太教育兩個女兒卻不是要求她們每天該練多少小時，她強調的是效率，她說：

「以前有個媽媽跟我說，她女兒彈琴兩個小時，兩個小時一到，多一分鐘也不肯彈，我覺得怎麼會有這種事情？就好比做家事，做完家事就好了，何必硬性規定要做兩小時家事？我覺得講效率就好。我常跟朋友的孩子說『Don't practice stupid!』，你努力，但不要那種 stupid 的努力，我強調的是效率。有的人一天練八個鐘頭，有的人一天練兩個小時，我一天只需要練一個小時就行了。三個人同去一個地方表演，今天整理行李、明天搭飛機，後天在旅館休息，一天練八小時的人，已經輸掉二十四小時了，我卻只輸人家三小時，所以想想看，到底是那一級的人能吃這行飯？雖說有些是與天分有關，但有些是已經被洗腦過了，不練八小時不行，不練八小時沒有安全感，一上台怯場，就完了。」

◎ 專心是成功之道

陳太太不鼓勵苦練，她要孩子 get your things done，至於他們要做多好，就是他們自己的事了，她覺得做事「專心」最重要，她說：

「我的孩子回家不必練多久，因此她才有多餘的時間去做那麼多事情，這就是要專心，像我以前教音樂時，都會隨時注意她有沒有在聽，一教完，立刻問，可以知道她有沒有吸收進去，而她也知道我一定會問，所以就很專心聽，漸漸的就培養出她的專心。假如知道她沒聽進去，我就會用另外的方式再教她，直到她懂爲止。抓住『專心』這點，就會成功。」

◪ 自然的音樂環境

被朋友稱爲「音樂狂」的陳太太覺得早期教育是相當重要的，而一開始的基礎教育更是不能馬虎，她不刻意營造仙樂飄飄的環境，或強行提早帶孩子去聽音樂會，更不強迫孩子生吞活剝古典音樂，她只是讓孩子自然而然的置身於音樂中，讓她們自然而然的喜愛音樂，她說：

「我是對音樂很狂熱，這是我原來的環境，是無形的，因爲我喜歡聽，她們就跟著學，並非我故意去製造一個環境，她們出生的環境就是音樂，在其他方面我沒教什麼，回來就是處在音樂的環境之中。」

老大正式啓蒙前，除了身處音樂環境外，大多是聽聽兒歌。老二一出生則在姊姊的鋼琴聲中長大的。在學習音樂的階段中，她們多半聽作曲家們的唱片，老大自幼即知道自己對音樂有濃厚的興趣，喜歡作曲及彈琴，只醉心於音樂。老

二興趣很廣，喜歡小提琴、作曲、芭蕾及其他藝術生活，陳
太太必須縮小她的興趣。

◎ 善用文化資源

她們熱愛音樂、舞蹈，除了家庭環境因素外，更重要的
另一因素則是她們生長在人文薈萃的紐約，陳太太非常善於
利用此一優點，她說：

「懂得運用社區資源是很重要的，我就是選擇 culture
而住在紐約，紐約是世界之都，最好的都來這裡表演，每
場音樂會結束了，報紙上都會有樂評。我們也常常去林肯中
心圖書館借許多書籍、錄影帶、唱片等，我並不是只叫她一
直練。我那時也在修音樂教育的碩士學位，很多課都要聽、
要看，小孩看我做什麼，她們也跟著我一起學。有一陣子，
我想教老二音樂史，結果她反而比我棒，因為無形中她已經
吸收了。她們知道我很喜歡，她們就會跟著學，我們也常去
看歌劇，我帶她們去看歌劇、芭蕾舞，一回到家聽到相同的
音樂，她會知道是那一幕、那一舞步，我並不是故意去鼓勵
她們，但至少我有帶她們去看歌劇、芭蕾舞。孩子跟我說，
很高興我曾經帶她們去看過歌劇、芭蕾舞。

我很喜歡紐約的文化活動，尤其是藝術制度，有很多音
樂會都是免費的。我常跟人家說這些都是免費的，為什麼不
利用？我的孩子就是很自然的在那種環境下喜歡上音樂

的。」

　　陳太太表示，小孩如果有音樂的天分，就要讓他們好好地發展，尤其在紐約，占很大的地利之便，更該好好利用。

◎ 可觀的教育投資

　　兩個孩子每回聽了大師的音樂會回來，就會跟著學習彈奏，陳太太則按孩子的需求買些錄音帶給她們學習。就音樂而言，其教育投資是頗為可觀的，尤其是茱麗亞藝術學院的家長都相當捨得花錢，但陳家給孩子財力上的支持更勝一籌，令她的美籍老師相當感動，直歎自己沒有那種父母，陳太太解釋道：

　　「老大高三時要買一台魔音琴，一萬多元（美金），老師認為不好，說那些錢應該留著給她唸大學，但我們覺得她需要就該買給她，茱麗亞學費一萬多元，聖安（Saint Ann's）也是一萬多，說起來也貴，但我圖的只是那裡有教中文，芭蕾舞學校，捐款的人多，學費也不是太貴。我們只是盡我們的能力去栽培她們，教育費我們是很捨得花的，培養她們有一技之長，終身受用不盡。從小一直到大學，在財力上我們一直在支持，她們想聽什麼音樂、看什麼書，都可以去買，她們要的譜子，多貴我也會去買，而且樂器也都是買最好的，最近我又買了一把五萬（美元）的小提琴，我還有一把兩百年的小提琴。」

　　陳先生夫婦相當疼愛女兒，最近在同棟大樓買了一間房子給老大住，但他們自己卻仍舊窩在租了十多年的房子裡，老大經常遠赴世界各地表演，演出單位提供的多半爲經濟艙的機票，陳太太通常會補足差額，讓孩子搭乘較好的艙位。

　　他們愛孩子卻不溺愛，尊重孩子並給他們自由獨立的空間，孩子在享受自由與權利的同時，也學習承擔後果，勇於負責，一旦孩子有困難時，適時給予安慰、鼓勵與建議，陳太太強調：

　　「這很重要，平常我不會對孩子兇，這樣孩子有問題時才敢告訴我。一般來說，我會給她們建議，如果他們覺得好，可以接受；如果認爲不好，我也不會堅持她們一定要接受我的建議。這樣，第一、她們不對，可以得到教訓；第二、她們可以學習如何做決定。我是相當尊重她們的。」

◎ 寓教於樂，誘發興趣

　　陳家親子關係相當親密，個性開朗的陳太太喜歡用活潑有趣的方式來教導孩子，她們把求學當成是非常有趣的事，孩子的學習效果自然倍增，她說：

　　「在茱麗亞教書的一對美國音樂家夫婦曾經說過，他以後如果有孩子的話，一定要像我一樣教孩子，他認爲我的孩子很認真，但學起來又很有趣，可以看得出來我們的孩子和別人不一樣。我做事情看起來很認真，但一定要很有趣，我

以前跟老大每天一起彈四首，彈四首就滿足了，她彈她的部分，我彈我的部分，合起來就很好聽，每天一小時，就好像我都在跟她玩一樣，我們的 hard work 並不是 hard work 而是 fun。」

也因為如此，孩子每天都與媽媽共譜快樂時光，根本忘卻了那是「苦練」。

學習任何樂器，都必須練習，有些孩子會視練習為苦差事，父母的逼迫，也會令孩子對音樂留下負面的印象，如何讓孩子領受音樂美好的感覺，父母的態度極為重要，陳太太通常都是運用鮮活、生動、有趣的方式來教導孩子，陪她們學習，「寓教於樂」是其成功的地方。

陳太太對自己的孩子如此，對其他學生也如此。在學生家長眼中「方老師具有神奇的魔力，可以讓學生上進、得到自信」，她的教學方法，深受家長滿意，他們再也不必像往日一樣督促孩子練琴、陪著練琴，孩子們都會主動練習且進步神速，無形中減少了親子間的摩擦，家長對她真是佩服的五體投地！

將孩子學琴的「興趣」誘發出來，是她教學的最大收穫！

◙ 鼓勵創造力

此外，陳太太也是一個頗富創造力的媽媽，平日做菜更

見瀟灑，往往就地取材，自創一番。充分運用創造力，使得她做起事來更具效率。

「以我爲例，我都是以創造性的方法來記，所以我就不需要比別人花太多的時間，找出相關聯的地方，分析後，找出方法來記，就快多了，記憶力是越訓練越好，我並不聰明，但我肯下工夫。」陳太太笑著說。

在日常生活上，每當孩子突發奇想，有妙點子時，陳太太都會滿高興的，孩子受媽媽影響，均有豐富的創造力。曾有一回，老二的作曲老師要她作一首二十世紀的新曲子，她跟媽媽說：

「媽媽！你一定不會相信，我要把一首美國的 folk tune 改編成小提琴創造曲，我去演奏時，那些人準會瘋掉！」

原來，老二突發奇想，把一首 folk tune 改成一首小提琴曲，她將所有著名的小提琴曲都放進去這首曲子中，而且無伴奏。陳太太非常激賞孩子的創意，她經常鼓勵二女兒把自己所學的三樣東西——芭蕾、小提琴、作曲結合在一起，創造出自己的風格。

◘ 特別的學校

兩姊妹的創造力除了受母親的影響外，另一個因素則是她們就讀的學校聖安（Saint Ann's School）是個非常重視

創造性教學法的學校。

　　兩姊妹除了每星期六在茱麗亞藝術學院預科學習音樂及在教學嚴格的美國芭蕾舞學校上專門課程外，她們也必須和其他孩子一樣進普通學校。陳太太為女兒選擇學校時，她考慮三個因素：孩子的專長、中文課程及重視創造力的培養，在紐約市能夠同時擁有這三項的學校，僅有一所，那就是位於布魯克林區，由猶太人所創辦的私立聖安（Saint Ann's School）學校。

　　該校是紐約市在教學方面最具特色的一所私立學校，也是唯一正式開設中文課程的學校。該校的創辦哲學是──特別聰慧的孩子，需要特別方式的教育，因此，招生過程是透過筆試及口試，甄選資賦優異的學生入學。

　　由於這所學校是獨立學校的行政，不受紐約市教育局官僚作業和教職員有關工會的掣肘，教師沒有「鐵飯碗」保障，必須不斷的進修，學生必須兼顧學業與術科專業的學習，只要學生有興趣學習任何專科，學校就會聘請專業師資來協助啟發學生，學校強調運用各種教學方法和機會，從根本啟發學生的求知慾、參與感和信心、樂趣。

　　學校教學分為四個階段：有學前階段；其次為兩年到四年的基礎教育。不以年級分班教學，而是以班級為教學單位，將不同年齡但是程度相近的孩童編在一起，學習基本語言、文字、數理知識；另外從四年級開始，學生依照個人學

習的興趣、主修科目和學習心得,接受中級教育;而到了一般高中年紀,學校則進一步提供了各個專科教學、選修科目、暑期海外研習活動和實習研究。

一九八〇年起,學校開始聘請了華裔教師,按部就班向有志學習外語的學生教授中文,成為紐約市首先正式開設中文課程的私人學校。

兩姊妹在專業科目上表現優異,因此進入這麼一個專門為資賦優異學生提供特別教學的學校,更能發揮所長,該校學生只要有需要,校方都願意彈性配合。

◎ 妥善安排三校課程

老二是茱麗亞藝術學院預科生,只有星期六才去上課,而在美國芭蕾舞學校(School of American Ballet)一星期有十一堂的芭蕾舞課程,她是如何安排這三所學校的緊密課程呢?陳太太說:

「芭蕾第一年是一個星期去一次,第二年兩次,第三年三次,越來越多次,現在她一星期去十一次。她只有星期一下午去聖安學校。她打電話給老師,老師就出作業給她,她星期一去學校拿功課,學校裡的其他孩子每天都要上學,老師也是按一般學生的進度上課。即使如此,她的功課還是很好。」

陳太太透露,老二的芭蕾舞課程越來越深時,一度想讓

孩子轉唸專門學校，但聖安學校願意彈性配合，她也就打消此一念頭，她說：

「像我這種孩子，本來應該去唸位於林肯中心那裡的 Professional Children School，像要當演員、舞蹈家、音樂家等這些人的，我去聖安找副校長談，副校長說像 Wendy（老大）一樣，miss 就 miss，學校願意彈性配合，我們就繼續唸下去，學校很有彈性的。」

◎ 學習音樂的好處

陳家老大是「聖安」第一位拿到總統獎的學生，她在十三歲時已漸把學校的功課放下，專心於音樂。老二則仍維持在三個學校上學，學校老師給她的功課和普通學生一樣多，她寫功課時必須一面看電視，一面寫功課，奇怪的是，她的成績依然保持的很好。同時在三個地方上課，在時間的安排上，就是一個挑戰。陳太太卻認為孩子並沒有花太多時間在功課或音樂上，這究竟是什麼原因呢？陳太太分析指出，這就是學習音樂的好處，她說：

「我常跟別人說，學音樂的好處就是你被訓練看一樣東西，心、腦、手、眼、耳全部都要一起來，很少有一樣東西能在同一時間內將這五種功能同時用上，經過這種訓練後，再做別的事就簡單多了。像運動，你不必同時用那麼多的功能，因此，音樂的好處就是 at the same time 的這種訓

練。」

　　換句話說，學習音樂的好處就是能夠培養專注力。

　　事實上，我們也經常聽到許多不同領域的成功人士提及他們曾經想成為小提琴家或鋼琴家，但儘管心願未了，但是他們從學習音樂過程中所培養的專注，正是他們成功的重要因素。

　　音樂是一種世界共通的語言，陳太太認為，即使將來女兒遠嫁日本、羅馬，她一樣可以去樂團工作，而沒有語文的困擾，但是如果她是哈佛畢業的，到東京謀職，也許人家卻只要東京大學畢業的。甚至到了年紀大時，也不必擔心退休的事，依然可以教教琴，這些都是學習音樂的好處。

　　除了上述的良好影響外，學習音樂對於功課的助益也很大。音樂好，功課相對的也很好，但也有些人，音樂學得好，功課卻不見得好，陳太太的觀點認為那些人乃是自滿而不深入學習，這種表面化的學習，將來無論是走音樂路線或讀書，都不會有什麼成就。音樂家馬水龍先生說過：音樂好、又會讀書的人，將來的路可以走得較遠，如果只是音樂好，而不會唸書，將來的路就不會長遠。陳太太解釋：

　　「只會彈琴而不愛讀書的，他就無法用思考力、分析力、理解力來幫助彈琴，所彈出來的是手指頭快，這只是一種雜耍，畢竟音樂不能只是將音符彈出，這好比只會唸唐詩、莎士比亞而不懂其意思，是毫無任何意義的。真正懂的

與不懂的，二者所彈出來的，完全不一樣。總之，音樂好，可以達到眼到、手到、心到，在時間上也能控制的很好，在讀書方面，幫助很大，書讀得好，其思考力、分析力、理解力都很強，可以回過頭來幫助其音樂上的造詣，二者是相互影響，相互幫助的。」

許多家長也肯定學習音樂的好處，但有些父母認為孩子如果能像林昭亮那樣，就讓他學，如果不是，就不讓孩子走音樂的路。陳太太指出：

「你不讓他走走，怎麼知道他不是第二個林昭亮呢？我常跟別的父母說，如果你的孩子喜歡音樂，就讓他走，他不喜歡，就不要勉強，即使有才華，不喜歡也不要勉強。有些人對於該不該讓孩子學音樂，會去請教名師，如果你有這點疑問產生的話，你就根本不應該去學。」

◎ 避免姊妹相互競爭

才華橫溢的姊妹倆雖然在媽媽刻意的安排下學習不同的樂器，以避免彼此競爭，但無可避免的，姊姊從小就光芒四射，帶給妹妹很大的壓力，記得有一次老二參加小提琴研習營回來，她很高興的跟媽媽說：

「我很高興，在那裡我可以不必做誰的妹妹，我可以有自己的名字。」

陳太太對於這種現象也很無奈，因此，她也不敢對孩子

有太多的期望，儘量避免二人相互的比較，她希望孩子能在不同的領域發展出各人的一片天。

由於本身的出色，孩子必然承受來自自己及他人的有形及無形的壓力，陳太太也一直不喜歡拿孩子來炫耀，她希望孩子成為健康快樂的人。老大十三歲時，電台由聖安學校查出這位音樂小神童，於是走訪陳太太，他們提及如此一位優秀的孩子，以前怎麼沒聽過她的名字，陳太太告之：

「假如她十三歲時，你們就知道她，那她十八歲時，該怎麼辦？我不要把她塑造成天才，萬一她沒有成為天才，那她的後半輩子不是都要在沮喪中渡過嗎？我寧願她做一個平凡、快樂的人。」

◙ 重視中國傳統文化

陳太太相當重視中國傳統文化，孩子也很高興同時擁有東、西方文化，中國文化的背景，在其作曲上有相當程度的影響。老大十三歲時曾以中國的十二生肖作了一首管絃樂的曲子去參加比賽，獲得許多評審的讚譽。以往若有任何中國的表演藝術來到紐約，她都會帶領孩子去欣賞，如西遊記等，這些點點滴滴的傳統中國文化，都讓孩子留下深刻的印象，也給了她們許多創作的來源。

由於具有美國國籍、西方思考，很容易認為自己是美國人，而東方面孔的標記，又是不折不扣的中國人，長久以

來，「自我認同」、「東西文化衝突」，一直是許多華裔家庭的難題。在陳家卻沒有這種困擾，孩子不僅說英文也說中文及台語，她們甚至對不會說自己的母語覺得是一件丟臉的事，陳太太對此一現象解釋為：

「第一、我們住在都市；第二、她進的學校有中文課程，學校很重視中文，把中文拿來給美國孩子學的，她覺得當中國人不會被人瞧不起；第三、我們住在紐約市，各種種族都有，只要優秀的，人家就看得起你。」

事實上，由於她們所就讀的學校，東方人多，且在校表現多屬優異，在聖安，校方的重視中國文化也使得她們深以中國人為傲，再加上自己出色的表現，大眾更尊稱她為鋼琴家、小提琴家及作曲家，因此她們並不因為自己是中國人而有自我認同上的困擾。

積極、樂觀、追求效率的陳太太，對親戚朋友熱心，對公益事情從不落人後，經常在僑社舉辦音樂會以饗同胞，並且推薦許多優秀的音樂人才赴台灣演奏，在樂界是舉足輕重的人物。她常自覺自己並沒有花太多時間在孩子身上，其實父母平日的一言一行就是兒女最佳的身教，她經常要孩子以求真的態度來做學問，不能迷迷糊糊、似懂非懂而且要不畏任何權威；另一方面她也教導孩子要虛懷若谷，不可驕傲。

◨ 如何培養成功的藝術家

　　學習音樂是一條漫長的路，也是一條辛苦的路，如果要讓孩子把音樂當成終身職業的話，父母必須要有正確、審慎的態度。陳太太說：

　　「要當音樂家，學習音樂必須要學得透徹與不間斷，你如果有學問，明天學問還在；你是醫生，明天還是醫生。但做為一個藝術家，如果明天不彈一個音符，就不是了。」

　　至於如何培養一位成功的藝術家，陳太太的觀點是：

　　「要培養一個成功的藝術家，成功的因素很多，但如果本身有一個條件不行，就不會成功。如果天生條件很好，但不守時、要求這、要求那，人際關係不好，也難成大器，頂尖的藝術家，除了天分以外，所有成功的要件都樣樣具備，譬如外表、對觀眾有禮、人際關係很好……等等。即使有的人不是很有天分，當然也不能差得離譜，但假如他具備其他條件而且做人很圓滿的話，他的路還是很寬廣的，最起碼還可以做個二、三流的。否則，即使具有一流的才華，也很難成功。」

　　換句話說，要成為成功的藝術家，IQ 與 EQ 都是相當重要的。

　　陳家兩個女兒，除了精湛的琴藝及創作的才華外，還具有現代社會必備的姣好面容、亮麗的外表，在舞台上就像巨

星般耀眼，陳太太笑著說：「丹蘋不會怯場，台子越大，她越喜歡。」聰慧的她更善於自我推銷，每場演奏終了，她一定會告訴觀衆，下一場演奏會預定在那裡表演，希望觀衆前往聆賞。有一位外國老先生就曾經讚賞過她："young lady! you are not only play well, you look good, you know how to sell yourself."

並非所有人都適合當音樂家，音樂是一種美的教育，它可以陶冶性情、美化人生，情緒不佳時，彈彈琴可以宣洩一番，美妙的音樂可以建立和諧的人生，即使不能成爲音樂家也可以美化自己。有鑑於此，陳太太一直鼓勵孩子們將來要給自己的下一代音樂教育，讓優美的樂章永遠陪伴身旁。

◩ 成功的原因

陳家孩子的成功，除了來自家庭的全力支持外，陳太太自覺是孩子秉持中國人傳統冒險、認眞的眞精神。

「我想第一代移民 working harder 影響子女，若 enjoy working harder 的 process 及 result 才會有 motivation 去 conquer。」

再加上她以「愛」做基礎，以道德觀念、善良及一顆不斷上進的心來教導孩子，這其中又以上進心及善良的心最爲重要。

音樂是一種美育，讓孩子以最健康、最歡愉的態度學習

美的事物，其所創造出來的音樂自然最美。從陳家教養孩子
的過程中發現，陳太太都是以自然的、健康的方式教養孩
子，不揠苗助長，也不過分驕寵，以「真、善、美」的教育
理念，培養孩子成為才德兼備的藝術家。從這裡，我們更可
以肯定的是──父母的正確教養方式，是影響孩子一生成就
的關鍵，孩子在父母適宜的灌溉培養之下，才能綻放出朵朵
的奇葩來。

2 | 美國西屋科學獎
　　張湛偉

‧ **美國哈佛醫學院（ Harvard　Medical　School ）高材生，並擔任麻省學生醫學會的哈佛醫學會學生主席**

美國布朗士科學高中第一名畢業

美國西屋科學獎

哈佛大學畢業，在校成績相當優異，曾獲 Detur　Prize 獎，並連續四年榮獲 John Harvard　Scholaship 獎，畢業時以最高榮譽（ Summa　Cum　Laude ）畢業，曾擔任該校中國同學會會長，亦為 Phi　Beta Kappn 榮譽會員。

在學期間獲獎無數

【父母親的話】

張先生

　　湛偉的表現，我想可能跟家庭注重教育有很大的關係。他讀小學，我們都很關心他，他的功課我們都會拿來看，錯誤的地方會加以指正，小學成績一直都非常好，那時，我就知道他有一些天分。

　　我認為講自己的母語是非常重要的，這對於中國的傳統文化比較能夠接納。

張太太

　　我覺得思考很重要，因為人多思考，比較會進步，如果整天不思考，慢慢就會退化，有的人本來很聰明，但不思考，進步的就慢，如果你是很平常的人，肯思考，肯努力，進步就快，這是我個人的想法。從小我就教他做什麼事要先想想。

　　他很聽話而且專心，我覺得這個孩子可以訓練，他不是非常聰明，可能只是中上，但有十分之三、四是鍛鍊出來的，凡是我們覺得好的事情，要他去做，他都會接受而且很聽話的去做。

◙ 望子成龍

　　許多父母在爲新生兒命名時，總會寄予不少期許，希望孩子聰明、美麗、健康、善良等等，父母在望子成龍、望女成鳳的心態下所取的名字，各具涵義。

　　來自香港的張淸先生對孩子有很深的期望，他期望孩子將來能精湛、偉大，因此爲孩子取了個好名字——湛偉。他果然不負所望，以研究艾森斯坦整數系統的連續分數，而用幾何來求取連續分數的值而贏得了全美高中生科學方面的最高榮譽——西屋科學獎。

　　西屋科學獎被譽爲「諾貝爾熱身運動獎」，能獲得此項科學大獎，父母都掩不住心中的喜悅，希望他能不斷進步，將來學有所成。雖然有些人認爲，能獲得西屋科學獎的學生是天才，有些人則認爲他們只不過是獲得有利環境的幸運兒罷了，事實上，他們獲獎，除了校方所能提供的有利環境外，家庭更扮演了極重要的角色。

　　湛偉於紐約布朗士（Bronx Science）科學高中畢業後進入哈佛大學，哥哥則就讀於哥倫比亞大學博士班。高中程度的張先生夫婦，在充滿競爭的美國社會裡，能敎出這麼優異的孩子，的確不簡單。爲此，我們特別到張府去聽聽他們的敎育祕招。

◧ 天賦異稟

　　張先生夫婦以流利的廣東話及些許中文介紹孩子的點點滴滴。他回憶說：

　　「湛偉一九七三年在美國出生；剛移民來時，環境很不好，兩個人都要工作。當時我在餐館工作，太太也去上班，小孩託給人照顧。一歲時，湛偉生病，幾乎把命丟了，經過這次事件，我寧願自己辛苦些，讓太太在家照顧孩子。

　　我的孩子有今天，跟我太太有很大的關係，她對孩子要求很嚴，中國人的傳統習慣都是要求很嚴的，我們對教育非常重視。從小他就愛看書，我太太買很多書給他看，有時教他數學。他兩歲多看到我的手錶很喜歡，我說你只要會看，我就買。我當場教他，過了幾分鐘考考他，結果發現他全部都會。數學由加、減、乘、除四則教起，還沒入學就已經會了。

　　六歲上幼稚園，一句英文也不會講，但每天都是高高興興的去上學，老師都很喜歡他，我們一直都不知道他的成績，直到一年級，老師說他很聰明，我們倆英文也不怎麼樣，也沒什麼教他。二年級時，日本籍老師說我的孩子很聰明，數學很棒，一直到四年級，學校有資優班，他一進去，老師就說他很優秀，小學以第一名畢業，並代表畢業生致辭，後來以最優異的成績考入亨特中學（Hunter High

School）。

從小他就很聰明、聽話，小時候我們還可以教教他，大了，就由他自己發展了。」

◎ 重視教育

湛偉的數學天分很早就嶄露出來，這是否與遺傳有關呢？

張先生笑著表示：

「就遺傳來說，我們上一代也不覺得有什麼特別，數學也很普通，但是我們家庭對教育一向很注重。

他讀小學，我們都很關心他，他的功課我們都會拿來看，錯誤的地方會加以指正，小學成績一直都非常好，那時我就知道他有一些天分。

湛偉的表現，我想這可能跟家庭注重教育有很大的關係。從小，我喜歡把上一代的事情告訴他，讓他知道我們老一輩的工作都很辛苦，同時也沒有任何選擇的機會，我告訴他，他在美國出生，所處的環境好，機會多，應該要認真唸書，將來會很有前途的，他聽進去了。」

早期移民生活很苦，在車衣廠服務的張太太直覺兒子非常聰明，總認為把他託給別人帶不妥當，於是在孩子一歲時，辭去工作。雖然當時家裡實在非常需要另一份薪水，但她還是認為孩子的教育比賺錢重要，她由衷的希望孩子將來

能出人頭地。

◎ 母教的影響

張先生認為湛偉有今日的成就，跟太太有很大的關係。不過他感覺太太鞭策孩子過於緊張，張太太不以為然的表示：

「我們夫妻做法完全不同，他是自由，我是嚴厲，以我的經驗來說，我不喜歡政治，如果我有孩子，我一定要他學科學，我要盡力鍛鍊他成功，我相信，人是從勞動中吸取經驗，我們的老祖宗就是勞動來的。」

她認為自己一生沒什麼成就，因此要傾全力培養孩子，她心中有一個完美的理想藍圖，也確信孩子能達成該目標。

張太太很早就體察到手指與腦部的關聯性，因此經常給孩子玩積木。乖巧的湛偉，從小很能坐得住，媽媽一面車衣貼補家用；他一面在旁安靜的玩他的積木。從兩、三歲一直玩到十二歲。小學五年級時，他以物理的原理，去改變樂高（LEGO）的原圖案而製成一輛可以推動的車子，非常的特別，其作品甚至還被留在學校展示，風光一陣。

張太太說：

「從小，我講故事給他聽，買娃娃書給他看，一歲多就認得 A、B、C 等二十六個字母，一加一也會。我曾經看過報導說，要鍛鍊頭腦聰明，要十個手指靈活，所以我買樂高

（LEGO）積木給他玩，二、三歲時，樂高很貴，家裡買了很多，那時我們經濟也不好，但是我覺得該買就買，LEGO有年齡性的，他一直玩到十二歲。積木是一種益智性的玩具，可以鍛鍊人做事有計畫、有層次。

我經常告訴孩子，讀書的時候要專心讀書，玩的時候要盡情的玩，而不論做任何一行，做任何事都要有計畫、有層次比較好。」

根據醫學界研究發現，除了大腦之外，手指也是人類值得開發的寶庫，勤做手指運動，不僅能增加健康也能幫助提高智商，湛偉玩積木，對其智慧的發展有正面的影響。

◙ 勤奮用功

張太太從小訓練湛偉獨立自主，三歲已能自己洗頭、洗澡，平常他一回到家先做功課，功課做完，自己找東西做做，玩玩機器、畫畫圖，很少看電視。

張太太督促孩子讀書，絕不嘮嘮叨叨，她覺得嘮叨沒效，必須要講求效率，以限時的方式來完成交代的作業。

她說：

「美國小學沒有功課，從小學一年級開始，每個暑假我們都會買數學、英文習作給他做，他的程度比一般孩子高出三級，我們每兩年回香港一次，我一定要他背書包回去，英文生字一定要學很多。」

　　湛偉的英文程度非常好，除了小時候父母為他奠下了良好的基礎外，在七年級時，他參加了約翰霍普金斯大學為資優生所辦的英文函授班，經此訓練後，英文程度更是大為精進。張先生說：

　　「他真是個很難得的孩子，學校有功課，可運用的時間也不多，但他還是很會安排時間寫作文寄去，我想他英文好，跟這個很有關係，他非常勤奮、肯努力。」

　　張太太也說：

　　「湛偉很聽話而且專心，我覺得他不是非常聰明，可能只是中上，但是有十分之三、四是鍛鍊出來的，凡是我們覺得好的事情，要他去做，他都會接受且很聽話的去做。」

◙ 出色的表現

　　湛偉是個極富創造力及思考能力的人，邏輯能力強、做事有計畫，有主見。他曾經在人人羨慕的亨特中學唸了一年，成績相當優異，後來他對學校不公平的做法相當不滿意而堅持轉校到另一所明星學校──布朗士科學高中，那可說是西屋科學獎得主的大本營，但父母認為路途遙遠又不安全，要他考慮，他仍舊堅持主見，張先生夫婦只好尊重他了。

　　湛偉在布朗士科學高中讀書，成績一直都很優異，尤其是數學，在校連拿四年金牌。九年級時，數學老師認為他已

達西屋科學獎比賽的水準，唯一可惜的是他並非十二年級的學生，不符合參賽資格。除數學外，生物的表現也很出色，曾一度引起生物、數學兩位老師互相爭奪，以培養他參加西屋科學獎比賽。

湛偉從小學到高中，成績一直保持領先，他以第一名的優異成績自高中畢業，在求學階段，他有多次跳級的機會，但張太太還是希望孩子能打好基礎而沒有讓他跳級。在哈佛大學攻讀生化時的突出表現，讓他登上學校報刊，校方鼓勵他跳級。此時，張太太對於孩子的跳級並無任何意見，完全尊重孩子的意願。

哈佛大學四年期間，他依然不改往昔之努力，獲得無數獎項與獎學金，並於畢業時交出了一張漂亮的成績單，以最高榮譽（Summa Cum Leude）畢業，讓雙親歡欣不已。

⊡ 全心全意的愛

張先生夫婦非常關愛孩子，凡是跟孩子有關的任何資料，他們都蒐集妥善，整理有序。接過張先生手中好幾大本湛偉的記錄，看到他由小到大的照片、成績單、演講稿、媒體剪輯資料，甚至包括每一位老師寫給他的信及便條等等，從那一張張泛黃的紙張到嶄新的照片，透露出孩子成長的漫長歲月裡，點點滴滴都是父母的血汗及完整不變的愛與期待，看了真是令人相當感動！

　　張先生平常工作忙碌，餐館打烊時間很晚，回到家時，孩子都已入睡，但他每晚必定會悄悄的到孩子房裡，從書包中拿出作業來看，第二天再指正孩子的錯誤。張先生打從孩子小學開始，就很喜歡看他的作業，即使到了中學，看不懂，他也要看。湛偉功課雖然樣樣都好，可是數學方面容易粗心大意，愈艱深的數學愈不會錯，愈簡單的愈容易出錯，每次考試也是這樣。由於指正的次數多了，孩子知道父親每次都會注意，自己就更加小心了。

　　張家夫婦即使經濟上需要多一份薪水，他們依然能割捨，即使每天工作很晚，身心俱疲、孩子熟睡、甚至看不懂，他依然關心孩子的課業，他們重視孩子的教育，付出許多的關懷，與時下追逐金錢名利，自欺忙得沒時間的父母相較，他們的成功絕非偶然。其實即使短暫幾分鐘，孩子依然可以感受到父母的關心與愛意，湛偉在哈佛，張太太每個星期固定打電話去關心孩子，他們關愛子女的心，並不因為孩子成長而稍稍遞減。

◙ 上進的原動力

　　一般而言，天才畢竟是少見的，教育工作者都相信後天的栽培更為重要，除了學校能夠提供有利的研究環境外，家庭也扮演著極其重要的角色。湛偉在獲得西屋科學獎，接受媒體訪問時表示：華裔家長對兒女的期許，是他不斷上進的

原動力。

究竟張先生夫婦對他的期望是什麼呢？

張先生解釋：

「小時候，我常常告訴他有關中國的傑出人才，也談到父母移民生活很苦，他應該珍惜目前的環境，好好努力，讓自己生活得好，鼓勵他為中國人爭光等等⋯⋯我也舉中國的科學家楊振寧、李振道等諾貝爾獎得主鼓勵他。

每當我說這些話時，他都會聚精會神去聽，我們也問他，父母對你的這些期望，你會不會覺得太嘮叨，他說他知道。世界日報曾經訪問過他，他說：『我之所以勤奮，是由於父母對我的期望，這是一種動力』，我們的期望，他能了解，也知道該怎麼做。」

張先生確是有心人，每逢中文報上報導傑出中國人或優秀學生時，他都會剪下來唸給孩子聽，這些典範，對孩子多少都有某種程度的激勵與影響。

◪ 重視中國傳統文化

張家在美國已有十多年歷史，從家中的陳設及相處中，可以感受到他們濃厚的中國氣息，交談是標準的廣東話，孩子流利的廣東話，讓人看不出他們是生在美國、長在美國的孩子。他們經常耳提面命、念茲在茲要孩子一定要保存中國的優良傳統文化，如勤奮、努力、尊師重道、尊敬長輩、友

愛朋友等等。張先生每星期教孩子一些中文，他認為孩子的中文不會寫並不重要，但在家中一定要講廣東話，這樣最起碼家人間溝通沒有問題，他強調，講自己的話是非常重要的。

張先生說：

「我認為講自己的母語是非常重要的，這對於中國的傳統文化比較能夠接納，有些家庭只講英文，似乎太過西化了，我不是說美國文化不好，而是說他們的文化、風俗習慣和中國傳統文化不一樣，我對西方教育有一點意見，就是美國成天講民主自由，不過是放任的自由。我跟孩子說，西方的東西並不是完全都是好的，有好的，也有不好的，西方對孩子太過放任，有時還是需要加以限制的。」

在這樣一個傳統的中國家庭裡，湛偉接受西方教育文化的薰陶，會不會產生文化衝突或不協調的地方？

「如果他多接觸西方同學，我相信他會被西方文化同化。他現在的同學、朋友，中國人還是占多數，美國同學也不少，不過他會有分寸的。」

知子莫若父，張先生對自己的孩子相當有信心。

身為中國人，對於中國文字還很陌生，但一顆熱愛中國的心驅使他對中國的一切人文、歷史、地理等等感到莫大的興趣，他曾受台灣國策會邀請，與一羣美國優秀華裔青年回台灣參觀，此行讓他獲益良多。返美後，深感中文之不足，

立即在大學選讀中文，連續三年，他已能閱讀魯迅的「故鄉」，曹禺的「雷雨」，讀完後，他還以中文寫了一篇「我的故鄉」的文章。

湛偉最為難得的一點，就是他有廣闊的胸襟，不自私，非常樂於幫助同學，不怕同學的成就超越他，因此，他的人緣非常好，每一回，當他從哈佛大學返家省親時，高中同學風聞，一來就是幾十個，大家都喜歡找他聊聊。

「我們對朋友很尊重，對長輩也恭恭敬敬，我們經常告訴他，如果同學、朋友有困難需要幫助時，一定要伸出援手，他很樂意幫助別人，朋友很多。」張先生說道。

湛偉雖有傲人的學業表現，但他時時謹記父親的教誨，謙虛有禮、樂於助人。

他在高一時，曾有位高中畢業班的白人同學，欲參加西屋科學獎比賽，要求他指導，結果在湛偉的幫助下，於全美一千六百名參賽者中獲選進入三百名準決賽中，因此而進入了名校。另一位較湛偉低一年級的學生，在申請西屋科學獎比賽的表格中填寫：「如果本人將來在學術或其他方面有成就，張湛偉就是對我幫助最多和最有影響力的人」，結果該生後來也獲選為西屋科學比賽三百名準決賽之一員。

為此，西屋科學委員會特別來信致謝與鼓勵，對於湛偉這種不遺餘力、樂於助人、共同進步的精神大加讚許。湛偉為何會這麼做呢？

張先生表示：

「這與我們平日對他思想教育的影響有莫大的關係。我是一個喜歡看書和看報的人，我尤其喜歡剪報，從他很小年紀開始，我經常將這些剪輯資料唸給他聽，經常講解好人好事，無論是讀書學習、道德品格、行為等等，他都能吸收。

直到大學畢業了，讀醫科了，他還對許多事物感興趣，對中國歷史、人物、社會各種現象經常跟我討論，而且很投入，我時常告訴他將來要造福社會、造福於人羣，有如吳健雄，她老人家只是一位教授，但她把她五十萬美元的積蓄捐獻她家鄉蘇州發展教育事業，這是一個好例子，湛偉是很明白的。」

◎ 尊師重道

張先生對中國文化相當尊崇，並徹底將中國傳統美德落實於日常生活中。

他常叮嚀孩子要尊師重道，他認為要尊師，才可能從老師那裡學到東西。湛偉確實做到了父親的囑咐，他謙虛、有禮，對老師極為尊重，所以老師對他非常好。除了言教外，張先生亦以身作則示範給孩子看。

湛偉小學以第一名畢業，在畢業典禮上，張先生夫婦發現每位畢業生胸前都佩戴著一朵玫瑰花，老師則沒有。他們火速買了些玫瑰花，當場送給每位老師一朵，他們認為老

師的功勞很大，應該也要佩戴鮮花，以示尊敬。同時，他們又買了幾盒蛋糕陪著湛偉回去探望小學老師，老師們都相當高興，張先生夫婦甚至把孩子的成就，均歸功於歷任的老師。

在國外，老師的地位一直不是很理想，學生可以在課堂上翹起二郎腿、吃東西，姍姍來遲或下課鐘一響，老師還沒下課，學生立刻走人，教師得不到應有的尊重，湛偉這種東方思想的尊師重道，的確像一股清流，益發得到老師的喜愛，即便是國內，校園倫理淪喪，學生或家長毆打老師，時有所聞，甚至畢業還要勞動警力保護。張家這種尊師重道、飲水思源的表率，在當今的社會裡，確屬難得，非常值得我們效法與推崇。

純樸敦厚的張先生說：

「這是我們中國人有感情，感謝老師，中國的傳統就是這樣。我經常告訴他，有了成就不要太驕傲，也不要太西化，中國傳統文化的確有它優良的地方。

不過，目前他還是沒什麼成就，只是走了一半而已，還要努力。」

◪ 不溺愛孩子

擁有這麼一位優秀的孩子，父母當然是滿心喜悅，張先生夫婦卻不驕寵他，他們教育孩子的心得是——「千萬不要

溺愛孩子」。他認為，目前許多家庭孩子少，父母都把孩子當做寶貝，過分遷就孩子、溺愛孩子，把孩子擺在家庭中不適當的位置，一切順著孩子，由著孩子，因此養成了許多孩子的任性、驕橫，為所欲為的毛病，溺愛不僅極易危害孩子，對父母、社會都會造成傷害，為人父母者不可不慎。

張太太覺得父母一定要善盡自己的責任，她說：

「我覺得為人父母的，除非你不生孩子，否則孩子生下來，一定要負責。」

◙ 思考為成功的重要因素

張太太覺得孩子的成就跟父母的訓練很有關係，她深信頭腦是可以訓練的，從小就應給孩子思考能力的訓練，「思考」對湛偉的成功而言，是相當重要的因素，他會思考、判斷、理解，知道什麼是好的、對的。

「我覺得思考很重要，因為人多思考比較會進步，如果整天不思考，慢慢就會退化。有的人本來很聰明，但不思考，進步的就慢。如果你是很平常的人，肯思考、肯努力，進步就快，這是我個人的想法。從小我就教他做什麼事要先想想。」張太太說。

張先生認為孩子很敏感、善體人意，明白父母對他的期望，也知道自己該怎麼做。

「總歸孩子好，也不完全是我一個人教出來的，孩子的

勤勞、父母的訓練都有關係，我覺得最主要是湛偉自己肯努力，不讓我們失望，他說過媽媽給他原動力、推動他，而訓練是父母的責任，人家說三歲定八十，如果父母盡了責任，父母就無憾了。」張太太說。

湛偉目前已進入哈佛醫學院繼續深造，他對醫學院的學習環境深感滿意，對醫學研究有著強烈的興趣，課餘跟著教授在實驗室從事糖尿病和其他有關方面的研究工作。由於他同時也被推舉為麻省學生醫學會的哈佛醫學會學生主席，將有許多接觸名醫的機會，相信以他的聰穎與努力，必可從中獲益不少，未來必能人如其名，在醫學領域中精湛、偉大，為中國人爭光。

◘ 智慧的父母

張家夫婦以不起眼的學歷，教養出相當出色的孩子，他們投注了相當多的心血，以孩子的成就當做自己的成就，秉持中國傳統文化，結合西方教育的優點來教育孩子，他們的成功是有其道理可循的，以普通學歷教出聰慧的孩子，這不是奇蹟，這或許是他們沒有機會接受更高的教育，但可以肯定的是，他們絕對是非常有智慧的父母。

張先生夫婦以濃濃的愛意與關懷，領著孩子一步步的向前邁進，他們用「愛」將孩子的成長完整記錄下來，用「愛」譜出的成功之歌，足以讓人回味無窮、百聽不厭。

3 ｜ 美國總統獎
　　劉大衛

・**紐約哥倫比亞法律學院高材生（主修國際關係與中國法律）**

亨特高中畢業

美國茱麗亞音樂學院高材生

一九九六年五月以優異成績畢業於耶魯大學
　　（雙主修經濟及東亞研究）

榮獲一九九一年美國總統獎

在學期間獲獎無數

【父母親的話】

劉醫師

孩子的教育，德、智、體、羣很重要，我本身當醫生，很清楚有多少人是真正的比別人強的，有些人可能小時候「智」真的比別人好一些，可是到了一段時間，也沒什麼特別突出的地方，即使他是一個資優生，你更要叫他注重其他方面。

我想教育還是需要中國的德、智、體、羣。智，只是其中一部分，必須平衡發展。

價值觀念很重要，不需要的東西，我們不會看得很重，但是跟教育有關的，我們不會在乎花那個錢，凡是需要，絕不吝嗇，但我們不會以物質上的東西讓孩子去貪圖。

劉太太

我很鼓勵孩子去教會，在美國的孩子很容易變壞，去教會總是沒有壞處，也不是說去教會就不會變壞，但總是有個神在你的腦子裡，還是會教你怎麼學好。

◙ 文武全才三兄弟

　　在紐約的華人社會裡，劉憲光醫師夫婦的為人處世及教育子女的成功是有口皆碑的，他們的三位公子不僅個個功課好，同時在音樂、體育方面也都有相當優異的表現，是不可多得的五育均衡發展的孩子，凡是認識他們的朋友，提到劉家，莫不豎起大拇指誇讚他們，為此特別去電劉府，劉太太一直謙稱婉拒，後來終於獲得男主人的首肯。

　　對於久住康州大學城附近的我們，寧靜的生活過慣了，一提起紐約，總像如臨大敵般，一股無形的壓力，車多、人多，就像在台北市開車一樣。按劉醫師的指示到了紐約市區，正值週末，很快的找到了停車場，停妥車子，看看時間還早，就到附近用餐，餐後分秒不差的邁進大廈大廳，只見一位紳士站在大廳等候，原來那正是我們要拜訪的主人，自己慶幸平日準時的工夫沒有白費。

　　坐上電梯直達劉府，迎面而來的女主人笑臉迎人，連聲謙稱孩子沒什麼。進入劉府，不禁讚歎道，黑色的擺設，居然是那麼大方，黑色的沙發、黑色餐桌配上雪白縷花桌布，黑色的樂器，在不大的空間裡，營造出大方而精緻俐落的感覺，沒有多餘的雜物，讓人感到心曠神怡，對女主人的慧心巧思讚歎不已。

　　劉醫師夫婦為韓國華僑，先後畢業於台灣的國防醫學

院，劉醫師目前在紐約的史德頓島開設診所，原為護士的劉
太太在孩子出生後，辭去工作成為專職母親。三兄弟分別就
讀於哈佛、耶魯大學及亨特高中，個個表現不凡，獲得為數
不少的榮譽及獎學金，老二甚至得了美國總統獎。他們三人
同時也是著名的茱麗亞藝術學院音樂先修班的前後期同學，
都曾擔任學校游泳隊的隊長，可說是文武全才。

擁有這樣的孩子，劉家的確是眾人羨慕的焦點，外界相
信劉醫師夫婦一定在功課上給了孩子許多的協助，才有今日
的成果，但劉醫師連連否認，他說：

「關於孩子的功課方面，我們沒有幫助他們，在美國的
孩子都很自由的成長，值得安慰的是我們的孩子都是唸紐約
市的公立學校。事實上，我是醫生，十八、九年來常常不在
家，更不可能在功課上給他們什麼幫助，我們做父母的只是
隨時陪伴在他們左右而已。

從小，我們很注意宗教、音樂及體育生活，這些是我們
幫助他們的，在他們很小的時候，媽媽都要帶他們去參加許
多不同的比賽，接受不同老師的指導，除此之外，在功課上
清一色都是他們自己讀的。」

三兄弟小學都是史德頓島公立學校資優班的學生，他們
都在八歲時先後進入舉世聞名的茱麗亞藝術學院的音樂先修
班，固定每周六上一整天的音樂課程。中學則都考取人人羨
慕的天才學校──亨特學院附設高中。

◙ 功課好的原因

　　由此看來，劉家三位孩子自小即相當優秀，劉醫師認同這點，他認為小孩子在美國唸書是很簡單的，沒有功課，考試簡單，孩子功課好的原因，他表示是因為他們從小接受了很嚴厲的音樂訓練，他說：

　　「三個孩子六歲多學音樂，老大、老二學鋼琴，學琴之後，他們在音樂方面的進展很快，八歲時，他們考進了茱麗亞藝術學院。那真是個天才學校，錄取嚴格、訓練嚴格。雖然茱麗亞學院位於紐約，但他們的學生都來自各國，也有許多是每星期遠從波士頓、佛羅里達、賓州搭飛機來上課的，我的孩子雖然不是很優秀，但是進了那裡，碰到了很多優秀的，他們真是非常的努力。

　　從八歲進入了那裡，直到大學之前，每個星期六，整天都花在學校，訓練相當嚴格。在那裡老師嚴格、朋友優秀，並且經常要在教室表演。我想，這些對他們的腦部訓練是有幫助的，而相形之下，功課對他們來講就比較容易了。我看到許多走音樂路子的學生，他們在學校的功課都是最優秀的。」

　　劉醫師更進一步解釋：

　　「我想是音樂給他們腦部的訓練，他們不會在乎別人的好壞，到了某個程度，你只是自己跟自己在比較，根本不會

管別人，除非你自己沒有能力而被刷下來。」

坊間有一種說法，認為學音樂的孩子，在學習上比較專注，劉醫師對這種說法持肯定的態度。

三兄弟學習速度快、反應能力強，在很短的時間內可以體會了解。學校的功課對他們而言，顯得相當容易，但他們在校卻非頂尖的，因為他們所就讀的亨特高中，人才濟濟、臥虎藏龍，各種天才都有；有一項傑出的，也有各項均衡發展的，劉家三兄弟屬於後者。

◻ 德、智、體、羣、美均衡發展

三兄弟不僅課業突出，更是學校游泳隊的隊長，在美國高中要成為游泳隊隊長，先決條件是泳技要是頂尖的。孩子的均衡發展與父母的教育方式有很大的關係。劉醫師非常重視教育，他的理念源自於中國的「德、智、體、羣」四育並重，他相當重視孩子的均衡發展。他說：

「我記得有一次看到一篇『孫立人將軍的自傳』，有一件事對我來說是很難忘的。孫立人考入清華大學的前身——清華高中，能考入那個學校是很困難的，他的校長是外國人，學校上課從上午八點直到下午三點，三點以後，所有教室、圖書館全部關閉，所有孩子都要到操場去玩。

孩子的教育、德、智、體、羣很重要，雖然你的孩子可能智力很好，但身體跟不上。我本身是當醫生的，很清楚有

多少人真正的比別人強的？有些人可能小時候「智」真的比別人好一些，可是到了一段時間，也沒什麼特別突出的地方。即使他是一個資優生，你更要叫他注重其他方面。我很少看到小時候很資優的，將來有什麼大成就的。有的十三、四歲進大學，畢業找不到事。在茱麗亞的一個韓國學生，每年代表學校去拉小提琴，十五歲高中畢業，智商一百九十多，ＳＡＴ考得很好，很早就被哈佛挑去了，可是哈佛要他回去再唸兩年，十七歲再收他。

　　我想教育還是需要中國的德、智、體、羣，跟其他孩子可以相處，有很好的團體生活，智，只是其中一部分，必須平衡發展。」

　　劉醫師強調的中國的四育均衡發展，對孩子有很深的影響。三兄弟各方面均已奠下良好的基礎，所以在學校裡，很快的就被肯定。泳技的突出，讓他們膺選為泳隊隊長，音樂才華的嶄露，讓他們年年在畢業典禮上表演，人緣也非常之好。

　　三個孩子泳技的突出，乃得自於幼年父母的堅持，劉太太回憶說：

　　「他們六、七歲去ＹＭＣＡ學游泳，游泳課有八級，一級一級往上升，你不能光上課，一定要練習，否則就不能通過，要留在原班級，也就是那個時候把他們訓練出來的，那時我們全家每天晚上都去，即使在冰天雪地的時候，我們也

非去不可，游泳池裡十個人不到，回想起來也的確很難得。」

父母的堅持，讓孩子學習到不怕困難、堅毅不拔的精神，這良好的示範作用，在教育上有很深遠的意義。

由於三兄弟堅定的毅力與努力的結果，因此，先後膺選為泳隊隊長，經常代表學校出賽，這些活動經常在晚上舉行，尤其泳季開始時，他們更形忙碌。

平常他們除必要的音樂練習外，看球賽轉播是父子四人最大的樂趣，他們全家都喜歡運動。劉太太說，別人可能不相信，他們的孩子都是一面看球賽轉播，一面在沙發上做功課。三人很懂得充分利用時間，經常邊聽耳機邊唸書，或邊看電視邊運動，他們相當隨興，不拘泥於形式上，更不喜歡端坐在圖書館看書，除非打電腦、交報告時才會拼命工作。

◎ 安排夏令活動

美國學校功課少，考試簡單，暑假也很長，一般家長都會為孩子安排一些活動，如夏令營、研習營或打工等。劉醫師一向不贊成孩子打工，他們認為十幾歲的孩子，有許多東西可以學習，不要把錢看的那麼重，孩子需要的物品，父母都該為孩子準備，但如果有學習價值的話，打工是被允許的。

老大精於電腦，高中畢業時，偶然的機會下到電腦公司

打工，在那裡他學了許多東西。老二精於泳技，高中畢業的暑假，在附近公寓游泳池當救生員時，也看了三十多本深奧的文學作品。每年暑假，他們都會參加一些學術或體育方面的夏令營及研習營，他們的原則是不重複學校的學習。

在台灣相當盛行補習，這股風氣也流傳至紐約、加州等華人較多的地區，有些家庭甚至還請家教。劉家三兄弟卻從來沒有補習過，劉太太管教孩子較嚴，在小學時限制孩子看電視，能看的電視節目也多半選擇教育性的，他們日常生活相當規律，除練琴、游泳、玩耍外，也做些母親給的功課。

◙ 學習音樂的好處

三兄弟的數學程度都極好，老二大衛的 SAT 數學甚至滿分，數學好是否與遺傳有關？

劉醫師表示無關遺傳，他解釋：

「稍微好的原因，可能是記憶力好，學的時候就記住了，像音樂對他影響很大——記憶力好，因為他們要表演的時候，彈一個章節都是五、六十頁，要記下這些音樂，要用多少頭腦？

我們也常想，孩子學音樂是不是浪費？這麼多年來，花了太太很多精力、時間，跟很多金錢，我想對他的功課是有幫助，幫助他們有很好的記憶力，訓練他們的腦筋。像老大，在學校很活躍，參加許多活動，如學校報紙編輯、游泳

等等，常常不在家，但是考試照樣考的很好，這也可以說明其腦筋的確很好。」

孩子在音樂、體育方面花了不少時間，相對的唸書的時間也少了，劉太太認為孩子即使還有時間，也是不唸書，因此她很羨慕其他很用功的孩子，劉醫師持平的說，孩子實際上也沒太多時間。

◙ 虔誠的宗教家庭

劉家是相當虔誠的教徒，宗教對他們的影響很深，老二得了總統獎，全家人都相當高興，劉太太則謙稱，是神給了他的機會：

「很多事情要感謝神，也不是小孩怎麼樣，我們教會的青少年都很好。」

星期天是全家上教堂的時間，沒有任何事可以阻擋他們，孩子們的功課，星期六之前必須做完，偶爾孩子沒做完功課而央求不去做禮拜，劉太太則會給孩子一個教訓，那就是不在乎他們的作業交不交，但堅持教會非去不可，因此，下回他們就會乖乖的先把作業做完。孩子知道禮拜天除了上教堂外，什麼事都不能做，除非像茱麗亞學校畢業典禮常在禮拜天舉行，音樂會也在禮拜天，不去參加就不及格，不過，那一年中也只有兩、三次而已。

孩子們遇有重要的考試時，都會自己禱告。孩子上大

學，劉醫師也很注重他們跟學校團契的關係，他認為孩子有很好的信仰，在團契裡就已建立了很好的關係，所交的朋友也都是很好的，團體生活很好，不會孤立自己，孩子從宗教生活裡學到了謙卑、不自滿、不自私、不追求物質的享受，重視精神價值的提升，劉醫師表示：

「價值觀念很重要，不需要的東西，我們不會看的很重，但是跟教育有關的，我們不會在乎去花那個錢，這些年來我們花很多錢在音樂方面，因為名師收費很高，我們也送孩子去英國接受游泳專門訓練。凡是需要，絕不吝嗇，但我們不會以物質上的東西讓孩子去貪圖。」

虔誠的劉太太說：

「有神在我們的心中，不會覺得世界上有什麼東西是那麼重要的。」

三兄弟從小接受了宗教人格教育，讓他們內外兼修、學養俱佳。

◙ 以家庭孩子為重的母親

劉醫師夫婦非常重視孩子的教育，劉太太為了孩子曾經數度辭職，剛有老大時辭了一次；在小兒子五歲時，再度復職，孩子接送問題由劉醫師負責，劉醫師常因值班、急診而無法接送，因此，劉太太又辭職在家，直到最近小兒子八年級，舉家搬進曼哈頓，劉太太在無後顧之憂後，才再度上

班。她認為如果生活過得去，還是不要上班較好，回憶起孩子小時候忙碌的「接送情」，她說：

「小時候，三個年紀相近，上、下學校搭巴士，其中有一段我要接送。他們去茱麗亞學琴，不光是禮拜六，每個禮拜還有一天要到老師家去，我得去學校門口接他們，立刻趕到老師家去，因為都排好時段，每個人一小時，這個學生上完，馬上接著另一個學生，所以不能遲到，有時又要帶他們上游泳課，泳季開始更忙碌。老大在亨特九年級時，早上送去學校，立刻回來再送一個到另外的學校，常常整天就是在開車，我們住史德頓島，不像曼哈頓那麼方便，現在他們到了高中以後，我就不需要再管這些了，他們大了，又住得近，可以自己坐巴士或地鐵，我再也不需要擔心他們在那裡了。」

劉醫師認為太太能以家庭孩子為重，是很值得，也很重要的，他說：

「我們在茱麗亞學院看到太多父母為子女犧牲自己的例子，他們寧可犧牲很多來陪孩子，我們算不上熱忱，我們只是提供了環境及機會。

太太在孩子小的時候，很多年都沒有外出做事，直到搬到曼哈頓，孩子都大了，常常不在家，她才出去做事，這是很重要的，媽媽一直和他們在一起，三個孩子年紀差不多，孩子下了課，為了他們的個別需要，媽媽每天開車接送，如

果那時媽媽出去做事，我的孩子永遠不可能去學這學那。」

　　這的確要花許多時間，其實小孩不光在功課上需要媽媽，很多別的地方也需要媽媽，劉醫師舉例說：

　　「所謂功課需要你的需要，就是你要帶他去他需要去的地方，像找資料，有時候社區圖書館找不到東西，或找到的資料都不好，以前住在史德頓島還得帶他們到曼哈頓來，有時候要去博物館，這都很花時間的。小時候，老師專挑難的，做這做那，不是只有一個讀書心得而已，你還要去博物館替他照張相。」

◨ 開明的教育方式

　　由此可見，孩子優異的表現與父母投注的心力成正比。劉太太對孩子的要求比較嚴，劉醫師則比較放鬆，劉醫生表示，孩子除非他是天才，一般而言，大部分的人都相當普通，沒有幾個孩子真的變成了不得的，但提早啟蒙對孩子可能會有一些幫助。三兄弟就讀的學校均很特殊，人才濟濟，孩子在那種環境下，已經面臨了許多壓力，若再給予壓力，對孩子反而不好，劉醫師認為只要孩子快樂就好，他經常鼓勵孩子、讚美他們。

　　三兄弟在求學過程中，一直都很順利，他們認為最糟的事就是考試考不好，八十幾分，在這種情況下，劉家夫婦會很難過，但是卻不會去打罵孩子，劉醫師說：

「打罵這是最不好的，我們只會說下次要考好一點，但是我們不會在乎那個考試，他們曉得我們喜歡孩子考的好，假如有一科考不好，他們會主動告訴我，下次會考好的，那就可以了，我們是很支持孩子的。假如孩子已經考不好了，父母又責罵他們，那是很不應該的；有時考不好，並不是孩子的錯，我們認為孩子已經盡力了，就好了。因為我們看到有的孩子真正太天才了，你再怎麼努力也趕不上他。」

劉醫師夫婦對孩子潛能相當了解，因此，不做不適當的要求，當孩子需要的時候，適時的給予支持與鼓勵，在這種開明的教育方式下，小孩因而能快樂的學習，劉家一直認為唸書是一件美好的事，三兄弟也知道，大學不是終站，他們還要繼續深造。目前三兄弟喜歡的，想去學的事情，都已培養出興趣與基礎，可以預見的是，以興趣為主的學習方式，其成效將會是事半而功倍的。

◎ 擷取東西方文化優點

劉家在美國生活了二十多年，在他們家裡，東方文化還是一直保存著，沒什麼西化。他們尊敬長輩，不會直呼長輩的名字，孩子有禮貌、家庭氣氛融洽、親子關係親密，兄弟感情很好，不會互相競爭，這也是劉醫師夫婦感到特別高興的事。

有些文章在討論接受東、西方教育的不同點乃在於獨立

性，一般認爲接受東方文化的孩子較爲不獨立，而接受西方文化的獨立性較強，三兄弟在兩種文化洗禮之下，情況如何？

劉醫師說：

「他們非常獨立，舉個例子，有一回我的孩子和美國孩子一起去英國，其中只有他們兩個是中國人，住在倫敦六十幾里外的鄉下地方接受游泳訓練，星期六休息，我的孩子坐著火車從鄉下到倫敦看歌劇表演，晚上再坐火車回去，從鄉下到倫敦是很遠的路，他們只是個高中一、二年級的孩子，歌劇的票在倫敦很難買，他們買了黃牛票，我覺得我做不到，因爲這要很大的毅力，他們居然辦到了，他們相當獨立，可能跟他們每個夏天都出去有關。」

從小，三兄弟每個暑假都會去參加各種夏令營或短期訓練，這些活動培養了他們獨立自主的精神，在教育上的確發揮了東、西方文化的優點。

◎ 智慧的愛孩子

三個孩子都在溫暖、開明、自由的環境中順利成長，在這十多年教養孩子的過程裡，比較困擾他們的就是孩子交女朋友及青少年反抗時期。他們夫婦都不喜歡孩子太早交女朋友，雖說如此，他們仍究採觀察而不禁止的態度，他們也發覺孩子的決定都很不錯。劉太太說：

「我不喜歡他們交女朋友，可是沒辦法，他們不會聽，七、八年級的時候，學校常有舞會，舞會也只是聊聊天而已，我們住史德頓島，我常常不要他去，他偏要去。他們在十幾歲的反叛期時，喜歡奇裝異服，要他服裝整齊，不要穿窄褲子、挽褲管，衣服不要太長，他們就是不聽，後來還好，比別人好一點，但也是看不順眼，就是這些比較困擾我們，不過那只是一、兩年的時間。」

他們又是如何渡過這個時期的？劉醫師說：

「我們也讓了很多，我們告訴孩子幾點鐘該打電話回來，在什麼地方、做什麼，尤其在紐約這個地方，有安全的顧慮，但是不管到那裡，我們的孩子都會告訴我們，他們目前在什麼地方。」

劉太太緊接著表示：

「我們從小訓練他們：你要去，就得一直打電話給我們。有時也不能一直不准他們去，小孩管得太緊，反而不好，他以後什麼事情都不告訴你；做什麼壞事，家裡都不曉得，像這樣，最起碼我還知道他去幹什麼。」

劉醫師覺得有很多中國父母常常把孩子管得太緊，他認為父母要有智慧的愛孩子，不要小時候太寵，長大了又太嚴，讓孩子無法承受而想不開，所以小時候要告訴孩子他什麼不可以做，讓孩子曉得一個底線。

◎ 天分、機會、努力

　　爲人父母者，對自己的孩子都會有所期望，劉家夫婦面對三個優秀的孩子，期望當然很高，劉醫師指出：

　　「期望高，並不是他們唸到博士就是好，很多美國優秀的人，只唸一個大學而已，但是如果他唸國際關係，我們會告訴他有更好的，如甘乃迪學院，去看看人家做什麼，不過這也要看機會。」

　　他笑著說，我們從來沒有期望家中有個總統獎，他強調，期望要靠機會，機會來了要懂得及時抓住。

　　究竟孩子出人頭地是由於天分、努力、運氣抑或其他原因？劉醫師說：

　　「都有一點點，如果沒有天分也是不合理，有一點天分，但是努力與機會都很重要，就要看你會不會抓住機會，機會常常來到我們身邊，可是我們卻沒有抓到。

　　每個人都講紐約是很差的地方，但是我們不覺得那麼差，因爲我們利用了它的資源。每個人都說唸公立學校是很差的，不可能有什麼成就，可是我的孩子也都是公立學校出來的。我曾想過，也許孩子唸私立學校更好，但在那兒，你是不可能看到世界上的貧與富，如果一直處於很好的環境中，也不是很好的現象。

　　我的孩子都很努力，在需要的時候，非常努力；像老

二，他很努力的時候，都很晚睡覺，我們都不喜歡他那樣。」

老二對自己的期望很高，他對某件事情覺得很重要時，他會很專心，很有毅力的排除一切困難完成它。

老大的表現也極為優異，很早就被哈佛大學挑去了。受其父的影響而走醫學的路子，老二在耶魯雙主修經濟與東亞研究，還沒畢業即已接獲哥倫比亞法律學校的入學許可，將繼續攻讀國際關係與中國法律。不少家長都希望孩子從醫或當律師或硬要孩子承襲衣缽，造成孩子不少壓力，劉家是否也替孩子的將來做任何決定呢？

劉醫師說：

「沒有，我們愈來愈不替他們做決定，小時候唯一替他們決定的是彈琴，小孩子都是不喜歡，但是我們希望他們做一件事，一定要做得像樣，不能白白浪費錢，很感謝的是，他們的進展一直都很好。」

◘ 寶貴的教養良方

劉醫師夫婦經常參加教會舉辦的父母成長活動，吸收了不少親子教育的知識，並將它運用到三個孩子身上，造就了三位傑出的孩子，禁不住想請他們提供些珍貴的教養意見給其他家長參考。

劉太太說：

「親子關係要很好。我很鼓勵孩子去教會，在美國的孩子很容易變壞，去教會，總是沒有壞處，也不是說去教會就不會變壞，但總是有個神在你的腦子裡，還是會教你怎麼學好，才不會變得那麼壞。」

劉醫師說。

「在教會，他交的朋友很好，環境是非常重要的。為人父母也要學習，不要太注重科學方面，要平衡發展。此外，要很注重英文，英文在這個國家（美國）是很重要的，中國的下一代在語文方面要很重視，英文自以為會講、會寫就夠了，其實差得太遠了。我有個朋友說，小孩的數學六個月就可以補習得很好了，英文卻需要很多年。

所以，想讓孩子受很好的教育，英文程度從小就要打好基礎，孩子的學業要平衡發展，要他們多讀書，不要只注重數學、科學，因為這個範圍太狹窄了。」

根據分析指出，華人以同樣的教育水準而言，他們的收入就比白人低，原因是由於語文比白人差，沒辦法與人溝通，因而晉升受限，劉醫師認為美國是很重文的，語文並不是光會講英文就行了，一篇好的報告都寫不出來，怎麼能夠升級？即使做了主管，也要有很好的溝能能力，他強調語文能力確實非常重要。因此三兄弟雖然生於美國，在自然的語言環境下，他們仍舊必須不斷的參加有關語文的夏令營，增強其英文能力，因為他們覺得英文是相當重要，而且也是永

遠學不完的。

　　在宗教信仰虔誠的劉家，我們看到了愛與快樂，他們追求的不在物質，而是精神上的享受，他們投注了許多時間、精力與金錢在孩子身上，非但不是浪費而是一種最佳投資，德、智、體、羣、美均衡發展的孩子，的確不多，父母具有智慧及長遠的眼光，以開明、自由的方式教養孩子，這才是三兄弟成功的關鍵，從劉家的例子，可以領悟到：有智慧的父母，才有傑出的孩子。

註：大衛於一九九四年夏天，經過激烈的競爭後，被選爲 CSIS（Center for strategic and International studies）的研究助理，隨 Dr. Penelope Hartland - Thunberg 研究政經發展，同年並獲 Parker Huang Fellowship 爲期一年的全額資助，赴中國南京大學學習中國語文。此外，他也參加了許多非學術性的各項活動，擔任耶魯大學歷史最悠久、最大的學生基督教團契主席，同時並擔任校內社區服務社團的負責人。他繼續追隨美國最優秀的鋼琴大師之一，耶魯大學鋼琴教授 Elizabeth Parisot 學琴，並在耶魯大學舉辦過兩場個人音樂演奏會。

　　一九九六年畢業於耶魯大學，以優異成績獲頒獎勵，並獲得紐約哥倫比亞法律學院的入學許可，將攻讀國際關係與中國法律。

4 美國西屋科學獎 廖建勳(台灣小留學生)

·康乃爾大學高材生

美國西屋科學獎

在學期間獲獎無數

廖建偉

·哈佛醫學院高材生

史丹福大學畢業

四年之內唸完生物學學士及碩士學位

於一九九五年畢業後,隨即進入哈佛醫學院攻讀

【父母親的話】

廖太太

　　孩子初期的啟發非常重要，我常常告訴孩子，每個人生下來就有自己的責任。媽媽的責任是什麼？小孩的責任又是什麼？讓孩子明白還沒唸書的責任就是「吃飯」，一定要把飯吃完，從小就讓孩子知道自己的事必須自己負責、自己處理。

　　父母絕對不能太溺愛孩子，一般中國人都比較會溺愛孩子，小孩子好像是家裡的頭一樣，絕對不能讓他們有這種想法、觀念，從小就要管好，否則到了中學就很難管了。

　　初到美國，剛開始小孩壓力很大，語言也不行，前幾年一定要多關心，這是非常重要的。

◎ 小小留學生

　　兩個原在台灣求學，一丁點英文都沒學過的十來歲孩子，突然間來到一個完全陌生的環境，接觸不同的人種、語文，該有多麼大的衝擊與壓力。然而，他們竟然能適應得很好，並相繼進入著名大學，究竟他們是如何渡過這艱困的求學過程？其家庭又是如何協助他們邁向成功之路，相信有不少的人都相當好奇，我們自然也不例外，透過關係訪問到了紐約的廖太太。

　　星期天的清晨，天氣晴朗，輕鬆的開車從康州到紐約，車行順利，比預定訪談的時間早到，於是就近在「麥當勞」解決民生問題。有幾個中學生模樣的男孩在裡面愉快的吃著漢堡，我們拿了食物尋位坐下。不多時，一位年輕老外，穿著短袖、短褲，捧著漢堡飲料從面前經過。在那春寒料峭的時候，那副穿著打扮，不禁吸引了大家的目光，再仔細一瞧，那是一件網狀織成的褲子，裡面一覽無遺，一陣反胃，只好裝做視而不見，繼續埋頭苦吃；那幾個十來歲的年輕學生也發現了，於是他們開始鼓譟、取笑，直到那人落荒而逃。

　　不多時，見那怪異男子，穿著長褲朝店裡而來，我們立即起身，逃回汽車中，我們擔心他回來找那幾個學生算帳，因為前陣子在外州，有一名魯男子拿槍在速食店中濫殺無

辜,尤其在這「大蘋果」的紐約,什麼新鮮事都有可能發
生。驚魂未定的我們,只好打電話給廖太太,希望能將訪談
的時間提前,廖太太一口答應,於是驅車前去不遠處的廖
家。

到了廖家,廖太太正把一頭凶惡的狗牽進後院,她告訴
我們,前些天剛遭小偷,於是買了一隻凶惡的狗來看家,她
的外甥女也住進家裡陪她,因為廖先生一直留在台灣作生
意,兩位公子也分赴外地求學,家中獨留她一人。在舖著華
麗地毯的客廳裡,廖太太敍述來美的動機及經過。

◙ 移民之路

男主人廖烈秦先生,原意是舉家移民美國,但陰錯陽差
之下,獨留自己在台灣繼續作生意,廖太太只好帶著兩個兒
子遠渡重洋移民美國。在這十多年的異邦生活,廖太太獨自
一人將兩個孩子教養成人,廖先生則來來回回的兩頭跑。

談到當初移民美國的動機,曾擔任國中英文老師的廖太
太回憶說:

「我本身是教書的,對台灣教育很了解,因為有升學制
度在那裡,要改變也不是短時間內能改,孩子很可憐,壓力
很大。

我教書時,還可以體罰,有時候打打學生,他們還會很
用功,可以考得很好,我覺得他們很可憐。事實上,有的孩

子並不笨，也有的孩子真的非常聰明，但在那個教育制度下，就被忽略了。當然，如果能碰到一個好老師，能啟發你還好，像我老大小時候有點壯，在家裡，一想到某個老師要打，就大汗直流，膽子很小，看了很心疼。我們想，如果能讓孩子來美國唸書的話，可能比較好，也比較輕鬆。」

　　為了讓孩子免除升學的壓力，再加上廖太太的親人均佳在美國，所以他們也走上了移民之路。重視教育的廖家，當初在決定移民時，先請房地產公司幫忙選擇最好的學區，當時全紐約市只有兩個小學有資優班，其中一個就在廖家附近，那地區的初中也是全紐約市的前一、二名，於是他們就此定居下來。

◎ 不曾學過一句英語

　　初到美國時，老大，小學六年級；老二，五年級。他們在台灣幾乎等於唸完了小學的課程。老大一來，即上初中，因為他們在台灣一點英語的基礎都沒有，所以剛開始時就遭遇很大的困難。廖太太在台灣是國中英文老師，很難想像廖家兒子居然完全沒學英文即赴美就學，廖太太的理由是，在台灣學，怕發音不準，有所影響；而到美國學習，效果較佳也較快。

　　而兄弟初到美國時，功課跟不上，每天回來拼命唸、盡量看，差不多過了兩年，適應才完全沒問題。在學校裡，他

們跟著班上進度，例如，明天考十個單字，他們不會，就把那十個單字抄回來，把那十個單字背好，希望第二天能考一百分，每天就是這樣，才慢慢跟上進度。所以，來美國的頭兩年，小孩很苦，大人也挺傷腦筋，廖太太回憶說：

「我記得老大，頭一次上課就講到光學，回家跟我說怎麼辦？什麼都不會，我說，你就背吧！結果第二天考個一百分回來，什麼也不知道。」

◨ 獲西屋科學獎

兩兄弟在親友眼中是功課很好、很乖、聽話、孝順的孩子，兄弟倆三歲開始認國字，還沒進小學即已完全看懂書報雜誌，他們非常喜歡看書。老大聰穎過人，在台灣的功課均為滿分，也曾獲美國西屋科學獎，創造能力強、思慮縝密、分析能力、組織力及辦事能力非常強，興趣廣泛，老二也相當聰明、用功，什麼事都要做得很好，是個完美主義者。

初到美國，他們都無法進入資優班，但後來進步很快，而得以如願進入。高中時，分別考入布朗士科學高中及史岱文生高中，兩者均為紐約的名校。目前哥哥在康乃爾大學，弟弟則遠赴史丹福大學。

◨ 早期教育影響大

談到孩子優異的表現，廖太太認為早期的教育對孩子的

影響很大。

她說：

「老大三歲時，我在國中教書，當然必須請人帶孩子，那時他還不認識字，我在家時先把童話一冊冊錄音下來，我一頁頁的唸，到下一頁時，我就說翻下一頁，慢慢的，他就認了很多字，所以還沒上小學，他就已經可以看報紙了。」

廖太太錄了好幾套書給老大聽，她認為自己錄比較好，這樣才知道孩子懂不懂，慢慢的錄，讓孩子完全懂故事內容。老二也是沿用老大的做法，因此他們自幼即非常喜歡看書。

廖太太常常買書給孩子，只要東方出版社新書一出，她便訂購，歷史名人傳記一套套的搬回家，如今這一套套的書也跟著遠渡重洋，被安置在廖家地下室，可惜的是現在他們已經看不太懂了。雖然有心的父母也希望照廖家的方式，但孩子並不順從，這究竟是什麼原因呢？

廖太太客氣的說：

「可能我們家庭沒事也看看書，大家跟著一塊看書。」

直到現在，兄弟倆喜愛讀書的嗜好依舊不變，這與他們提早識字及在幼兒期奠下良好的閱讀習慣有極大的關係，博覽羣籍，對其智能更是明顯的提升。

◎ 成功的因素

廖太太是許多人羨慕的對象，人人誇讚他們孩子聰明又懂事，廖太太自承除天賦外，還有許多重要的因素在交互影響著，她說：

「我覺得在台灣的小學基礎很重要，讓他們知道榮譽感，小孩從小有榮譽感，小孩本身的努力及家庭的幫助等等都有影響。」

至於如何培養孩子的榮譽感，廖太太的經驗是：

「我覺得在小孩小的時候，好的方面要儘量鼓勵，譬如口頭上的、物質上的。而不好的地方，儘量不要去提，這樣比較容易培養榮譽感。」

廖太太表示，兄弟倆表現不錯時，即使僅僅一句讚美，也夠他們心花怒放的。他們如果遭遇失敗，廖太太則不露聲色，這不表示她不關心孩子，而是認為「錯誤」也是很可貴的學習經驗，她不會給孩子壓力。

廖太太除了移民美國後的頭兩年，為了幫助孩子適應美國而中斷工作兩年，孩子適應後，她很幸運在紐約市某銀行覓得一份差事，以一位忙碌的職業婦女，獨在異邦撫養兩位青春期的孩子，著實不易，而難能可貴的是他們的表現竟是那麼優異！

廖太太慶幸的表示，是由於孩子小時候培養出的責任

感、獨立性與榮譽感給他們很大的幫助。提到從前，廖太太說：

「小孩來美國之後的前兩年，我都沒有上班，因為他們也需要適應，等老二上國中，我才去上班，在紐約上班，不像在台灣交通那麼方便，所以也很忙，尤其公司一忙的話，一直拖到九、十點才回家，小孩完全沒辦法管，所以他們滿獨立的。他們自己會買東西吃，自己照顧自己，大人一忙，有時真是沒辦法，他們常開玩笑，電視廣告說：『十點了，你的小孩在那裡？』他們便說：『十點了，我的媽媽在那裡？』」

這的確是非常特殊的地方，因為一般像這樣忙碌的家庭，孩子容易被忽略，加上身處異邦，他們的問題也比較多。

至於如何培養孩子的責任感與獨立性呢？

廖太太說：

「孩子初期的啟發非常重要，我常常告訴孩子，每個人生下來就有自己的責任。媽媽的責任是什麼？小孩的責任又是什麼？讓小孩明白還沒唸書前的責任就是『吃飯』，一定要把飯吃完，從小就讓孩子知道自己的事必須自己負責，自己處理。」

廖太太認為台灣的教育對小孩管得很嚴，她記得開始教孩子時，除了吃飯之外，兩個孩子是從來不操心的，她很鼓

勵孩子獨立，兩個孩子從小滿獨立的，加上膽子小、怕被老師打，所以相當用功，廖太太覺得，孩子在小學以前要稍微注意一下，但也不能太給他們壓力。

◎ 建立良好的習慣

廖太太重視孩子獨立處理日常生活的能力，在年幼時，基本的要求就是：玩具一定要收好，房間乾淨、床舖好、書桌整理乾淨。由於從小就有此種要求，因此他們都已經建立起良好的習慣。現在只要他們房間櫃子一打開，衣服、襪子一定整整齊齊，每件襯衫也都摺得方方正正的，連廖太太都相當驚奇。

在廖太太正確的教育之下，孩子養成了一系列的良好習慣及良好行為，有句諺語：「養成什麼樣的習慣，就培養出什麼樣的性格」，良好的習慣，的確是培養良好品德的基礎。

兩兄弟從小生活規律，從學校回到家，一定先把功課做完才做其他的事情，晚上九點固定就寢，平常很少看電視，不過到了美國後，為了適應語文的問題，每天唸到十二點鐘，他們都挺好強的，非把當天工作做完才睡覺，所以現在就習慣晚睡了。

☑ 了解孩子、因材施教

　　兄弟倆個性截然不同，弟弟非常用功，凡事力求完美，哥哥相當聰明，常以興趣為主，他不需要花太長的時間即能將事情做得很好。廖太太覺得老大的創造力、思考力、分析力都相當不錯，組織能力及辦事能力很強。她在孩子小時候就感覺出他們不一樣，老大小學的功課非常好，全部都是滿分，現在功課卻比老二遜色，廖太太認為原因在於其興趣過於廣泛。高中時，老大每星期飽覽許多不同性質的雜誌及書籍，提到這點，廖太太說：

　　「有的小孩說我一定要考一百，不到一百就要拼，而他不是，如果老師說 B 可以通過，他也可以拿個 B，他長那麼大了，很少背單字，因為他看書看多了，就記住了。我說，你背單字不是可以考得更好嗎？但他不覺得那麼重要，而他弟弟就跟他不一樣，什麼都要拿第一。如果老大肯用功，就會更好。」

　　中國父母經常強調孩子必須勤勞努力，才能有出色的表現，關於這點，廖太太並沒有特別強調，她顯然有些後悔的表示，若能要求孩子努力，他們的表現將不僅如此而已。

　　廖太太深諳因材施教之道，她相當了解孩子的潛能跟個性，她說：

　　「他們倆都很自動自發，從小學起到現在，我從來沒有

叫他們去做功課，哥哥自由自在，興趣太多，弟弟看在眼裡，認為哥哥太過於享受，會要我說說他。老二個性跟哥哥不一樣，他太在乎自己了，通常我會跟老二說，我不在乎你考得如何，有時，我反而要跟他說考壞就考壞，沒關係，所以兩個孩子的教育方法完全不同。」

廖家老大，曾以遺傳方面的研究，獲得西屋科學獎，廖太太對孩子研究什麼東西不太清楚，她謙虛的表示，得獎是孩子運氣好，選對題目，另外可能的原因是他的英文寫作能力相當好，英文好則與書看得多有極大的關係。

廖家生活相當單純，看書是共同的嗜好，兄弟倆感情很好，哥哥非常喜歡烹飪，常做飯、點心及冰淇淋給弟弟吃。他們在學術領域上各有不同的喜好，弟弟對自然科學有濃厚的興趣；哥哥則鍾情於文學，他在大學期間，熱愛藝術、寫作、戲劇，曾參加康乃爾大學一年一次的戲劇演出，是個滿活躍的孩子。

大一時，老大迷上了莎士比亞，只要一唸到莎士比亞的作品，可以朗朗背上一大篇。為此，他曾打算主修英國文學，但周遭的親友都認為學英國文學在美國不易生存，偏偏他堅持非唸英國文學不可，並準備雙主修英國文學及生物。

後來，他選了一門文學的課，他相信應該可以從老師那兒學到很多東西，結果卻令他十分失望，當他發覺自己並不需要主修英國文學，一樣也可以唸，於是他選擇了主修生

物，此舉也讓全家都鬆了一口氣，目前他正申請 MBA，希望能在五年內唸完 MBA 及法律研究所。

◪ 紓解孩子的壓力

　　一般來說，孩子聰穎，父母對他們的期望也較高，但卻容易造成小孩的壓力，廖太太對孩子的期望，就是希望他「做好」，孩子知道父母的期望，也希望能滿足父母的要求，他們知道考好，父母會高興，萬一考不好，廖太太也不敢表現出慍怒的態度，以免增加孩子的壓力。

　　孩子表現好時，廖太太免不了誇讚一番，但不幸考糟了，她又是如何處理呢？

　　廖太太說：

　　「老二文章寫的還可以，學校老師很詫異，問他來美國多久了，可以寫出如此的文章，他也滿有自信的。

　　可是，上了大學，有一次上文學課，第一次考試就考了一個 C，於是打電話回來哭訴，剛開始還沒哭，我說你一定要讓老師知道你不是不想考好，已經盡力用功了，他說老師知道的，我說你再去問問老師，怎樣才能考好，一定有什麼問題存在，他一哭，我心裡也不舒服，又幫不了忙，何況又那麼遠（史丹福大學）。

　　還好那科結束時，還得了一個 A，我主要是想辦法紓解他的壓力。」

　　這個聰明又用功老二，已於一九九五年畢業於史丹福大學，他在短短的四年之內唸完生物的學士與碩士，隨即進入哈佛大學醫學院繼續進修。

◙ 誇獎爲上進的原動力

　　許多父母會善用機會教育或典範人物來期許孩子，廖太太卻不同於他人，她是以誇獎來激發孩子上進的心。她談到：

　　「他們知道考的好，爸爸、媽媽會高興。如果他們考的不錯的話，我就會誇獎他們，我覺得誇獎滿有用的，他們會自動拿成績單給我看。

　　他們兩個知道父母希望他們變成怎樣，他們非常喜歡在父母面前爭寵、爭好，討媽媽的歡心，這是很大的原因。

　　他們現在都那麼大了，還是如此，弟弟覺得我要比哥哥好，哥哥覺得我本來就應該比弟弟好，這種觀念在他們兩個之間很強烈，兄弟倆競爭得屬害。

　　從小，弟弟覺得哥哥給他壓力，哥哥聰明、功課好，弟弟要背單字、什麼都要唸，弟弟曾跟他阿姨抱怨說哥哥都不用唸書，而他都要唸書，他不願在媽媽面前承認他比哥哥不聰明。」

　　正因爲彼此都不服輸，兄弟倆經常競爭，因此廖太太從小就儘量避免他們互相競爭。當老大得西屋獎時，廖太太感

覺弟弟比較不平衡，他覺得哥哥是比他好，所以下定決心要讀一所比哥哥更好的大學。

✪ 良好的家庭教育

廖太太很少爲孩子煩心，兄弟倆自幼孝順、聽話、獨立、負責，他們喜歡討媽媽的歡心，經常分擔家務，做得有條不紊，到超市買菜也是條列仔細，周全的考慮，常讓媽媽自歎不如。平日對長輩、老師相當尊敬，彬彬有禮，是個人見人愛的孩子，事實上，這得歸於良好的家庭教育。

廖太太管教孩子嚴厲，讓他們從小就知道什麼該做，什麼不該做。她尊重孩子，卻不溺愛他們。

就以用錢爲例，廖太太給兒子每人金融卡及信用卡各一張。

「但是錢怎麼用，一定要清清楚楚，買書、吃東西可以，亂花就不可以，如果孩子第一次亂花，就要告訴他『不可以』，並且立刻把信用卡收回來。有時孩子做錯了事情，像對阿姨講話不禮貌，馬上就要嚴厲糾正。」

雖然她管教孩子嚴厲，讓他們自己照顧自己、自己負責任，但爲人父母應盡的責任，她還是儘量做到最好，孩子們也一定要做到她所要求的。

平常廖太太上班不在家時，孩子放學，一定待在家裡，如果要出去，就得先給媽媽打電話，孩子都相當聽話，廖太

太認為教養孩子就是不要溺愛他們。她說：

「父母絕對不能太溺愛孩子，一般中國人都比較會溺愛孩子，小孩子好像是家裡的頭一樣，絕對不能讓他們有這種想法、觀念，從小就要管好，否則到了中學，就很難管了。」

廖家兄弟雖然來美多年，中文漸漸忘了，但他們依舊講著國語，東方傳統文化仍舊影響著他們，孝順父母、尊敬長輩，參與學校的中國活動，結交中國女朋友等等。

◎ 申請大學

廖太太常常擔心孩子過於單純，因此，多多少少告訴他們一些事情，如種族歧視等不平的問題。譬如，申請大學時，有些學校會按各族裔人口比例選擇學生，華裔學生的功課要比其他族裔，甚至白人的功課要突出，才有機會；因此，她經常鼓勵孩子要加倍努力。事實上，廖家兄弟申請大學時，也的確碰到這種不公平的待遇。

孩子申請入大學，在美國家庭是一件大事。有些有心的父母，甚至從孩子幼年即開始注意申請入大學的條件，猶太人更是請專人指導寫論文。廖家兄弟申請大學卻全由自己決定，包括要先考些什麼、寫那些論文，所幸他們相當優異而雙雙進入理想的名校。

許多人都認為在台灣唸書很辛苦，要進大學之門更是擠

得頭破血流，如果就美國與台灣相較的話，在美國選擇學校、領域及各項活動，機會比台灣來得多，廖太太說：

「這邊學的比較活，比較多，以前台灣是有「打的教育」，如果沒有「打的教育」的話，台灣唸書應該會比這邊輕鬆，因為老師叫你唸什麼，你就唸什麼，不需要自己安排。

美國這裡，初中還好，高中以後，要做很多的project，這裡的考試，有很多是 achievement test，每個學校要求不一樣。要申請學校，什麼時候要考那些試，沒人告訴你的，你都要自己安排、申請大學、寫 essay。

我的同事是猶太人，他們專門請人來指導孩子寫essay，從高中就請人指導怎麼唸書、怎麼考試。我不知道中國家庭有沒有？可能也有幫孩子寫東西的。像我們剛移民來的，什麼都不懂，怎麼申請學校，根本都不知道，所以小孩子都有自己的壓力。

現在，我老二會講：媽媽，我覺得您教我們的不對，如果我有孩子的話，我要如何、如何……畢竟我們不是在這裡生長，對這個社會不了解。」

◙ 精神、物質的支持

遠赴異邦，壓力、困難及挫折在所難免，當孩子遭遇困難及挫折時，父母隨時在身邊，適時的給予支持、開導，對

孩子的確幫助很大，尤其孩子在十多歲的成長過程中，身處異邦，壓力很大。廖太太只要發現孩子有情緒上的問題時，都會想辦法去了解並紓解他們的壓力，適時伸出有力關愛的援手，廖太太不嘮叨孩子，所以孩子們都能接受媽媽的勸導。

除精神上適時的支持外，財力方面，廖太太更是百分之百的支持，爲了孩子來美求學，他們花了不少錢，這不是普通家庭可以負擔得起的，尤其美國大學的學費都相當昂貴，像廖家兄弟一個唸康乃爾大學，一個唸史丹福大學，兩個人一年下來，六萬美金還不夠，昂貴的學費對家庭來說是一筆很大的負擔，但他們不會像美國家庭一樣，要孩子去打工賺學費，孩子也曾利用暑假打工，廖太太都隨孩子，不勉強他們。

中國父母對孩子的教育投資，由幼稚園一直持續到大學，甚至研究所以上，這個費用實在是相當龐大的數目，更有甚者，捨棄了台灣門庭若市的診所，來到異邦的小醫院擔任檢驗員的醫生，他們肯爲子女犧牲一切，正如廖太太所說的：「爲了都是孩子，希望他們過得很好！」

◙ 過來人的經驗談

由廖家兄弟的「台灣小留學生」的成長過程來看，父母花費了許多金錢，心血及辛酸，他們的表現相當傑出，足堪

安慰。可是也有不少來自台灣的小留學生表現平平，甚至淪為幫派份子。

　　時下的確有不少父母為減輕孩子升學的壓力，送他們赴美就讀，他們把孩子單獨留在美國，或與兄姊、或與親戚朋友住在一起，雖然物質生活充裕，但卻缺乏親情。由於台灣與美國不同的教育學制，不同的文化層面，這些衝擊帶來的壓力，再加上小留學生在入學的頭一、兩年普遍都有語言上的困難。廖太太以過來人的經驗表示：

　　「初到美國，剛開始小孩壓力很大，語言也不行，前幾年一定要多關心，這是非常重要的。」

　　因此，她建議小留學生的家長應該盡可能陪子女在美國，讓孩子有較健全的家庭生活及充裕的溫情滋潤，小孩才有可能展現他的潛能而表現傑出。

◩ 成功的留洋夢

　　回首來時路，即使對美國社會不了解，但憑著重視教育及肯定美國的教育制度，毅然放棄教職，揮別夫婿攜子遠渡重洋的廖太太說：

　　「回頭看看當初的決定，還是很值得的。我不覺得有什麼可惜。剛開始的幾年很苦，小孩也還沒習慣，孩子本身很苦，我們也很苦，前一段時間滿苦的，等他們適應，上了初中，我就去找事做，我的事情也滿順利的，就比較分散一

些。

　　有些方面是有損失的，先生來回跑，爸爸不在家，那份感情很難百分之百跟以前一樣。孩子現在唸大學，常常打電話給我，他們時常關心我，我覺得是很值得、很安慰的。」

　　廖太太多年來的辛勞，在孩子優異的成就及貼心之下化為烏有，她滿足與欣慰的眼光，令人印象深刻。

　　與廖太太情況相同的家庭，相信為數不少，他們為子女犧牲一切，在海外堅苦奮鬥，其辛酸恐非實際體驗的人所能了解，但可以肯定的是，他們對子女教育的重視則是一致的，這也正是華裔子弟能在海外出人頭地的重要原因之一，而廖太太無盡的母愛，正是支持孩子努力不懈、勇往直前最偉大的力量。

　　現代職業婦女像是兩頭燃燒的蠟燭，既要兼顧工作，又扮演稱職的媽媽，孩子不變壞，已經很不錯了，孩子若能傑出，更屬難得。許多人常認為優秀孩子的母親多屬家庭主婦，但從廖家的例子來看，職業婦女只要有計畫、有智慧的培育，孩子依舊可以傲視羣倫。

　　在落日餘暉中，回首與廖太太道別，夕陽映照著她堅毅的面容與瘦長的身影，心中感觸特別多，不禁懷疑自己是否也能如此獨在異邦撫養孩子有成？讓我們為這位偉大的母親致上最高的敬意！

5 │ 美國總統獎
　　　曹立仁

·哈佛大學高材生

榮膺紐約大使

美國總統獎

在學期間獲獎無數

【父母親的話】

曹先生

　　媽媽在家非常重要,如果夫妻倆人,一個人的工作可以養得起這個家,可以過得去的話,太太最好在家,因為在家才可以了解你的小孩。

曹太太

　　要孩子有成就,父母必須要了解你的孩子,要了解就是要花時間。

　　父母要了解自己的孩子,看他是什麼樣子,再用什麼方法,像我對孩子的方法,不見得適合別的父母,微妙就在那一點上,尤其小孩子,不能像一個公式一樣的套入,必須針對孩子,選擇合適的方法。

◙ 哈佛大學高材生

　　沿者康乃狄克州八十四號公路南行，一路上風景秀麗，約過了兩個鐘頭，轉接九十五號公路繼續南下，不多時就進入了紐約，順著濱海公路，迎著海風，欣賞著海天一色的美景，心情相當輕鬆，很快的就來到了長島。

　　下了高速公路，照著曹先生的指示，很輕易的在小學邊找到了他們的家。

　　曹太太親切、熱忱的招待，很快的就消除了原先的陌生感。她首先帶領我們認識環境，走入地下室，映入眼簾的是琳琅滿目的各式獎牌、獎狀，曹太太笑著說，還有為數不少的獎牌尚未掛出。心中不禁對這個家庭感到高度的興趣與好奇，究竟他們是怎麼教出這一對優秀的兒女？

　　曹家長子立仁（化名），為哈佛大學畢業的高材生，生於美國，個性開朗、活潑，從小學到中學均為資優班的學生，課業優異、口齒伶俐，辯才無礙是學校辯論社的社長，領導才能極佳，愛好運動，為棒球隊校隊，曾榮膺紐約大使及美國白宮學者獎，早在大三時即已覓得紐約華爾街證券公司的工作。

　　曹家老二目前就讀耶魯大學，成績相當優異，為該校報紙的編輯。

　　目前擔任雙語教師的曹太太認為孩子有今日的成就，重

要的原因為：

「一方面在於我們的幫忙及孩子本身的努力；另一方面是我們進入的學區非常好；此外，我們也給了他們安定的環境。」

◎ 好的開始源於胎教

在窗明几淨的曹家客廳，嬌小的曹太太有條不紊的娓娓訴說孩子的種種：

「我懷孕時很注重營養，煙酒不沾，對任何吃的東西都很注意，只講究營養，不講究口味，所以孩子身體很好，孩子生下來，我也一直注意他的營養。」

曹太太養育兒女非常細心，從懷孕開始就閱讀了許多中、英文的育兒書籍，按時到醫院做產檢，醫院也給了她許多相關的育嬰資料，具備了豐富的育兒知識，帶起孩子就順手多了。

立仁小時候非常可愛、開朗、不怕生，直到三歲才會講話，但一開口講話時，就講得非常好。

重視學前教育的曹太太，在立仁還是個襁褓中的嬰兒時，就在他的房間貼滿了圖畫、裝飾品，經常變化花樣，並且每天抱他出去遛達，接觸外面的世界。在家裡時，她在門板上貼一張好大的白紙，畫點東西、寫些中文字；立仁就坐在媽媽的腿上，一面遊戲一面學習，如此下來，未滿兩歲，

立仁就已經學會了不少的中文字。

　　曹太太在老二出生前是位職業婦女，出於職業婦女的補償心理，她每個星期都會買兩個不太貴的玩具給孩子，這些都是花腦筋的玩具，她也常買剪貼、圖畫簿及益智的書讓孩子學習。

◪ 寓教於樂，自然學習

　　曹太太重視以自然的方式教導孩子。她深知美國中、小學功課簡單。因此，固定每天給孩子少許的課外作業，她說：

　　「我是很有計畫的，這些都是跟課業有關的進階教材，譬如英文，小時候就要他們背英文單字，小字典很可愛，有字、圖片及例子，一頁有幾個生字，我從小訓練兒子，他做事情快得很，有時候背三頁十個單字，我規定他，如果早上背好，下午放學就可以出去玩，如果早上來不及，下午回來再花幾分鐘，通常不必等到下午，他早上就背好了。

　　數學也是一樣，給他一點花腦筋的，比較好玩的，也是簡單的五題，他一看，幾分鐘就做好了；我出題，一般都比學校的進度快一點、深一些。」

　　在沒有壓力、愉快的方式下學習，效果很好，小孩也不會認為是一種學習。小時候背九九乘法，曹太太跟他們邊玩邊背，怪不得立仁會說，原來我們每次跟媽媽玩，都是在學

東西。

　　曹太太以寓教於樂的方式，按孩子的程度，循序漸進的教導，小孩進步得很快，曹太太解釋：

　　「這就像兔子在追紅蘿蔔一樣，紅蘿蔔不要拿得太遠，讓他快追到但又吃不到，所以他們唸得很有興趣。

　　如果發現孩子覺得太難，不想做，就立刻停止，絕不勉強。孩子聽不懂，不要硬要他懂，不懂就丟掉，這表示小孩的智慧還未到達那個程度，丟在一邊，也許幾個月再講，他就懂了。順其自然，這很重要。」

　　有些家長在教導孩子做功課時，往往求好心切，在大人眼中非常容易的東西，卻成了孩子怎麼也弄不懂的東西，父母火大，孩子緊張，雙方都筋疲力盡，提起功課就是一個夢魘。

　　因此，有些父母乾脆將孩子送去給別人教，曹先生指導其子功課時，他認為：

　　「教孩子一個東西，他一下搞不懂，就馬上停止不教，沒什麼非要搞懂不可的。」

　　曹太太有個特別的論調，她認為讓小孩愈緊張，學習效果愈不好；小孩沒壓力，頭腦也愈聰明。此外，她也發現到被寵愛的小孩比較聰明，她說：

　　「因為被父母約束多的小孩比較笨，他本來是聰明也變笨，因為叫他做這做那，他不花腦筋；而被寵愛多的小孩，

就會想些花樣來討父母的歡心，爸爸媽媽看了很高興，他就再拼命用腦筋想其他花樣來博取父母的歡心，因為他一直在動腦筋，所以這種小孩比較聰明。」

　　換句話說，被真心疼愛的孩子，他會拼命努力去達成父母的期待。

◨ 良好的學習環境

　　除了早期的注重胎教及提早啓蒙外，曹先生夫婦也非常注意環境的影響力。

　　曹先生夫婦均來自台灣，曹先生畢業於紐約布魯克林理工學院，在紐約工作了一段時間。後來，孩子出生後，他們認為讓孩子生長在郊區較為理想，於是就搬到長島，當時長島地區有種族歧視，透過外國友人的介紹，他們搬進了長島。

　　相當幸運的，他們發現那裡的環境很好，學區也非常好，而家更在學校旁邊。那個地區猶太人很多，他們和中國人一樣，都是非常重視孩子的教育，老師教的不好，猶太家長就會去學校理論。雖然中國人也關心教育，但不會去吵，深怕老師對自己的孩子不好。

　　良好的學區對孩子的學業當然會有正面的影響。在這個學區的孩子，一進幼稚園，園方都會先替孩子做一項性向測驗，過了兩、三年再做一次測驗，以了解其天資發展的情

形。到了小學三年級，學校做智力及音樂性向測驗，智商一三〇以上並經老師推薦，得以進入資優班。

曹家兄妹從小學直到高中唸的都是公立學校，從小學三年級起就一直在資優班，到了初中經老師推薦及甄試，又進入資優班，這是加廣（ enrichment ）而非加速（ acceleration ）的資優課程，曹太太介紹說：

「這個 gifted program 請了一個專門教資優的老師，老師教的時候，不是要增加他的知識；開始時，先教孩子怎麼看書。

譬如，他要小孩選一個最喜歡的東西，小孩喜歡漫畫，這學期他就用漫畫出一本書，做一個 project，他就教你第一步蒐集資料，先用圖書卡片查資料或去圖書館借書，蒐集這些資料，如果有問題，可以去問相關的人。

我老大六年級做全世界饑餓的 project，要跟世界有關的政府或民間機構聯絡，老師給他地址，他寫信去索取資料，那些機構也都寄資料來了。」

曹太太表示，這種 enrichment program 並不是 enrich 每一方面，它重視的是學生的個別興趣，學生可以去蒐集自己興趣方面的書，老師僅從旁指導，學生自己學習，自己製作問卷去問，她說：

「立仁六年級時，做了一個有關全世界飢餓的 project，他寫了一份問卷去問史丹福大學一位專門負責飢

餓問題的教授，那位教授請他的祕書打了一份回覆他，信後還說，等你長大了，歡迎你來史丹福。六年後，兒子高中畢業，那位教授真的打電話來問兒子要上那個大學？」

這真是多麼不可思議的事。

在美國，一般課程對資優的孩子而言，確實簡單，學校老師會給孩子一個 project 讓他們去忙，完成後，會請老師評鑑。老師則依孩子研究主題，請相關學者專家及資優教育專家來參與評鑑。每學年結束，就由這三個學區內各選三名優勝的來發表，由於這些孩子從小都有相當多的公開發表意見的機會，因此他們的表達能力非常之強。曹先生就提到：

「我這孩子最大的便宜就是他很會講話，給人 presentation 時，都會讓人覺得很高興。」

◎ 深謀遠慮的教育計畫

立仁的口才好，善於辯論，是學校辯論社的社長，除了天資聰敏及美國教育的自由、活潑，讓孩子經常有發表意見的機會外，最主要還是曹太太的訓練。

她說：

「小孩說話可以訓練，其實這也是一個記憶訓練，我從前訓練立仁是這樣的：

當他小時候上學，我和女兒在家等他放學回來，然後問他在學校幹什麼？他說老師講故事。我們就很興奮的要他趕

快講給我們聽，他就把故事從頭講一遍，然後又把學校點點滴滴也重複講一遍給我們聽。

到了後來，不問他，他回來也會講給我們聽，這讓母子、母女的關係更密切，也養成了他們以後有事情就會跟你說，你也知道他在幹什麼？最怕的是小孩子在外面幹什麼，你都不知道，這是很重要的。」

學理工出身的曹先生不諱言的指出，他對孩子的教育是非常實際的，打從孩子小的時候就深謀遠慮，早有計畫。

立仁兩歲多時，他們由紐約搬進長島地區，當時瀰漫著一股種族歧視，他們搬進白人地區，心裡有些緊張，於是訂了一份社區報紙，以便了解居住地區的狀況。經由社區報紙，曹先生發現任何獎學金、競賽乃至申請學校所應具備的條件不外乎學業成績、領導才能、社區服務、運動等，雖然那時孩子都還未上幼稚園，但曹先生已牢記在心。

曾經New York Time報導過一則消息，有一位韓國小孩成績相當優秀，結果申請柏克萊大學沒有如願，他的父母前去學校詢問，為何成績如此優異卻擠不進該校，校方表示，單以學業成績而言，是可以進來，但我們招收的學生，還要考慮其他因素。

所謂的其他因素則是領導才能、社區服務、運動、藝能等。曹先生於是與太太分工合作，他負責運動；其他各項全交由太太負責，他說：

「我想我兒子可以打棒球，就讓他打，很辛苦，大家都花時間，一個禮拜練習三次，每次下午四點半就送去，禮拜六也要去打，整個禮拜天就耗在那裡，很花時間的，從幼稚園一直打到高中三年級，到了高中很重要，一定要擠進校隊，光會打沒有用，學校要的是 record。

除了一些較有才華的學生外，一般的學生，學校就按照學業成績、領導才能、社區服務、音樂或美術及運動來挑選，從他小時候起，我看每個競賽都需要這些，無論如何，運動這項是一定要的。」

◎ 了解孩子的潛能

許多東方父母都會要求孩子認真、努力，曹家也不例外，但他們重視孩子的能力，如果孩子已盡了最大的努力，就不再給予壓力。曹太太認為，父母必須充分了解孩子的潛能，知己知彼、百戰百勝，知道他、了解他，才能夠訂出一個合理的期望，不致使孩子有太大的壓力。

基本上，父母要求孩子認真工作是正確的，但孩子已經夠努力了，而他的智慧就是如此，任憑他怎麼努力也無法達到父母的要求；如此一來，孩子不是自殺就是放棄，從此再也不聽父母的話。因此，父母一定要清楚小孩的智慧有多高，進而訂出一個合理的期望。

但是，有些父母有時也不了解這點，下班回家，一看孩

子功課不好，就先大打一頓，第二天，孩子功課還是沒做好，因為他不知道該怎麼做。

曹先生認為，父母要了解孩子就要花時間，要期望孩子有一點成就，除了真正的天才外，父母和子女都要花時間，如果沒有時間去了解，而將目標訂得太高，孩子是無法達到的。

曹先生夫婦的確花了許多的時間在孩子身上，曹太太曾在台灣教過書，到了美國也工作了五年，她生下老二後就辭去工作，成了專職媽媽，一直到女兒上了小學三年級後，才在住家附近的小學兼職，成了雙語教師。

曹先生一直強調媽媽在家的重要性，他說：

「如果夫妻倆，一個人的工作可以養得起這個家，可以過得去的話，太太最好在家，因為在家才可以了解你的小孩。

比如，像我回來，累得要命，我絕對不會去問小孩的功課，而我太太就會問小孩功課做了沒有？如果有不懂的地方，要不要爸爸教？因為她才知道小孩缺乏什麼東西。如果兩個人都去上班，忙得所有精力都消耗光了，當然希望小孩去玩或看電視，不要來打擾。

這是我一直強調的，中國人犯了一個毛病，到了美國，為了生活好，拼命賺錢，買大房子、新車，結果把小孩忘記了，說得好聽是『我們移民出去是為了小孩』，口口聲聲為

了小孩，結果卻全都變樣了。」

「結果有很多小孩參加幫派，因為小孩語言又不是那麼好，白人又看不起他，他只好跟講國語的在一起，於是就被幫派吸收去了。」曹太太緊接著說。

曹太太暫時放棄自己的事業，全心全意把時間花在孩子身上，但也有許多媽媽也是在家照顧孩子，但效果卻不彰，曹太太說：

「要孩子有成就，父母必須要了解你的孩子，要了解就是要花時間。

小孩四、五歲時，週末我們都帶他們去博物館、動物園走走，附近學校有活動就帶出來看。每個禮拜六，我一早就送小孩到附近的大學去，那裡有小孩的課程，像科學、藝術、健身操、足球、芭蕾舞等等。

小孩在學習階段，千萬不要放棄，讓他盡量學，不要讓他在家看電視。我們自己的學區也有研習營，去參加可以增加知識。」

◙ 無微不至的照顧

曹太太對於孩子生活上的照應是無微不至的，她的烹飪手藝，常令孩子、先生讚不絕口，孩子放學回家都可以立即吃到媽媽準備好的各式點心，像包子、水餃、蛋糕等等，曹太太說：

「小孩生下來，我一直很注意他們的營養，尤其小孩上學，一定要吃早餐，晚上要早點睡，因為早上的營養對小孩來說是非常重要的。我的小孩從小到大，沒有一天是空著肚子上學的。小孩在成長，如果肚子餓，怎麼能夠專心呢？

我很引以為豪的是：第一、小孩從沒遲到過；第二、小孩從沒空著肚子上學過。」

除了生活上的照應外，對於孩子的課業，他們也相當關心，必要時才協助。

曹太太表示：

「我們從來不幫小孩做東西，小孩功課不懂，可以來問我，但我絕不幫他做。寫文章也一樣，小時候，我教他寫讀書報告，我先解釋給他聽。他寫好拿給我看，我覺得不好，要他拿回去再寫。但我絕不會幫他做，這是他的事，他要自己做。」

◪ 不標榜死讀書

一般報導常提及亞裔學生花太多時間在唸書上，曹先生認為自己孩子生活作息規律，並沒有像別人那樣死用功，也就是說，孩子唸書的時間花得少，曹太太說：

「我教孩子唸書的方法是講求效果，不講時間，我給他東西，他做完就好。老大在學校學過速讀，看書好快，可以節省時間，我們從小幫他把時間分配得很好，這是第一點。

　　另外，我們也幫他把各項基礎打得很好。因為我不偏重他只學那一樣，歷史、地理、音樂、藝術等各項都進行，我告訴孩子，小學、初中、高中是基礎教育，這是人生必須知道的，所以樣樣都要學好。

　　他可以在很短的時間內就把東西看完了，我的感覺是他放學回來，玩的時間比唸書的時間多。我強調一點就是我們很注意他的運動，運動可以刺激小孩子的思考能力，死讀書的效果不好，像他有時候要交報告，他說想不出來，我就要他出去玩玩，逛一圈回來，新東西出來了，又可以繼續寫了，他玩跟運動是對等的，我們不標榜死讀書。」

　　立仁是個會玩又會唸書的孩子，相較於其他孩子花相當長的時間在功課上而效果不彰，他的確是輕鬆的，曹太太對這點，她認為是訓練的關係，她說：

　　「他唸書講求效率，小時候我訓練兒子做事很快。比如現在有一題作業，必須做完才准離開，他很愛玩，就會趕緊做完，假如他不做，我就不准他走，於是他的動作自然就快了，但我也不會故意找他的麻煩，出很難的題目，我的題目是漸進的，按照他的程度，慢慢加深。」

◙ 良好的言教、身教

　　眾所周知，孩子的模仿能力很強，尤其是父母的一言一行，都是孩子仿傚的對象，曹家也很重視這種潛移默化的力

量，他們平常都會以良好的身教，不著痕跡的來引導孩子。

曹家到現在仍舊保有一種習慣，就是睡前每個人都回到
自己的床上看書，孩子從小養成的習慣讓他們一天不看書都
會覺得很難過。孩子小的時候，曾經抱怨過媽媽每天要求他
們看書。有一次，曹太太就要他們七天都不准看書，但三天
不到，兄妹倆就舉手投降了。

曹太太在孩子小的時候便很有計畫的引導他們看書。譬
如有關科學方面的書，就從最簡單的看起，有一點概念後，
再逐漸加深，到了小學六年級時，什麼書都看。曹太太不定
時的由台灣採購中國的故事書，在睡前講給他們聽，同時也
訂了許多份報紙、雜誌，讓家裡處處是書香。

此外，他們也充分利用社區圖書館的資源。圖書館經常
舉辦說故事的活動，孩子非常喜歡聽故事，因此常常上圖書
館。

暑假時，圖書館也有一些夏令活動，鼓勵小朋友看書。
圖書館鼓勵小朋友在一個暑假內唸完十本書，寫十個讀書報
告。如果不會寫，可以畫圖的方式代替，十本乃基本要求，
如果能看完十本，圖書館會租大型遊覽車帶這些小朋友到海
邊玩上一天。看得越多，得到的獎勵也越多。因此，曹家孩
子從小就非常喜歡上圖書館，也看了不少的書。

◙ 重視親子溝通

　　在日常生活中，他們教導孩子為人處世的道理，自身也力行實踐，但他們不嘮叨孩子，認為嘮叨將使效果打折。親子間關係親密，直到現在，孩子依舊喜歡跟媽媽無所不談，曹太太透露其最大的祕訣就是「講道理」，從小她喜歡把孩子當大人看待，不管他們聽不聽得懂，她說：

　　「為人父母對子女不要有私心，愛子女要愛的無私，要懂得方法，孩子錯了，就要糾正他並跟孩子說明理由，千萬不要溺愛。」

　　曹太太經常與子女溝通外，也同時擔任父子間溝通的角色。學理工出身的曹先生為人嚴肅，對子女的要求較高，父子間常常溝通不順暢，隨和開朗的曹太太則立即擔任兩人間的溝通角色，安撫、提醒雙方。曹太太強調親子間的溝通是非常重要的，如果孩子心裡有疑問時，父母要馬上幫他解開，孩子才不至於反抗父母所說的。

　　身為海外的中國孩子，在家裡遵循中國傳統文化，出外又接受西方文化，很多價值觀念均與父母規定的不一樣。曹家會透過討論、辯論來溝通意見，他們親子間最常摩擦的就是「男女關係」。

　　中學階段，曹太太禁止孩子交男女朋友，孩子相當不滿，她警告孩子，高中生懷孕生子，沒好好受教育，將來永

遠會在貧窮邊緣掙扎。孩子也常為了參加舞會跟爸媽吵得不可開交。他們准許孩子參加，但必須在十二點之前回到家，孩子委屈的表示，十二點，舞會正開始，就要他們回家。曹太太說：

「抱歉！你住我家，我的規定就是十二點，你將來結婚，你的兒女三、四點回來，我也不管。現在我有權，規定是我訂，你就必須十二點回來。」

晚歸，經常也是他們之間爭執的原因。

平日，曹太太對孩子非常好，經常鼓勵、讚美他們，但不能逾越規定的時候，就是不讓他們逾越。

◙ 中國傳統文化的落實

立仁曾率領榮獲西屋科學獎、總統獎的優異華僑學生訪問台灣，媒體記者訪問他時，他以自己的父親連吃冰淇淋都用筷子吃，來說明他們仍舊保有中國的傳統文化，由於他是所有團員中中文說得最流利的一位，因此出盡了風頭。

從小，母親教他中文，但因所住的社區東方人很少，除了家裡，講中文的機會不多，小時候從外面回來，就會跟媽媽抱怨：

「媽！您跟我們說這些中文有什麼用，那些小孩不會講，我講也沒人聽得懂。」

每當孩子說這些話時，曹太太就會帶他到中國朋友家玩

或去中國城，甚至暑假也帶他回台灣。到了台灣，完全沒有語言障礙，曹太太夫婦也會採購台灣的書，因為她不希望孩子生長在美國而把中國的東西忘記了，她認為雙語可以增加溝通能力，也可以接受更多東、西方文化，學習到更多的東西。

接受西方教育的孩子，經常為了父母所教導的中國傳統美德及價值而感到困惑。曹太太會就某些情況加以適度的修正。

曹太太教導孩子要尊師，否則學不到東西，她告訴孩子，如果老師講錯了，私下跟老師說，不要在眾人面前讓老師難堪。

從小，她教導孩子要友愛朋友，不可以打人。立仁兩、三歲時，有一次鄰居孩子打他，曹太太由窗戶往外看到，告訴孩子打回去，可是兒子不肯，因為從小媽媽教導他不可以打人，後來曹太太看外國人真是太兇悍了，她慎重告訴孩子：

「現在媽媽重新再講一遍，你不可以打人；但是別人打你，你打回去。」

中國人喜歡講謙虛、謙讓，關於謙讓，立仁每次就笑媽媽：

「媽，您就會說要讓人家，要我讓人家，在美國怎麼能讓人家呢？讓人家，都給人家給拿跑了。」

就這點，曹太太也做了修正。

立仁曾經在自我認同上掙扎了一陣子，他對自己的身分──中國人抑或美國人產生迷惑，由於「自我認同」很複雜，也很難解釋清楚，因此他們經常都要談，曹太太認為，即使孩子結了婚，這個問題還是會盤繞在那裡，沒辦法分清楚，曹先生夫婦只有透過不斷的談話來幫助他們，一旦孩子心裡有任何疑問，他們都立刻幫他解開，由此看來，溝通的確是相當重要了。

◎ 良好典範激勵孩子

明尼蘇達大學心理學曾發表一篇研究報告，發現家教和環境對一個人的「企圖心」、「進取心」和「對人親密關係」上有較多的影響，曹家兄妹均有很旺盛的企圖心，他們也經常以「我一定要做好一點」來激勵自己。

曹太太說：

「這兩個孩子都有旺盛的企圖心，這個企圖心就看孩子小的時候，父母拿那些典範來示範給孩子看，孩子自然有企圖心，否則就是孩子不夠好；他說我反正達不到，乾脆放棄。

所以，最主要的就是父母要了解自己的孩子，看他是什麼樣子，再用什麼方法。像我對孩子的方法，不見得適合別的父母，微妙就在那一點上，尤其小孩子，不能像一個公式

一樣的套入，必須針對孩子，選擇合適的方法。」

曹太太由於善於機會教育，每當她看到孩子唸書不太起勁時，她就會告訴孩子，今天碰到他以前的老師，老師直誇他，孩子一聽，又趕緊去認真唸書。偶爾曹太太也會編些善意的謊言來鼓勵孩子，並且常以自身的例子及身邊良好的模範來激勵孩子，她說：

「我常以自己的例子激勵他，小孩需要鼓勵、激勵，然後拿一些他自己知道的 role model 來做模範，不要拿孔子、孟子那些摸不著邊的，要拿身邊很不錯的人做模範。」

曹太太經常拿她兄長的成就來激勵孩子，她出身書香世家，幾位兄長均在美國及台灣的學術界服務，一位兄長還曾擔任南部大學校長。因此，舅舅們也成了孩子仿傚的對象，他們表示要好好為中國人爭光，唸起書來非常起勁。

兄妹倆功課一直非常優異，哥哥從小就是學校的風雲人物，妹妹總是被視為某某人的妹妹，她一直覺得自己好像沒有名字一樣，長期生活在哥哥的壓力下，在她心裡總認為爸媽偏愛哥哥。到了初中以後，她發現哥哥的確比她厲害，才慢慢好轉，但還是很嫉妒哥哥。

除了注重孩子智育方面，曹太太也很注重孩子羣體的關係。小時候，她考慮東方孩子個頭小，擔心孩子在校被同學欺侮，於是延後讓孩子上學。在家裡，她為孩子找了許多鄰居玩伴。正式上學後，學校裡自然多了許多朋友，可以互相

幫忙。再加上參加棒球校隊，球友很多，因此，他在學校功
課很好，朋友也非常多，他曾說：

「很感謝媽媽小時候給我找了許多玩伴，讓我在學校有
許多朋友；打球有打球的朋友，唸書有唸書的朋友。」

曹太太夫婦一致認為對孩子期望高是一個極重要的家庭
影響因素。但當初他們對孩子並沒有抱著很大的期望，他們
唯一的希望是孩子將來至少要像他們一樣成為專業人員，壓
根兒也沒想到他們會上哈佛、耶魯，只是當他們發現孩子天
資不錯時，才慢慢的加以培植。

曹太太經常用兩方面來鼓勵孩子；第一、身在美國，如
果不好的話，很吃虧，會被人瞧不起；第二、舅舅們的傑出
成就。

◙ 窩心的話

立仁由於感念母親能放棄事業，把全部時間放在他們身
上，培養他們、幫助他們，他說了一句令曹先生夫婦相當窩
心的話：「我們今後所有的計畫都會包含爸、媽兩個人」。
大三時，他之所以選擇紐約華爾街的工作，就是考慮父母的
因素。

他曾經說過自己是非常幸運的人，他說：

「我的爸爸、媽媽在心理及經濟上給我們兄妹倆許多支
持。從小，媽媽給我找了許多鄰居小朋友一起玩，讓我在學

校有許多朋友；打球有打球的朋友，唸書有唸書的朋友，而且我們要去什麼地方，不管任何時候，他們都會送我們去，經常鼓勵我們，花很多時間在我們身上，送我們去學東西，讀書需要的文具用品，他們一定買，而且買最好的。」

小孩能感受父母對他們的愛心與關注，所以做任何事都全力以赴，不讓父母失望。

◘ 成功的原因

教養孩子是一條漫長的路，在這一、二十年的育兒階段，任何環節都很重要，也可能出現不同的狀況，要如何維護，讓其茁壯成人，就有賴明智的父母了。曹家孩子有今日的成就，重要的原因在那裡呢？

立仁認為自己成功的原因有許多方面：

「Peer group同儕團體很重要；要活出自己、要有自信心；做自己喜歡的，才會成功。找出自己的才華，找出自己真正的道路；要有人激勵你，因為當孩子做的東西，沒有達到預期的水準時，很容易氣餒，因此要有人激勵，等達到目標後，再繼續努力。」

曹太太認為：

「一方面是我的幫忙，一方面是我們進入的學區好，要不是進入這個好學區，可能我們也不知道女兒能拉提琴。

「另外，我們給了他們安定的環境，再加上他們自己的

努力。我們是中産階級，也是一個因素，因爲如果父母有名又有錢，給孩子太好的環境，小孩會覺得不太需要努力或認爲我再怎麼努力也超越不了父母。但是話又説回來，在美國沒錢也很難打出來，條件不好，想做點什麼又沒錢。像我們孩子想做點什麼，我們也有能力送他去。像附近大學有Saturday workshop，我們會選一點他們喜歡的，送他們去學，這個錢我們花得起；如果覺得小孩有天分，想學點什麼，沒錢也很難。

同時，我在家自己就可以教他們，等於請了一個家教在家discipline他們，我是免費的，但關係更好，比外人來discipline他更好，因爲他們知道我愛他們，才會這麼做。另外，安定的環境可以給孩子安全感，這很重要，加上我們附近的社區環境很好。

以上這些因素使一個小孩變得很好，並不是只有單方面的。」

曹先生指出，孩子有今天的成就，最重要的原因是規律。

曹太太緊接著補充：

「是聽話，聽話並不是什麼都聽我們的，而是他能聽我們的，又能自己去努力；他們能接受父母的指導，然後努力朝這方面去做，雖然一般父母也給孩子discipline，但孩子不能follow；如果父母要孩子discipline是無理的要求，小

孩也不肯接受，就不容易成功。因此，要跟孩子溝通，讓孩子了解，可以接受而去執行，就會成功。」

　　從曹家成功的經驗來看，孩子能活出自己，找出自己的才能，做自己有興趣的事是其成功的祕訣，而更重要的是父母有長遠的眼光，在他們有計畫的栽培下，不斷的給予孩子關愛、支持與鼓勵，方能培育出如此優秀的孩子。

6 | 美國西屋科學獎
鍾定文

·哈佛大學高材生

世界奧林匹亞化學銀牌獎
美國西屋科學獎
以數學、化學、物理見長
在學期間獲獎無數

【父母親的話】

鍾先生

最主要是在小的時候要訓練他，肯聽話，叫得動。家長要注重教育、花精神，設定階段性的目標，給他鼓勵，這套方法並非每個孩子都適用，要依據個性。

即使個性不一樣，你還可以達到不同的目標，因為每個人總有一些天分，如果真的沒那種天分，你的目標就不要訂得那麼高。

鍾太太

父母滿重要的，你要養成孩子唸書的習慣，而且要灌輸他們努力的重要性，各方面如果不努力是不會有成就的。

◎ 傑出數理資優生

　　榮獲五十屆西屋科學獎第四名的鍾定文，目前就讀於哈佛大學，他在數理方面的傑出表現，引起大眾的矚目，因此不遠千里趕赴新澤西州拜訪其父母，了解其突出的原因。

　　鍾宗仁夫婦來自台灣，他們的一雙兒女在數理方面的表現均極為優異，尤以老大為最。

　　定文的數學天分很早就顯露出來。七年級時參加約翰霍布金斯大學的資優夏令營，一個暑假就唸完了所有高中的數學。八年級時，數學成績已超過十二年級的標準，於是開始修微積分；十六歲獲全美數學及化學奧林匹亞競賽優勝，也是全美同時獲兩項優勝之第一人，當年更是錦上添花，贏得西屋科學獎。

　　提起這篇讓定文得獎的論文，乃緣於定文九年級時參觀貝爾實驗室時，一名研究員提出了「優美」（graceful）的幾何問題，這個問題最早是由史丹佛一位頂尖的電腦教授所提出的，他們不涉及五條線以上到底圖形是否「優美」或「不優美」。

　　定文覺得這是一個有趣的數學問題，於是花了兩年的時間斷斷續續研究有關圖形是否「優美」的幾何問題；在九年級時已大致完成主要部分，他證明了可以找到無窮多的不是「優美」的圖形。加州大學一位教授也證明出五邊形不是

「優美」的幾何圖形；定文也將他的結果合併起來寫成此篇論文，參加五十屆西屋科學獎比賽而榮獲第四名，該論文已被數學界所接受。

定文個性沈靜、好奇心重、求知慾強，在父母眼中是個相當乖巧、聽話的孩子。極愛看書，喜歡玩花腦筋的遊戲，如橋牌、西洋棋，電動玩具等，也是學校的田徑隊員及樂隊，可說是多才多藝的孩子。

他在校一直保持全 A 的佳績，數學突出的表現，讓他的數學老師已經無法再教他了，這位大衛老師從定文初二就擔任他的老師，到了高中時，反過來請定文教他數學。

在高中數學課時，定文讀其他的書，老師發現他不專心，立刻叫他去解決一個很難的數學題目，他抬起頭，停了一會，然後正確的回答，像這樣的事情經常發生，大衛說：「每次我想挫一挫他，他總是答對。」，過去三年他老是跟老師玩貓捉老鼠的遊戲。大衛說：

「因為定文很忙，常會遲到。好幾次，在我問完問題之前，他已經有了答案，他知道我在做什麼。」

因此在數學課裡，老師允許他看自己的書，允許他只上半小時課；甚至最後一年，不必上課，老師給他幾本，讓他自己看。

享受這些特別待遇的先決條件是要把天分展現出來。在美國，學校當局會依學生的程度給予彈性的配合，家長必須

主動要求學校，否則老師還是會把他當一般學生看待。

◎ 設定挑戰的目標

　　鍾先生相當了解孩子的潛能，依照他的興趣，設定挑戰的目標，鍾先生定出的目標是以競試為主，訊息多半是鍾先生自己蒐集的，部分則來自學校。

　　鍾先生在定文五年級時發現他的數學天分後，於是設定一個目標，當他發現孩子很容易達成後，再將目標慢慢提高。由校內而至州內，進而全國性，最後到達世界性的競賽。

　　望子成龍、望女成鳳，是每個為人父母的期望，鍾先生對孩子的期望，也依每個階段而有所不同。基本上，不同的期望會先讓孩子明白。

　　小學時，定文拿了新澤西州數學全州第一時，鍾先生緊接著把期望提高，為了要完成這些期望目標，相對的能力也必須提高，鍾先生於是去蒐集一些資訊及可望增進孩子能力的研習班等。譬如他發現解決問題能力的重要性，於是讓孩子參加 problem solving 的研習課程；參加大學裡專為資優生開辦的研習營；鼓勵孩子走向另一個科學領域，讓他去參加大學主辦的夏令營。這樣慢慢提高孩子的能力，調整他的學習方向。

　　鍾先生依照孩子的潛能，朝奧林匹亞學術競賽進軍。先

朝數學、再轉化學，一步步，有計畫的，讓他有奮鬥的目標，同時告訴孩子，爲達成這些目標，該如何進行。定文了解父親對他的期望，相當配合。

鍾先生覺得數學在此時不是飯碗，於是鼓勵定文攻讀化學。十年級時嘗試選讀化學，發現他對化學有著濃厚的興趣，於是轉攻化學。跳過十一年級，直接進入十二年級，他每星期到哥倫比亞大學參加科學榮譽班，並在新澤西州理工學院選修研究所的量子化學及費爾萊迪克生大學選修有機化學。十六歲獲哈佛大學入學許可，主修化學；他大一時申請跳級，以前在許多大學選讀的學分都被承認，因此可望縮短修業年限，繼續攻讀博士學位。

◘ 因材施教

鍾先生的教育方式是因材施教，視孩子的天分而設定目標，目標設定後，分析道理並給予鼓勵，以增強其信心。

譬如，定文的數學進入全美二十四名時，鍾先生告訴孩子，要打進前八名，方能在奧林匹亞數學史上留下紀錄，讓他有一個挑戰的目標；最後一年，他打入了前八名。化學也是越來越好，目標也越訂越高，他的最終目標是國際的水準。

爲了達到世界性的目標，鍾先生買了很多書給他看，並增強較弱的部分，再加上定文自己非常用功，因此，在十六

歲時，代表美國際參加世界奧林匹亞化學及數學競試，但因日期衝突，魚與熊掌，僅能選擇化學奧林匹亞。

　　鍾先生設定目標讓孩子接受挑戰，並非每一次都能順利達成。譬如鍾先生希望兒子考 SAT 滿分，結果定文數學、化學、物理均爲滿分，生物錯了一題。當目標無法達成時，孩子難免有挫折感，鍾先生會安慰孩子，給他打氣；目標完成時，也會獎勵孩子，有時給獎金或買一些參考書或帶他去購物中心打一場電動玩具，電動玩具是孩子最喜歡的休閒生活之一。

　　許多父母對孩子也有不少的期望，但不見得每個孩子都能像定文一樣，一一完成父親所設定的目標，即使來自同一家庭的妹妹，也未必如哥哥般，逐步完成目標。妹妹的數學跟哥哥比，稍爲遜色，但就同年級而言，是相當不錯，鍾先生爲她所訂的目標就不同，設定後仍必須加以督促，與哥哥完全兩樣。

　　鍾先生解釋：

　　「這要看小孩的個性。我女兒比較 aggressive，有什麼東西，她就想要，好在我兒子小時候管得緊，已定型。我女兒，給她設定目標，如果沒有哥哥當榜樣，就很難要求她，所以小時候管的好，也有關係。一般來說，小孩有天分而要能表現出來，通常要『聽話』的才行。有主見的孩子，也有可能，但比較難。要服從、要聽話是很有關係的。」

鍾先生認為孩子數學好，跟天分非常有關係，他說：

「沒有天分，再怎麼逼也沒有用。我女兒的數學可以進入全美四千名，但就是進不了前一百五十名。我的辦法是先打入四千名，再來是一百五十名，再到二十四名，再來前八名，我想我女兒一輩子也進不了前一百五十名。」

就數學而言，同樣是鍾家的孩子，所提供的環境也類似，為什麼兩者會相差那麼多呢？

鍾先生表示：

「我看數學能力，一般而言，女生還是比不上男生，雖然女兒進不了前一百五十名，但畢竟她才九年級，以九年級要和全美的十二年級比，能進入四千名也已經比一般水準高了，但是要從四千名進入前一百五十名，便不容易了，再進入前二十四名，前八名，愈來愈難。我兒子九年級時進入二十四名，十年級進不到前八名，到十二級時才進入前八名，這真是需要天分加上努力，而女兒相同的研習課程、時間，所學的就沒哥哥的一半，就是沒辦法。」

鍾家女兒對化學較有興趣，所以鍾先生鼓勵她攻讀化學，因為化學不需要那麼多的數學，鍾先生認為孩子天分有差別，女兒不可能走數學，也不可能走研究的路，但兒子卻很適合做研究。

☒ 有效的讀書方法

定文記憶力非常好，讀書對他而言是一件輕而易舉的事，他的讀書方法是思考、吸收，而非死背，鍾先生自己也很佩服兒子的唸書方法，他說：

「我兒子書讀得好，都是真的吸收進去，而不是死背。我在台灣的經驗是大考來臨就死背書，當時成績很好，但是過了一、兩天再考，只有五十多分，差別很大。定文唸書差別不大，他唸書不必重複，都吸收進去了，即使微積分八年級唸的，三年不唸，到了十二年級，老師考他，他還是得個A。

他的讀書方法不是我教出來的，我很佩服他這麼好的讀書方法，大概跟專心有關吧！吸收的方法也不錯。」

☒ 嚴格的管教

定文認為自己之所以優秀，在於父母親的協助，尤其是父親對他的影響最大，他的管教雖有些嚴但並不強迫，這種方式至少在他身上生效了。

定文的作息相當規律，他非常用功，但卻從不開夜車，晚上十點睡覺，早上六點起床，一定睡足八小時，每天平均花三小時做功課，每晚很少超過十點鐘睡覺，鍾先生表示，充足的睡眠有助於學習效率的提高，睡眠足、唸書效果才

好，也才能專心。

為了讓孩子養成規律的作息，從小鍾先生夫婦滿費心的看著他們。例如，要女兒早一點睡覺，她卻喜歡躲在棉被內偷看小說，這就必須揪出來，當她抱怨沒時間看小說，鍾先生就為她安排某段時間做那些事，剩下的時間就由她自己安排。

鍾先生並非每天督促孩子唸書，只有在重要考試時，他才會在附近邊看報邊陪著他們。他說，小孩再怎麼聰明，還是喜歡玩，規定他們唸書是規定，但還是要有人督促。

◎ 父親的費心

鍾太太覺得孩子之所以傑出，除了遺傳的因素外，後天的環境也滿重要的，如果不是先生費心的話，任由定文自由發展，他可以在班上突出，但卻沒辦法傲視羣倫。

鍾先生為了這個兒子，真是煞費苦心，除了為孩子設定挑戰的目標、督促他，還必須留心各種資訊，針對考試特別訂購相關的參考書籍，並到各圖書館、書店找書、買書或送他去參加各項研習營。慶幸的是，這些研習營多半是因他的表現傑出而得以免費參加，省了不少費用。

定文唸的是公立學校，經濟上節省不少，當然也有不少家長求好心切，將孩子送進私立學校或讓他們去國外參加夏令營等，所費不貲，鍾先生認為不須如此，他說，如果孩子

像定文那麼好，把目標訂好，根本不需要花錢。

「看孩子的天賦程度，在某個程度就需要花錢，像我女兒的程度就需要花一點錢，增加她的機會。讓她唸公立學校，我一樣可以教出花一萬塊上私立學校的程度，主要是看父母有沒有花心思，但以程度來說，可能不會有現在那麼好；像享特（Hunter）只注重西屋獎，奧林匹亞就沒有了，因為再好的學校，也不可能面面顧到，不能按孩子天分給予特別複習和挑戰」。

他認為如果父母自己有能力、時間，還是自己教比較好，否則送到私立學校，不失為理想的方法，他信心十足的表示：

「無論我的孩子上那個學校，我一樣有辦法讓他有同樣的成就！」

◙ 家庭的影響

定文曾提及家庭對他的影響在於，一、注重教育；二、努力用功；三、做研究的精神。

事實上，鍾先生夫婦並沒有特別強調那三點，僅僅是平日透過他們的言行，慢慢影響孩子。他喜歡告訴孩子一些小時候在台灣的事情，讓他比較，讓他了解，經常利用機會教育他們，讓他們明白教育的重要。夫妻倆平日也是手不釋卷，他們讓孩子體會要努力用功才會有好成績，即使有天分

也需要用功，才能得到更好的成績。

鍾先生是電腦博士，晚上不時需要繼續從事研究，他給孩子的印象是「爸爸很認眞的做研究」，因此做研究的精神是影響孩子最大的家庭因素。

由此看來，這三點是父母無形中潛移默化，鍾先生表示：

「最重要，我覺得小孩子小時候管得緊，比較聽話。大了當然不能一味要他做什麼，我是慢慢用講理的方式，他都能吸收，我們之間没什麼困擾，當然你要他做什麼，你自己也要全力去做。」

父母良好的身教是孩子無形的資產，父母的一言一行對孩子的影響是滿深遠的。

◎ 融合東西文化

定文生於美國，會講一些中文，他一直以身爲中國人而不會中文覺得不好意思，是個滿中國化的孩子，對師長相當尊敬，功課好又不驕傲，因此滿受同學、老師的歡迎。

在鍾家，他們儘量灌輸孩子東方文化思想，舉一些孔孟思想，但孩子們都不怎麼認同，因此，他們所創的家庭文化是融合東西方的優點，既要有美國人玩的個性，又不能犧牲中國人努力工作的精神，要讓孩子玩，也要他們努力認眞。

因此，在這樣一個東方文化的家庭裡，小孩接觸了外界

的西方文化，對孩子而言，也會有許多不協調的地方。鍾太太回憶起以前兒子考 SAT 時，只有短短的三個月準備時間，因爲時間短，要記的東西很多，壓力很大，孩子相當抗拒，他反問母親，爲什麼美國孩子沒這樣，而他卻要如此？於是鍾先生跟他溝通，任他自由選擇：

　　「如果採美國的教育方式，十八歲必須獨立自主，上大學自己解決；如果用中國的方式，上大學由父親負責，但必須遵從父親的教導。」

　　最後孩子還是選擇了中國的方式，鍾先生說，這種事很少發生，最主要是 SAT，完全靠記憶力，很枯燥，但那卻是一個非常重要的關鍵時刻，考得好，才會有其他的機會。

　　鍾太太是位高學歷的媽媽，偶爾從事些房地產買賣，她幾乎把所有時間都給了孩子。在日常生活上，她讓孩子輪流做家事，藉由家事中學習到組織、協調與負責的態度，她認爲生活教育即一切教育的基礎，如果光會唸書，日常生活的東西不懂也不行，況且美國社會比較注重均衡發展。鍾先生非常重視功課，寧可孩子唸書而幫他們摺衣服，鍾太太則強調做家事是一種訓練，類似這些不同的意見，他倆通常先在房間內溝通過，取得一致再行教導孩子。

◙ 他爲何突出

　　在美國，純以學業的觀點來認定孩子有沒有天分，就得

看四個獎：西屋科學前十名、數學奧林匹亞前八名、化學奧林匹亞前二十名、物理奧林匹亞前二十名等最頂尖也是難度最高的，很少中國人能同時擁有兩、三個大獎，定文能同時擁有三項大獎，是非常不容易的。

天才型的定文，樣樣傑出，樣樣學習的那麼好，那麼有效果，鍾先生的看法是：

「天分是有關係，第二，還是要有自信，我常跟他說他的頭腦不錯，可以唸得很好，睡眠充足、上課專心、當場理解吸收，這幾個因素都有關係，孩子的發展，看父母注重什麼，如果要平均發展的話，就很難一項突出。」

孩子多才多藝，固然與天資聰穎有關，但父母親有一套特別的教育方法，才能讓孩子的天分發揮到極致。定文之所以優異，家庭方面給他的影響，除了前面定文提到的三點外，鍾先生有感而發的說：

「我覺得父母要花時間去指導他，給他環境、機會，鼓勵他去發揮他的才能。

如果我不花這些精神，他當然也不錯，進哈佛沒問題，參加奧林匹亞競賽就沒那麼容易了。像數學奧林匹亞，父母到書店買普通參考書是不夠的，還要看考些什麼題目，特別去訂購，化學也一樣，要特別安排。此外，還要及早發現他的天分，如果不這樣做的話，在學校、全州，我兒子還可以，女兒就不行，假如完全不管，像奧林匹亞、西屋科學獎

等等可能都沒機會。」

　　從一個極具天分的孩子走過的路來看，鍾先生夫婦隨時都在關心他的成長、了解他的資質、潛能及發展狀況、設立適當的目標，鼓勵孩子逐步完成，像定文這麼不可多得的孩子，鍾先生鍾愛自不在話下，他衷心希望孩子有朝一日能獲得諾貝爾獎，鍾先生說：

　　「我花比較多的時間在孩子身上，我只有這麼一個兒子，如果他攻讀化學、生化、醫學的話也可以，他比較喜歡自己動腦筋，所有的數學都是自己唸；越是抽象，他越喜歡，我也覺得還有希望。」

◙ 教養祕招

　　教養孩子是很複雜的過程，教養一位資質聰穎的孩子更是複雜，定文的成就各方矚目，許多親朋好友都向鍾家夫婦請益教養孩子的方法，鍾先生毫不吝惜的傾囊相授，他說：

　　「最主要是在小的時候要訓練他，肯聽話、叫得動。家長要注重教育、花精神，設定階段性目標，給他鼓勵，這套方法並非每個孩子都適用，要依據個性。

　　像我女兒的個性，我也有辦法讓她達成某個領域的目標，讓人看到她的天分。像我兒子，同時三個領域都傑出，是很難得的。我女兒投機取巧，不愛唸書的個性，我也有辦法讓她達到一項，最主要還是看父母肯不肯花精神替他們安

排這些事情，同時要了解他們，即使個性不一樣，我還可以達到不同的目標，因為每個人總有一些天分，如果真的沒那種天分，你的目標就不要設定那麼高，像奧林匹亞不是那麼容易能達到，全州第一或全州能上名也可以。如果有能力到全國的話，就試一下，如果還有能力的話，兩樣、三樣的來。」

鍾太太緊接著說：

「父母滿重要的，你要養成孩子唸書的習慣，最基本的就是功課一定要做好，而且要灌輸他們努力的重要性，各方面如果不努力是不會有成就的。」

定文各項基礎都很紮實，讀書方法有效，自己又肯努力，加上雙親的鼓勵、支持與引導。可預見其前途璀璨無可限量。鍾先生夫婦投入了時間、精力在孩子身上，他獨具教育的眼光，引領孩子邁向成功之路，他的經驗是值得我們學習與借鑑的。

7 | 美國西屋科學獎
Corey 成

·哈佛大學高材生

美國西屋科學獎

以數學、電腦、音樂見長

在學期間獲獎無數

【父母親的話】

成先生

我們家庭健全而且溫暖，孩子回到家，爸媽都在，他感到非常安全，感覺自己是被保護、被愛的，他就會非常願意去讀書，那是非常重要的一個因素。

父母親對孩子的影響力，是超乎我們所想像的，你平日的一言一行，孩子會全盤模仿，當你領悟到時，可能為時已晚，所以父母的身教、言教確實是非常重要的。

我不認為他是天才型的孩子，如果要我選擇，我會選擇努力而不是天才，以我的觀點來看，努力才是成功最好的方法。

成太太

媽媽是非常重要的角色。我很幸運，先生能提供我這一切，讓我選擇在家。如果你有機會可以在家的話，千萬不要放棄，你的工作可以再換，但孩子的時光是永不再回頭的。

　　我們提醒他，不論他做什麼事，我們都支持他，如果真的喜歡音樂就走音樂的路子，能不能謀生並不是那麼重要，事實上，如果你是很快樂的，你一定能夠成就某些事情。

◙ 第二代華裔優異子弟

當華裔學生成 Corey，甫獲一九九○年西屋科學獎時，在波士頓地區曾引起一陣震撼，讓不少人跌破眼鏡。除了華裔的身分外，更由於他是來自麻州郊區的公立學校。

位居美國東部的麻塞諸賽州是個人文薈萃的地區，家長一般來說都非常重視孩子的學業，他們會為孩子選擇優良的學區，付高昂的學費，選擇私立學校，以期孩子能出人頭地。因此，眾所矚目的西屋科學獎得主，竟然不是落在明星學校，而是落在普通的公立學校，這匹黑馬自然成為大眾的焦點，透過波士辦事處及僑教中心，因而得以順利訪問到其父母。

麻州華人聚集較多，在華人社會裡，有老華僑及新華僑。老僑是指住在美國已有幾代的歷史，而新僑是指新近移民的，新僑多半來自台灣，其子女有特殊表現者也較多，而要尋找老華僑，同時其子女又是相當傑出的，是有些困難，因此，能順利訪問到成淵、黃國愛夫婦是相當不容易的。

成太太父母早年來自大陸廣東，她是第一代華僑，根據一般的觀察，可以看出第一代華僑多少都會有自我認同及文化衝突的困擾，他們夾在上一代的傳統文化及同輩美國師友的新作風之間的困境，他們如何自處？如何融入主流社會？是否仍舊保有中國傳統文化等等；而其第二代的情形是否又

有其他特殊的變化？都是值得我們深入探究的。屬於第二代的 Corey，究竟還有多少是屬於中國化呢？其父母又是如何培育他成為傑出的學生？這所有的一切，都是令人相當好奇的。

◪ 好奇是學習的原動力

成先生夫婦住在麻塞諸賽州法明罕（Framingham）的一棟精美宅子，成先生是一名忙碌的貿易商，經常往來於世界各地，成太太原為教授拉丁語的教師，自從有了 Corey 以後，成為全職媽媽；直到他國小上全天課後，才再度就業，Corey 是他們唯一的孩子。

Corey 除了榮獲西屋科學獎外，在校內外也獲得為數不少的獎項，是個品學兼優的孩子，他以數學、音樂、電腦見長。

Corey 在父母的眼中是一個很乖巧，很好帶的孩子。從小對任何事情都相當好奇。「好奇」可說是其成功的一個因素，強烈的好奇心是其學習的原動力，由好奇心衍生出的自學能力，使其父母完全不必操心，就成先生夫婦記憶所及，似乎不曾叫過他：「去讀書，去做功課」，他感覺孩子做什麼事都是自己來，他們只不過是提供機會與環境而已。

成先生說：

「這孩子對許多事情都非常好奇，比如我們買東西給

他，不管是樂器、電腦、書，凡是他不了解的，對他來說，都是相當新奇的，他會自己摸索、研究。

在他四、五歲時，我由中國大陸帶回一把小提琴當紀念品，孩子看到掛在牆上的小提琴，覺得非常好奇，於是拿來把玩，沒想到他竟迷上了它，整天玩個不停，直到現在。一開始，我們不曾對他說：『你每天要練多少小時』，而電腦也一樣，我們買了電腦回來，不是對他說：『你該去學電腦或去找個老師教教』，而只是說：『嗨！那兒有個電腦，你可以去玩玩』。運動方面也是相同的情形，我買高爾夫球具組給他，他總是那麼的好奇，自己去學習。」

「好奇」在成先生眼中是個神奇魔力的字眼，孩子的所有學習動機皆起源於此，就他們記憶所及，孩子都是自動自發做功課、讀書，完全不需要他們催促。

成太太也說，孩子從不要求什麼東西，而他們也從不逼迫孩子去做什麼事情，一切的學習都是非常自然的。譬如，他們看到孩子喜歡玩小提琴，於是順勢徵詢孩子的意願，為其尋找指導老師。

Corey 在香港時曾學過一段時間的小提琴，回到美國後，由於學制的不同，學校直到四年級才有音樂課程。因此，成太太另外給孩子在外面學習音樂課程。但有段時間，他竟然對小提琴提不起興趣來，而有意放下，成太太覺得可惜，於是經過溝通、努力，終於渡過了低潮。

◪ 自學能力強

　　Corey 對音樂一直都抱持著高度的興趣，他除了小提琴外，還自行摸索學會了鋼琴。在成先生夫婦眼中，Corey 是個自學能力極強的人。

　　自學能力強，學習慾望更是強烈，這究竟是如何產生的呢？

　　成先生認為可能的原因是：

　　「他不笨，但也不是一般人所說的天才。他的學習速度不是很快，我想，他是有一個非常好的讀書習慣，同時也有著強烈自我挑戰的意識，以及想盡自己最大的能力來表現最佳境界的企圖心。他喜歡自我挑戰，也喜歡做那些他自認為重要的事，如求知。他自己設定目標，很努力、很認真的去達成，可以說是滿聰明的孩子。」

◪ 對學問有自知、自覺的能力

　　成太太說：

　　「他是一個相當自知、自覺的孩子，他了解什麼對他及對我們而言是重要的，我們根本不必叫他做功課或讀書什麼的，他都是自動自發，完全不用我們告訴他。」

　　Corey 學習新事物時，幾乎完全投入。小學三年級剛開始接觸電腦，他花了許多時間在上面，沒多久，他就能以自

己的語言來寫，的確相當驚人。

「小時候的 Corey 與一般孩子不同，他喜歡待在家裡玩電腦、看書，做他喜歡的事情，小小年紀就擁有高昂的學習動機及自學能力，的確相當不尋常。一般而言，通常比較大的孩子，如高中、大學階段的孩子，已經懂事，則較易自動自發的學習或從事研究，但 Corey 為什麼能在很小的時候就對知識、學問有自知、自覺的能力？

成先生認為：

「我想有兩個原因。亞洲孩子的家庭環境是滿健全的，我想他也是那樣，他回到家，爸爸、媽媽都在，他感到非常安全。我想這對孩子來說是一個非常重要的原因。另外一個原因是，孩子情緒穩定。就我的觀察，美國孩子的情緒常常起伏不定，那將影響孩子讀書習慣，因為如果家長酗酒、吵架，會讓孩子不安而影響他們讀書的情緒，而孩子如果生長在一個非常溫暖的家庭，他感覺安全，感覺自己是被保護、被愛的，他就會非常願意去讀書，我想 Corey 就是有那種環境，那是非常重要的一個因素。」

◎ 學習著重基礎

Corey 四、五歲學習算術。有一天，成先生給他一題 25－19，他答 6，成先生很好奇，為什麼只學過加法而從沒學過減法的兒子竟然會這題？Corey 告訴爸爸：「我從

25 往回數，直到 19，所以還剩下 6 在我手中。」

　　換句話說，Corey 對於「數」有著極清楚的概念，他了解數的基本原理。他學習每樣事物均著眼於基礎之上，這也是其成功的原因之一。成先生說：

　　「到目前為止，他表現很好，為什麼他會成功？我想，有一點很重要的就是，他看任何事情都著眼於基礎、根本。就像剛剛我所提到的 25 － 19，他得出 6。基本上是他了解數學的基本原理。他學習每樣事情都放在基本原理上，學校的老師經常說他都是以艱難的角度來看每一件事物，因為他都是從基本原理下手，所以說他並不是一個學習速度很快的人。

　　「如果就其目前的成就而言，我相信是因為他非常重視基礎的關係。舉個例子，許多孩子都是把音樂當成玩樂的，但他卻真正的把音樂變成電腦語言，他並非建立電腦程式來彈奏音樂，而是以高難度的方式來處理，把每個音符轉變成電腦語言。」

　　成太太說：

　　「我記得那是非常枯燥、乏味的工作，一個鐘頭接著一個鐘頭，只為了抓住一個正確的音。」

　　成先生拿過來一個 Corey 十歲半的作品，那是一個作工極為精細的木船，完全參照書上的美國「五月花號」圖片而獨立完成的，當時在學校贏得了很大的榮耀。成太太認為

孩子大可不必如此煞費周章，直接買個模型來做就得了，但
Corey 卻不這樣認為，成先生說：

「他拿起書本，照著圖片，測量這艘船的可能尺寸，一
片片精細的切割，然後一片片的黏起來，由船底開始構築，
這件作品，如果從模型的觀點來看，可能很容易，我並不是
說他這是天才的作品，我只是說他花很長的時間在上面，從
奠基做起，我想這跟他的成就有密不可分的關係。他做每件
事都是由基礎而起，我想他有他的道理，也因為如此，他才
會成功，他所做的一切，經常令人不可思議。」

成太太回憶孩子做「五月花號」時，全心投入，幾乎與
外界隔離，他列出進度，兩點鐘必須完成這項，三點鐘完成
那項，六點鐘完成某項，他不眠不休的工作，每天僅小睡片
刻而已，看得媽媽心疼不已。

◙ 設定目標、計畫行事

成先生表示，Corey 是一個很有計畫的人，如果他有一
個目標，他一定會去完成它，一個目標完成後，立刻又有新
的目標出現，不斷的點燃他的戰鬥慾望。

「沒有人告訴他必須那樣做，我想他是學他媽媽的」。

成太太做事很有計畫，她按照時間管理日誌行事，充分
運用每一分時間。

「因為每天都有很多事情要去做，如果你不列出，你根

本無法完成，你可能會說這個我明天再做，那個留到下星期再做，甚至說算了吧！如果寫在紙上，或很大的黑板上，這件做完，擦掉，你可以繼續做下一個。

記得在國小六年級時，我給他一本筆記簿，我說老師給你作業時，你要把它記下來，每一件事都記下來，包括老師說明天要帶午餐，也一樣要記下，兩、三個月我會檢查；即使到了高中，他還是一樣記載每一件事。」成太太說。

從小的訓練，讓 Corey 做事不會丟三忘四。做起事來有計畫、有系統、有目標。

「我們從不逼他，但我們的環境可能給了他這麼一個印象，或者是他有樣學樣，中國人講求的是身教，我想他是學到良好的身教。有時他工作到凌晨兩、三點，除非做完那項工作，否則不會去睡覺，我不知道他為什麼會這樣？可能是從我這兒學的吧？」

◎ 喜歡思考、滿腦子構想

Corey 喜歡思考，腦子裡總是不斷的湧現新的構想，有些一時無法求得解答，但他會繼續不斷的思考，企圖突破。此次西屋獎獲獎的構想，他醞釀了將近一年，不斷的想，終於找出解決的方法。

「現在他腦子裡裝了不少構想，讓他不停的去思考，我想這就是他為什麼那麼累的原因。」成太太說。

這位思想家也是位勤奮的作家，文筆佳、思路清晰，文章散見於專業及非專業雜誌中，成先生覺得孩子這方面的能力，可能承襲自其父（成先生尊翁爲作家）。

◙ 身教、言教影響深遠

有其父必有其子，成先生承襲作家父親的文采，能寫會畫，是個極具創造力的人，Corey 也承襲了這點，他們父子倆又是個工作狂，不把手上的工作做完是絕不歇息的。

Corey 曾經在許多文章中談及自己，他認爲他的想像力與創造力可能源自於父親；而一絲不苟、井井有條則來自於母親。成太太表示：

「我想我可能較講求規律，比較重視細節，而我先生則有著豐富的想像力及創造力，他會畫、能寫；Corey 可能比較幸運的將我們倆的特點融合在一起。」

這是最佳的結合，因爲成功是需要條件配合的，如較高的創造力、能力及毅力，而這三個條件是讓一個人成功的重要因素，而 Corey 正好擁有此條件。

如此看來 Corey 是深受父母親的影響，成先生極爲認同的表示，父母的身教、言教，實在是太重要了，他說：

「父母親對孩子的影響力，是超乎我們所想像的，你平日的一言一行，孩子會全盤模仿，當你領悟到時，可能爲時已晚。你抽煙、孩子也抽煙；你懶惰，孩子也懶惰；你有好

的價值觀念，孩子也會有好的價值觀念，你根本不必逼他們。所以，父母的身教、言教確實是非常重要的。」

Corey 有著成功人物的特質：豐富的想像力、獨特的創造力、堅強的毅力、持久的工作態度、專注、愛思考、喜歡追根究柢，不怕困難及正確的價值觀等，而這些特質均與其父母的教育方式有著密不可分的關係，成先生認為孩子成功的關鍵在於太太而非他，因為他忙於事業，比較沒時間陪伴孩子。

◎ 中國傳統價值觀念深植於心

成太太是第一代移民，父母來自中國大陸的廣東省，獨生女的她，從小生長在一個家庭凝聚力極強、極傳統的中國家庭，深受父母兄長的疼愛，在家講廣東話，後來其父體認到在美國社會生存，英文是極重要的工具，因此，她把英文當做第一語言。從她溫柔婉約的言談舉止中，散發出濃濃的東方氣息，實難想像她從小生長於美國。成先生表示，不會說中文的太太，價值觀念卻是非常的中國化。他說：

「雖然她不會說中文，但她的價值觀念卻是非常、非常的中國化。我認為中國人的傳統家庭觀念是有別於他人，而價值觀念是非常重要的，它影響孩子的一生。我們不曾告訴 Corey『你不可以做有辱門風的事』，但我確信，他已經有那種觀念，並努力成為一個有成就的人，以光宗耀祖，這種

傳統價值,在他身上可以發現。」

◎ 擷取西方文化優點

另一方面,Corey 也擷取了西方的某些價值觀念,舉例
來說,他會利用星期假日在速食店打工,以自己的力量,維
持自己的開銷。剛開始時,成先生夫婦不同意,但經過討
論、溝通後,才允許他去打工。成先生說:

「我想,有一些同儕的壓力存在,因為每個同學都工作
而他沒有,他不想有那種感覺,他選擇了西方社會好的價值
觀,因為你必須讓孩子長大,自己賺錢,過自己的生活。事
實上,很多東方孩子,經濟上還是依靠父母,這是很大的缺
點,感覺上他們還沒長大,我想他很幸運的擷取了東、西方
文化的優點。」

◎ 母親,非常重要的角色

成太太受過高深的教育,原為拉丁語教師,教了七年
書,直到 Corey 出生後才辭職。她非常重視孩子的教育,
尤其是零歲教育。在孩子七歲時,她再度就業,雖然她有機
會重回教職,但她卻沒有,她說:

「媽媽是非常重要的角色,我很幸運,先生能提供我這
一切,讓我選擇在家。如果妳有機會可以在家的話,千萬不
要放棄,妳的工作可以再換,但孩子的時光,是永不再回頭

的，雖然，我可以選擇回學校，但是我卻永遠不可能換回孩子那幾年的時光。

Corey 七歲時，我開始上半天班，在孩子回到家前，我已經在家了，同時我也有機會去接觸人群，我很滿意。我之所以沒有回去教書，是因為如果你在教書，白天把所有精力花在學生身上，晚上回家後，你仍舊要做著相同的事情，因此，我選擇白天做其他的事情，回家後，我有時間、精力可以陪他。」

◎ 提供溫暖、甜蜜的家

成太太深愛著先生、孩子，每天早晨她以愉快的心情為父子倆準備中式早餐，稀飯、小菜及西式早餐培根、熱狗、麵包等，無論多晚，她也會為孩子準備消夜。

「我不介意凌晨兩點弄吃的給他，從小每天早上我準備不同的東、西方早餐給他們父子，即使到了高中也一樣，當別人不可置信的問我『妳早起為他們做早餐？』她們從來不那樣。我自問是不是錯了，沒有幫他們倆獨立？繼而一想，我並沒有錯，我要他們早晨離家時，有個美好的感覺，讓他們一天都充滿活力與溫暖。」

成太太花很多時間在孩子身上，學前時，常常帶他到圖書館看書，參加圖書館的活動，接觸其他孩子，成太太告訴孩子，「書」是他最忠實的朋友，父母、朋友會有不在的時

候，但是書會在那兒，只要去找，都可以找得到。

◎ 幫助孩子認清自己的極限

　　Corey 生活相當規律，看了很多的書，電視很少去碰，如果他有多餘的時間，多半都花在打電腦及寫作上。學校的功課，作業、報告，他儘量在學校完成，回家後稍做休息，即立刻著手於自己的研究工作。他對學問追求不眠不休的態度，讓父母操心不已，因此前些日子，父母建議他休學一年，到外面看看，以減輕壓力，哈佛大學也有這種做法，成先生說：

　　「我們鼓勵他休息一年，因為孩子年紀太輕，還不太能了解自己想要做些什麼，我要他去想想，自己要的是什麼？回來後就會有另一番的看法。我不要他這也第一，那也第一，我只希望他快樂。人生很短暫，你不可能一一去完成每一件事。所以，我們儘可能幫助他接受自己、認清自己能力的極限，如果拼命的去追求成就，有時也會產生一些精神上的問題。」

◎ 尊重興趣與專長

　　就這麼一個寶貝兒子，他們在乎的是他的快樂而不是學業成就，他們不溺愛他，也不掌控他。在他選校與選系時，父母心雖各有所屬，但他們仍舊尊重孩子的興趣與專長。

Corey 喜好音樂，一度徘徊於音樂與物理間，後來他選擇了物理，成太太說：

「我們提醒他，不論他做什麼事，我們都支持他，如果真的喜歡音樂就是走音樂的路子，能不能謀生並不是那麼重要。事實上，如果你是很快樂的，你一定能夠成就某些事情。

他有特別的興趣，我們支持他，他需要特殊訓練，我們提供他，如果他想請老師來家裡，我們也支持。」

◙ 尊師重道、亦師亦友

Corey 在音樂、電腦、數學方面表現特殊，同學稱他爲「電腦神童」，很得老師們的喜愛。小學時，他很喜歡一位電腦老師，成太太特別請他到家裡坐坐，與孩子聊聊天，讓孩子與老師的關係拉近，「亦師亦友」這一點，成先生認爲太太做得很成功。小提琴老師很疼愛 Corey，每天自願提早到校指導他。成先生認爲孩子在某方面有特殊表現，實與老師有密不可分的關係，他表示 Corey 是一個滿傳統的人，很懂得中國的「尊師重道」精神，不喜歡的老師，他不會直言冒犯；而他喜歡的老師的那門課，會非常用功，表現很好。

「我認爲這是很重要的，老師關心他，關心他的學業，學生自然表現很好，Corey 是太幸運了，他有非常好的電

腦、音樂及數學老師。」

Corey 就讀的公立學校，各色人種都有，很多中國家庭選擇北部昂貴的地區居住。他們認為好的地區，學區較好，孩子的教育也較理想。雖然，成先生有足夠的能力住「高級地區」，但他卻不如此，在他的觀念裡認為既然來到美國，則必須融入美國社會，要融入美國的社會，就要住在一般地區，才能知道如何與人相處。

公立學校的資優班，對 Corey 而言，不具挑戰性，成太太有意將他轉入私立學校，但 Corey 不願離開熟悉的環境與同學，因此，他們只好請求學校給他額外的教材，以滿足他的需要。

Corey 不僅功課好，人緣也極佳，他很懂得擇交益友，對朋友更是熱誠，這當然得歸功於他的母親。

◙ 特別的規定

從小，成太太給孩子一個規定：凡是他的朋友，都必須帶回家來。

Corey 是獨子，爸媽希望他有許多朋友，也想看看他的朋友。透過 Corey，成先生夫婦結交了許多族裔的朋友，以猶太人占多數，因此成太太也得了一個「猶太媽媽」的稱號。這些孩子把成家當成的自己的家，成太太經常準備大量的美食填滿孩子的口腹。到了春假或感恩節時，三、四十個

不同膚色的孩子們會不約而同的湧入成家，即使 Corey 上了大學不在家，孩子們放假了都會自動前去。成先生說：

「我們的家，就好像一個旅館似的，每一個來到這裡，他們永遠都是受歡迎的，我太太總會提供食物滿足他們。」

食物量的消耗是相當驚人的，但成太太不介意，她說：

「他們自動來這裡，我們提供吃的給這些孩子，我想食物是一種吸引力，你提供食物，他們喜歡，感覺這裡很舒服、愉快而願意留下來；當他們留在這裡時，我知道他們的去處，也不會窮擔心。」

成先生接著解釋道：

「我太太要他們來這裡是有特別用意的，我們可以看看他的朋友，但我們不給他任何意見，如果我們看到有問題的孩子時，我們會給他幾句忠告，這是非常重要的，我相信孟母三遷、更確信環境的影響力莫大無比，我們不希望他跟壞孩子在一起，擔心他們酒醉駕車、吸毒，以及一些不正確的價值觀念會影響到 Corey，這些都是我們不願見到的。」

Corey 幸運的完全沒有沾染一絲惡習，是個不用父母掛心的模範孩子。

◙ 自我認同的困擾

華人的第一代常會有「自我認同」的困擾，他們生在美國、長在美國，以英語為母語，拿的是美國籍、接受西方教

育文化的洗禮，除了外貌外，幾乎可說是美國人，他們和美國人在一起時，覺得自己是中國人，和中國人在一起時，又自覺是美國人，常常有一種無根的感覺。第一代的成太太，出身於一個極傳統的中國家庭，以家為生活的重心，她一直就認為自己是中國人，在「自我認同」上並不造成困擾。

第二代的 Corey，小學時，並沒有「自我認同」的問題，到了中學才漸漸浮現出來，他隱約感受到不同的待遇，聰明的他，清楚自己的「中國人」身分，但對此卻有些敏感，他喜歡跟中國人在一起，喜歡選修亞洲課程。另一方面，他也領悟到，身為美國的少數族裔，必須在某個領域上表現優異，才不致於被人排斥。因此，他在學業上投注了許多心力，企圖成為學術界的領導人物，這是促使其孜孜矻矻、奮力不懈的另一個原動力。

成先生表示，他們從不灌輸 Corey：「少數族裔要加倍努力，才有成功的機會」，他們不給孩子壓力，反而要他放慢腳步，但從父親身上，孩子明白：為了成功，為了擁有很好的工作，必須在學業上有優異的表現。這也是促使其學業優異的另一原因。

◙ 成功的個人因素

成先生談到孩子之所以表現優異，他說：

「如果有任何與 Corey 的才能有關的，我不認為他是

一個學習速度很快的人，我不認為他是有特殊才能的人，但是他有一副很好的頭腦、非常聰明，看事物從基礎著眼，追根究柢、重視思考，有強烈的好奇心、工作非常認真、專注，那是他非常好的讀書習慣，有正確的價值觀、自我挑戰，而且肯下工夫，很有毅力，其他學生花三個小時在上面，他可以花十個小時。

我知道有些東方家庭嘴上說孩子是天才，隨便唸唸也可以考第一，但私底下又逼孩子逼得很緊，我們不是這種人，我不認為他是天才型的孩子，如果要我選擇，我會選擇努力而不是天才，以我的觀點來看，努力才是成功最好的方法。」

◎ 陪伴、傾聽兩個教養重點

成太太教育孩子，她的成功是有目共睹的，從 Corey 身上，她體會到陪伴孩子是相當重要的一點。孩子小的時候花時間陪他，給他智慧的啟發、為人處世的教導，讓他感受到溫暖、安全、快樂，給予他精神上的鼓舞、支持，即使到了高中，孩子似乎不怎麼需要父母了，但父母還是隨時給他支持、鼓勵與關懷。

另外一點則是傾聽孩子的心聲，仔細的傾聽，不要斷章取義，要把孩子的話仔細聽完，再下結論，否則孩子會認為父母不了解他們。

◙ 中、西文化菁華造就傑出青年

Corey 之所以突出，除了他個人的特質外，家庭環境的影響是極重要的關鍵，成先生謙虛的表示，他們只不過是提供機會與環境而已。

成先生夫妻提供了一個健全、溫暖的家庭，做為孩子努力的後盾；隨時陪伴他、關心他；以良好的身教、言教影響孩子；從小培養其良好的生活習慣與讀書習慣；他們重視教育，任何有關教育上的所需，主動提供，以滿足孩子。他們運用本身有利條件，融合東、西方文化的優點，造就了一位前途璀璨的青年。

沒有伯樂，那來的千里馬？沒有好的園丁，幼苗那能茁壯？孩子縱使資優，也需要父母適切的教養，方能讓此一奇葩開花結果。Corey 的成功，也就是成先生夫婦的成功，他再次證明了吸取中、西兩種文化的菁華，是華人在海外出人頭地的重要原因。

8 ｜ 一門三哈佛
陳艾梅

- 哈佛大學高材生

陳艾麗

- 哈佛大學高材生

陳邁可

- 哈佛大學高材生

【父母親的話】

陳先生

　　這三個孩子不是頂聰明的，但我們給了他們許多小小的支持，才有今天的結果。

　　一般人認爲 Support 就是要有很強的支持才算，孩子生病、車禍或申請不到學校，當然需要父母強有力的支持，但更重要的是天天不斷的給予小小的支持。譬如每天接送孩子路途中的談話，透過交談去了解孩子、支持孩子，這種持續不斷的小支持才難做。

陳太太

　　人的才智只能到達某一個程度，其他的就是要 hard work 認真。我對他們每日習慣的貢獻，就是從小跟他們說 hard work，小時候跟他們說要 work hard，父母才會喜歡，否則父母會生氣，我想這是有用的。

　　讀書習慣很重要，愈早的階段愈重要。小孩子就是要在早期養成他們的好習慣。此外，最重要的就是溝通，透過溝通與鼓勵，小孩會知道我們大人的期望是什麼，他就

會依你喜歡的去做，我覺得我很有耐性，孩子如果跟我講話，我一定放下手邊的工作，全心全意的聽孩子說話，這是非常重要的一點。

◎ 一門三哈佛

在耶誕聚會裡，經朋友介紹得知擔任聖誕老公公的陳先生，三個孩子個個傑出，均就讀於哈佛大學。一門三哈佛，在康州的確不多，因此，對他們敬佩不已。同時，也對其如何教養出如此傑出的孩子感到相當大的興趣，主動趨前認識陳先生。他謙稱都是太太的功勞，於是轉而請教陳太太；陳太太相當熱心的敲定了時間，讓我們專程到陳府拜訪，一探奧祕。

在新英格蘭區的康州，鄰近紐約，教育水準很高，但並無紐約專門培養西屋科學獎人才的學校，如亨特學院附設中學、布朗士科學高中，以及各種加強升學的補習班，因此進入哈佛大學就讀的學生並不如紐約多，而一門三哈佛更是罕見。因此，他們的成功更顯得不尋常，究竟他們在教育子女上有何方法與訣竅？

陳先生是一位成功的商人，於五〇年代先後前往美、加兩國進修，後來定居教育水準極高的美東地區。

陳家一貫的傳統則為重視教育，早在二次大戰前，陳先生的大姊即已赴日習醫，在當時是非比尋常的。陳先生在美求學時，就已打定主意要給孩子唸最好的學校，在選購房子時，也特別留意附近是否有同齡的孩子，他更體會出母親就業與否，對孩子將有一定程度的影響。

陳太太畢業於波士頓的研究所，在孩子小的時候，曾經工作一段時間。老大三歲進幼稚園之前，完全以中文交談，第一天上學就懋了一天的尿回家，原來她一句英文也不會講，陳太太相當心疼，也非常難過，於是她毅然辭去工作，專心教養孩子，陪伴孩子，直到他們長大成人，才自行開了一家精品店。

◎ 重視幼兒教育

陳太太非常注重孩子的教育，在孩子還沒上幼稚園之前，自己製作字卡、圖卡，以遊戲的方式，讓孩子從中學習，除了增進孩子的記憶力及反應敏捷外，更重要的是經由遊戲的方式拉近了親子間的關係。

陳太太表示，以那種方式教孩子，主要不在協助他們日後學術上的成就，她說：

「因為日後學術成就主要建立在態度及工作習慣上，如果你沒 aptitude，你也沒辦法 reaching a level，如果你沒 working habit，小時候再聰明，也沒什麼差別。」

陳太太在教育孩子上用心良苦，她在小兒子八、九歲時，送他一些縫紉材料，要他動手做聖誕禮物給姊姊，她告訴兒子，這是很好的外科手術訓練。第二年，同樣的也是一件刺繡成品當耶誕禮物。老二雖是男孩，但陳太太依舊要孩子做女紅，其目的則在訓練孩子的手眼協調與細心。

　　回想起來，陳太太有些遺憾的表示，當時並沒有教孩子較多的東西，如果能重新來過的話，她會加強些，也會教孩子中文。

　　陳家三姊弟成績一向優異，陳先生覺得從前的教育思想很有用，孩子讀書沿用半日本精神與半台灣的競爭精神，他對孩子會有某方面的要求，成績不好，他會不高興。陳太太則較不重視分數，她注重孩子日常生活習慣，她覺得保持天天讀書的習慣才重要，孩子每天回家都認眞讀書，即便只拿個B也無所謂，否則就會管管孩子。

　　陳太太認爲電視在教育功能上，負面大於正面，因此，學前階段都不讓孩子養成看電視的習慣，孩子放學回家一向自動自發做功課。

◎ 重視良好習慣的養成

　　陳太太非常重視良好習慣的建立，她表示：

　　「人的才智只能到達某一個程度，其他的就是要hard work認眞。我對他們每日習慣的貢獻，就是從小跟他們說hard work，如果不是我這麼做的話，老大的個性愛玩，她可能玩到都不知道該回家，小時候跟他們說要work hard，父母才會喜歡，否則父母會生氣，我想這是有用的。」

　　她每天送孩子上學，都會交代孩子要work hard，跟一般美國父母送孩子上學說的have fun是完全不同。

陳先生認為：

「智力不能改，習慣能改，社交能訓練，我們對成功的定義不是只有智力而已，task commitment 毅力、專心可以訓練。我們的貢獻就是幫助他們的 habit、task commitment 及 emotional support，這三項可能就是幫助了 intelligence。」

「value system 也很重要。」陳太太補充說。

Task commitment 就是對某項工作能花很長的時間，很專心，很有毅力的去完成它。這個特點在傑出孩子的身上很容易看到，陳家是如何訓練孩子呢？

陳太太解釋：

「小時候，每天上學前就告訴他們要 work hard，灌輸這個觀念，讓他們知道 work hard 的重要。

我想 work hard 在小的時候影響大，長大之後，就比較沒影響了。小時候回家，他們都會講學校裡發生的事，作業寫完後，我會稱讚他們，他們就知道寫功課的重要了。」

只要孩子把工作完成，都會立刻得到媽媽的讚美，孩子得到讚美與鼓勵，信心增強，成就動機也相對的增強了。

「基本上，孩子都參加學校的資優班，What makes gifted？ task commitment 就是其中一項，task commitment 就是 three ring 要比較高。」陳先生說。

所謂 three ring 三環理論，也就是美國國家資優教育研

究中心主任阮儒理博士（J. S. Renzulli）的理論，指的是 above average ability 中等以上的智力，high level of creativity 高創造力，and high level of task commitment 堅強的毅力。

◉ 培養讀書的興趣

　　陳家老二，天生比較 task commitment，老大、老三則較沒 task commitment，比較愛玩、個性不同。老三直到初一，還不喜歡讀書，美國小學功課簡單，陳太太察覺孩子不必讀書，成績照樣很好，她認為中學情況不同，必須天天讀書才可能有優異的表現，為了改正孩子不喜歡讀書的毛病，她運用了一些技巧。

　　她拿了些小說給孩子看，每讀一本小說，就要孩子講講書中的情節，她聽了則表現出高度的興趣，然後與孩子同樂；孩子感覺媽媽很有興趣，很喜歡聽，就越來越喜歡講給媽媽聽。慢慢的，孩子到了初二就養成了唸書的習慣。

　　陳太太刻意以這種方式幫助孩子讀書，她認為在美國，不只理科重要，文科也很重要；特別是英文，更為重要，她說：

　　「英文不好，很吃虧，美國很注重讀、寫，而在這方面，東方父母比較無法幫忙，所以讓孩子讀小說是很重要的。」

◎ 將優點發揮到極致

陳太太不著痕跡的培養了孩子讀書的習慣，她不相信智商，她只相信人必須要認眞、要有好習慣，才能將智力發揮到極致。

她說：

「孩子的父親認爲成績可以表示一個人聰明的程度，我覺得不是，聰明但不認眞，成績一樣不好。如果認眞，一點點聰明就夠了。

我當年讀書都是考試到了才用功，應付考試而已，我很幸運，考試都通過了，但那很可惜。所以，我注意他們的讀書習慣要好，其他工作每天都要做。我天天看，看他們工作都做完了，然後稱讚，他如果做得快，更加稱讚他，如此一來，就幫助他們專心，趕快做好，可以延長 attention，我很注重這個。

我先生比較相信 IQ，我比較不相信 IQ，像我們這種背景的，IQ 都差不多，即使 IQ 一樣時，他們的 talent 也不盡相同，如果我們能幫助他們把優點更發揮，那就更好，所以，他們的好習慣是我養成的。」

陳太太的這番見解，正如資優界大師阮儒理博士所言，智商不是最重要的，智商只要如一般人的程度或略高就行了，其他的則要靠自己的努力了。

三姊弟在康州唸的是中等學校，陳先生原有意送他們上更好的學校，據說每年均有十多位學生進入哈佛。但陳太太相當反對，她認為為了進名校而去住校的話，她寧願孩子住在家裡，即使進二流的學校也沒關係，她確信孩子在家可以照顧得周全，而孩子每天的教導才是最重要的。

☑ 全家人一起吃飯

三姊弟是很幸福的孩子，他們是家庭的重心，全家人最高興的莫過於一起吃飯。在餐桌上，孩子習慣把學校發生的事及心裡的問題說出來，大家注意聽，分享各人的喜怒哀樂。

陳先生觀察到自己家庭與人不同之處在於「全家一起吃飯」，這點看似簡單，但事實上卻有滿大的學問。因為在忙碌的社會裡，要跟孩子見面聊天，還真不容易。在餐桌上，孩子情緒輕鬆，心情愉快，不慌不忙的時候，是與孩子談話最好的一刻，父母抓住機會，善加利用、進行溝通，溝通不是訓話而是交談，陳太太提到很重要的一點：

「孩子講話，你要注意聽、能接受，這樣他們就願意講出來，而父母說出意見時，孩子就知道父母的期望在那裡了。」

高期望是影響陳家孩子的重要因素之一，陳太太認為父母要對孩子有期望，但不要訂得太高，期望高是需要，但不

要逼孩子非考第一不可，孩子要能自我要求才是最重要的。

◙ 持續不斷的支持

　　孩子的成長過程漫長，許多事情變化莫測，父母無不希望孩子一生平平順順，他們關心孩子、注意孩子的一切發展，不管是精神上或物質上都給予全力支持，陳家就像一般父母一樣，但比較特別的是他們在精神上給予孩子的關愛。

　　一般來說，孩子比較容易發生問題，心甘沈淪的多半是感覺周遭沒有人關懷所造成，如果孩子感覺被愛、被關懷，就不容易變壞。

　　陳先生夫婦一旦發現孩子情緒上需要支持時，就會將孩子出國期間打電話回來的錄音帶、兒時的生活照片、錄影帶、作品等等拿出來大家欣賞，透過回憶的方式，讓孩子感受到父母非常愛他們、關心他們，這種種溫馨的作法，對孩子情緒的安撫非常有效。

　　陳先生指出：

　　「一般人認為 support 就是要有很強的支持才算，孩子生病、車禍或申請不到學校，當然需要父母強有力的支持，但更重要的是天天不斷的給予小小的支持。譬如每天接送孩子路途中的談話，透過交談去了解孩子、支持孩子，這種持續不斷的小支持才難做。

　　現在我們每個人一回家的第一件事，先找找家人在那

裡？大家互相關懷，人生就是這樣，一點一滴累積而成。」

雖然只是小小的精神上的支持，也必須父母極具耐心、愛心及肯花時間才能表現出來。

陳先生說：

「是的，不過這樣久了以後，就變成了一件愉快的事了，高興去做而不是勉強去做。

我想任何年齡的孩子都可以 accomplish，因為增強、反覆再增強。像我家老三，以前很討厭游泳練習，後來只要他去游泳或去參加游泳比賽，每次我都去看，去照相、錄影，因此，他漸漸不討厭游泳練習，泳技也越來越好，還當上了隊長，這是他成功的地方，如果是失敗，也會講，會改進。其實這沒什麼祕密，就是一點一滴的支持他們。」

陳家親子間關係親密，家庭和樂融融，這是他們成功的一個重要原因。

◙ 錯誤的決定

此外，他們對教育的投資也毫不吝惜。

老三，原就讀於公立學校，數學成績很好，很想多學點，與學校溝通了很久都沒有下文，孩子不喜歡老師，每天上學都不高興，於是他們將孩子轉送私立學校，私校學費很貴，對他們的經濟多少有些影響。

三個孩子在中學時，都從公立學校轉入私立學校，在教

育投資上負擔不輕，孩子也能體諒家庭經濟，不會亂花錢，陳先生從不約束孩子使用金錢，他們都很知道節制。

在求學階段，陳先生從來沒讓孩子去打工，他認為去打工的工資與所投入的時間不成比例，不如好好唸完大學，所賺的錢會比打工還好。因此，他沒讓孩子在求學階段打工。

後來，他發覺這是一個錯誤的決定，因為孩子失去許多學習的機會，他們對金錢沒有概念，領了薪水支票就擺在抽屜沒處理，因此他們計畫讓小兒子去打工，讓他體會賺錢不易及金錢的價值。

◘ 不同的價值觀念

陳先生夫婦來自台灣，三個孩子完全不懂父母的語言，英語是他們唯一的語言，陳先生夫婦深覺沒有教孩子說台語與國語是相當可惜的事。有時夫妻倆講的話，有些很好的觀念與價值判斷，孩子都聽不懂；而大人討論某件事情時，他們也無法從中學習，平白失去許多。東方的價值觀念，有些很難以英語適切的表達，但透過簡單的台語，則顯得既貼切又傳神，可惜孩子就是無法領會。因此，他們很希望孩子回台灣學學中文。

陳家的價值觀念很傳統，如尊敬長輩、老師，重視工作及家庭生活，孩子的價值觀念基本上與父母大同小異，但還是有些不一樣，因為他們生長在美國，接受西方教育的洗

禮，深受美國社會價值觀念的影響，即使美國人的第一代與
第二代間都有代溝，何況他們，代溝可能更深。

　　就以美國孩子重視的生日與耶誕節而言，有一回，陳先
生認為孩子都已大學畢業，最小的在高三，那裡還要過聖誕
節？孩子卻認為那是非常重要的節日，逼得陳先生在聖誕節
前夕，還得出去買棵聖誕樹回家。原來在成人眼中微不足道
的節日，對小孩子而言，卻是如此的重要。在很多事情上，
他們彼此的觀念，很不相同。

　　陳先生說：

　　「就以醫學院的事，我們push老大讀醫，因為東方人
的英語不好，找工作不容易；在公司裡，英文不行，晉升的
機會也少。孩子們卻自認可以很容易謀生，他們覺得醫學院
都是猶太人和中國人的天下，而交友問題，也跟我們的價值
觀念不同。」

　　陳先生希望孩子與中國人交往，但孩子覺得這樣機會很
少，他建議孩子回台灣去找，孩子卻自覺與台灣人不一樣，
與美國人也不同，而認為較好的方式為與白人或西班牙後裔
結婚，這種價值觀念令陳先生夫婦難以接受。

　　陳先生夫婦沿襲從前的教育方式，認為學生應該以讀書
為首要工作，禁止孩子約會，現在他們慢慢領悟到人生並不
是只有讀書而已，婚姻對他們而言是相當重要的課題。陳先
生觀察到，所有第一代華裔美國人最大的失誤和問題，就是

沒有注意到第二代的婚姻問題，於是他們就和白人或西班牙後裔結婚。

陳太太憂心的表示：

「我現在擔心的是他們的將來，如果再讓我重來一次的話，我要用台灣話跟他們講，這樣價值觀念就比較一樣，雖然到目前還好，但不知道他們以後會如何，因為他們的價值觀和我們的不完全一樣，所以，我覺得沒有和他們說台灣話，很可惜，如果講台灣話，價值觀念就會很相近。」

陳太太認為，除非萬不得已，還是不要用英文溝通，以自己的母語做為家庭成員溝通的語言最為理想，否則極容易喪失原先的家庭文化。

◎ 影響孩子最大的家庭因素

陳家三姊弟個個優秀，無可否認的，陳家在教養孩子方面投注了許多時間與精力，孩子在成長過程中，受到家庭環境的影響非常之多，誠如陳先生所說的：

「這三個孩子不是頂聰明的，但我們給了他們許多小小的支持，才有今天的結果，這並不需要花多少金錢、給太特別的環境或多美滿的婚姻，我們倆偶爾也會爭吵，但我們家庭都會儘量一起吃飯。不過，如果孩子們反抗性很強的話，可能我也不會以這種方式對他們。所以，母親非常重要，我比較沒耐性，我太太很有耐性。」

　　陳太太也認同這點，她對孩子極有耐心，但她認為影響孩子最大的家庭因素則在於讀書習慣的養成及與孩子溝通上。

　　她說：

　　「讀書的習慣很重要，愈早的階段愈重要。小孩子的成型就是要在早期養成他們的好習慣。增強也很重要。

　　此外，最重要的就是溝通。透過溝通與鼓勵，小孩會知道我們大人的期望是什麼，他就會照你喜歡的去做，我覺得我很有耐性，孩子如果跟我講話，我一定放下手邊的工作，全心全意的聽孩子說話，這是非常重要的一點。」

　　記得有一次，陳太太淘米準備煮飯，孩子回來有事要跟媽媽說，陳太太立刻停止洗米，用紙巾擦乾了手，坐下來聽聽孩子說話，孩子看到這個情形，反而楞住了，陳太太解釋說：

　　「妳的事情比媽媽洗米來得重要！」

　　她讓孩子覺得媽媽很注意聽她說話，孩子受到尊重、鼓勵也很願意說出自己心裡的感覺，當父母表示意見時，孩子就知道父母的期望在那裡了，這也正是幫助孩子成長最好的方法了。

　　依陳太太的經驗，在孩子小的時候，要睡覺前，孩子需要媽媽陪伴，要媽媽陪他說說話，這時溝通最有效，有時候孩子白天犯錯，被媽媽處罰，到了晚上睡前，她會問孩子今

天爲什麼被罰？她覺得，如果只有罰沒有用，罰後要討論、溝通才有用。白天孩子容易分心，因此，睡前孩子躺在床上，媽媽直播，他們無法逃避，也最容易入耳，媽媽講什麼話，孩子全都聽進去了。

「這不是有什麼特別的技巧，這些技巧大家都知道，可能只是沒有 mutual reinforcement，如果有 mutual re-inforement 且變成習慣後，就會很有趣而且有效。」陳先生說。

法務部曾研究少年犯罪率昇高的原因，發現「家庭因素」是一大影響因素，而這其中以「親子關係不良」及「溝通不好」爲重大原因。因此，爲人父母要放下身段與兒女站在同樣的立足點上溝通，是親子關係和諧的不二法門，但這件事，說起來容易，做起來卻不簡單，父母必須要有足夠的耐性，因此，陳先生頗爲推崇太太的耐心。

◙ 成功的關鍵人物

每位父母心中最大的期待就是希望孩子健康、愉快及智慧的成長。陳家三姊弟擁有父母綿長不絕的愛，不斷的給予支持、鼓勵與了解，親子間擁有愉悅的心靈交會，站在「愛的教育」基礎上，其成功是可預期的。

陳先生對孩子的教育，很滿意的表示：

「回想起來，教育孩子是很有價值的，到外面工作或做

生意有成功也有失敗；但照顧孩子，教養孩子的成功率很高，幫助孩子成功，會覺得人生更美好。」

孩子成功的因素非常多，在陳家，孩子成功的關鍵人物則是陳太太，套句陳先生的話：

「關於我的孩子，主要還是受母親的影響，她對教育孩子很有技巧。」

早年，陳太太願意以碩士的高學歷留在家中照顧孩子，其犧牲可謂不小，但以長遠的眼光來看，其對家庭及社會的貢獻是令人敬佩的，畢竟一門三哈佛，確實是少見的例子。

註：三姊弟均爲化名。

第三章

成功的教養方式

　　望子成龍、望女成鳳是天底下父母共同的心願。影響孩子成就的因素很多，若要孩子出類拔萃，各種影響因素都要相互配合，尤以家庭影響最為關鍵，透過有效的教養方式，培養孩子良好的價值觀念、行為習慣，及早發揮潛能，由於潛能的發揮而獲得父母師長的肯定、信心增強，形成強烈的學習動機，潛能發揮與獲得肯定不斷積極循環增強，長期下來而造就出成就非凡的孩子。

　　筆者以資優教育學者的學術關懷，多年來，透過熱心人士的推薦，找到了許多教育孩子極為成功的家庭，在美國東部聯繫了三十五個家庭；在台灣地區共聯繫了六十八個家庭，透過問卷調查，了解傑出孩子的家庭及其教養方式的特性，筆者就其中具有代表性的家庭展開深度訪談，並選擇了十八個家庭的實例，披露於本書的第肆章中。此外，也佐以百餘份問卷調查的結果進行學術分析，將有效的教養方式系統的整理出十八種方式介紹給讀者，這些方式乃傑出孩子家庭累積了二十多年的寶貴經驗、成功策略。因此，讀者可從中選擇運用，將可引導您成為更有效能的父母。

一、重視家庭生活、營造一個溫暖和諧的家

　　溫暖和諧的家是成人快樂的泉源，事業的後盾，也是孩子成長的溫床及努力上進的原動力。為了個人幸福及孩子的成長，父母應該重視家庭的經營，關愛孩子，建立起良好的親子關係。

　　溫暖和諧的家庭氣氛，不但有利於孩子的人格發展，孩子在愛的環境中成長，其成就動機也會跟著成長，被關愛的孩子亟思努力用功以達成父母的願望是非常自然的事。而家庭氣氛的和諧，常常可以給予子女安全感，讓他們放心地去從事自己的活動，主動去探索四周的環境，因此，孩子的潛能乃得以發揮出來。

　　書中所舉高成就學生，個個都擁有溫暖、和諧的家庭，他們的父母一致肯定的表示，溫暖的家庭是孩子努力的原動力，孩子的學業成就與此有莫大的關聯。美國的成先生提到：「孩子如果生長在一個非常溫暖的家庭，他感覺安全，感覺自己是被保護、被愛的，他就會非常願意來讀書，我想 Corey 就是有那種環境，那是非常重要的一個因素。」

　　現今社會上青少年犯罪率不斷提高，吸毒、飆車、價值觀念的不正確，確實是社會的一大隱憂，其原因與家庭、學校教育息息相關，尤以家庭教育影響最為深遠，因為孩子待在家裡的時間最長，受到的影響也最深遠。因此，如何營造一個溫暖、和諧的家庭是相當重要的課題。

　　從書中的例子，我們看到了許多溫暖、和諧的畫面，他們並不以物質來滿足孩子，而只是些點點滴滴的關懷與愛意，是每個人都可以辦到的。台中的廖醫師太太覺得很多孩子變壞，都是回家沒見著父母，無聊而出去外面，她強調，孩子在成長過程中，父母在家最重要。孩子回來，一定見到父母；萬一她有事外出，也一定將飯、菜、水果準備好，才出去，這就是一種溫暖。

　　擁有美國高學歷的成太太妥善規劃好工作時間，孩子放學回家時，她已早先一步返抵家門。成先生指出，孩子回到家，看到爸爸、媽媽都在，他感到非常安全，這對孩子的成就來說是一個非常重要的原因。

　　家庭氣氛對孩子才能發展有舉足輕重的影響，夫妻吵架會令孩子不安，而影響他們學習的情緒，情緒起伏不定則會影響孩子讀書的習慣，不和諧的家庭經常製造心靈生活的不安與污染，對孩子的教育有很不利的影響。因此，父母應儘量減少一些不必要的干擾，以減輕孩子心理的負擔，紓解他們精神的壓力，讓孩子安心讀書。

　　屏東吳先生提到，「我們給她的幫助都是很溫馨，家庭融洽，讓她處處都得到愛，讓她感受到『爸爸、媽媽都很關心我，我就要盡我的能力努力讀書，有點成就，達到爸爸、媽媽的期望』。」

　　由此看來，家人的愛，非常重要，這些家庭已經創造出一種積極促進孩子學習的心理環境，這種環境激發出孩子對學習的責任感，父母關愛的眼神促使他們對學習更加自覺、認真與努力，所以父母應該重視家庭生活，關心愛護子女，不但自己生活得幸福愉快，孩子更會藉由溫暖、和諧與愛的家庭而踏上成功之路。

二、以信心、耐心和一顆不斷學習的心教養孩子

　　父母在教養孩子的時候，信心、耐心和不斷學習的心是不可缺少的。

　　信心，就是相信孩子會變好，相信他有潛能，相信他一定會有成就，只要父母幫助他。

　　從高成就學生的家庭來分析，發現不同的家庭背景，無論父母的教育程度如何，職業地位如何，都有孕育高成就孩

子的可能。

　　事實上，有很多例子是父母的教育程度不高，孩子卻很有成就，如文盲父母造就出博士兒子，當然也有不少教授的孩子，書唸的很差的，所以說孩子的發展並沒有絕對的。孩子有很大的彈性及可塑性，他們的能力是可以發展的，潛力也是可以開發的，運用積極適當的方法，每一個孩子都有很大的發展空間。別人能，相信自己也能！

　　有信心之外，還要有耐心。

　　父母期待孩子的成長與改變，要有耐心，因為一個人的習慣、想法無法立即改變，改變需要時間，如果父母要孩子立刻就變成理想中的形狀，表面上，也許可以，但孩子內在心理情緒的發展，社會的發展沒有跟著改變，結果可能不容易成功。因此，父母要耐心的看待孩子的成長，給他適時的支持與鼓勵。

　　此外，還要有一顆不斷學習的心，這是非常重要的一點。

　　以為人父母的經驗來說，帶孩子無所謂爸爸專家、媽媽專家的，每個孩子對父母而言，都是全新的，即使是相同的父母，相同的環境孕育出的孩子，還是有其個別差異，因而不能以同樣的方式教養。同一個孩子也因每個階段成長之不同，也不能沿襲相同的教育方式。在幼稚園，學前所用的有效方法；到了小學也許就不一定有效，到了初中可能更不一

樣；到了高中，如果你仍然沿用幼稚園時的方法，叫他做一是一，那麼，你一定會有很大的挫折感。

　　孩子不斷成長，特性也不斷在變化，父母要不斷的修正，不斷的調整，不斷的學習，研究新的方法，跟著孩子同步成長。

　　有很多方法可以讓父母在教養孩子方面的知識不斷增長，如參加演講會、和其他家長討論、請教專家、多閱讀有關書籍，或求教於專門機構附設的諮詢專線等等。

　　在成功個案中，有些家長即不斷的參加各式演講會，廣泛閱讀書籍，與孩子同步成長。

　　有位家長學歷不高，但多年來聽了不少演講，看了不少育兒書籍，累積下來的教育知識，不僅造就了自己的兒女，更是其他老師、家長們諮詢的對象。一位在市場販賣成衣的袁太太，則趁機向其顧客———羣老師們吸取育兒知識。另一位單教授，三個子女相當頂尖，但夫婦倆仍舊多方請教教授、專家，就孩子的資質、表現，以審慎、研究的態度，隨著他的成長，漸進規劃，並不斷的加以修正。

　　這些父母都是相當用功的父母，他們不時的充電，學習教養新知，如果每位父母能不斷的成長、改變、進步，孩子成功的可能性就會更大，因為有如此的父母在幫助他們，與他們共同成長。

三、幫助孩子先從了解孩子開始

　　要孩子有成就，父母必須要先了解他，了解他，才能幫助他，如果父母不了解孩子，要想幫助他就比較困難。

　　為什麼我們要了解孩子？因為了解，才知道他有那些問題，該如何幫助他；因為了解，才能知道他有那些潛能，該如何去開發他；因為了解，才知道他有那些限制，而不致於給他太高的期望。

　　父母親可以說是世界上最了解自己的孩子，但事實上並不盡然。尤其在智力掛帥的今日，往往以分數來論斷孩子，有些父母對孩子期望過高，完全不考慮孩子的能力，給孩子超出他能力的標準，孩子達不到目標，直接影響的就是孩子的自信心低落，因為自信心來自成功的累積，經常受到父母過高期望待遇的孩子，生活中盡是些挫敗與自卑，毫無成就感可言，長久下來，嚴重破壞親子感情，親子見面經常就是：「怎麼又考這麼爛！」、「還不快去用功！」、「連這麼簡單的題目都不會，可以去死了！」孩子聽了這話，或許真的想不開而去尋短見了。碰到這種親子關係，孩子都會儘可能的迴避父母，親子溝通之門關閉，親子間又如何談心？

父母又如何去了解孩子？又怎能協助他們發揮潛能呢？

　　孩子是獨一無二的個體，即使是來自同一父母、同一家庭環境，都有個別差異，父母在教育孩子的時候，絕不能一成不變的沿用相同的教養模式，對於家中每個孩子必須有清楚的了解，方能找出最有效的方法，給予每個孩子最適切的教育。

　　孫先生有三個孩子，三個孩子，三種版本，老大屬自動自發型的，因此，在功課上偶有失誤，自己會警惕並追根究柢弄清楚，對於學問的追求相當認真，針對這種個性，孫先生夫婦有時必須踩煞車，避免孩子衝過頭。對於偶爾考壞，孫先生夫婦反而要安慰她，勸她不必在意。對於另外兩個較被動的孩子，他們則必須加以督促，考壞了，研究一下錯誤的地方，盯著他們弄清楚。此外，孫先生還特別針對孩子的個性選擇老師，期望孩子能與老師做最佳的配合。

　　台中廖醫師三個孩子個個優秀，廖醫師夫婦發揮看診的本領，充分了解三個孩子的特性，針對他們之不同，分別給予不同的教育方式，將他們的潛能充分發揮出來。

　　擁有一對優異兒子的尤先生夫婦，也是針對孩子分別給予不同的教育方式，對於老大，父母給的標準較高；對於老二標準則降低一些，因為弟弟的專心程度不及哥哥。為了鼓勵孩子擁有好成績，老二必須施以一點金錢的小惠，老大則完全不必。尤先生明知金錢的獎勵是下策，但它確實發揮了

效果。這就是他們充分了解孩子，而能找出最合宜、最有效的方法來幫助孩子。

了解孩子，父母必須要花時間，真正「用心」去了解他們。該怎麼去了解呢？最簡單的方法就是「傾聽」，認真的、耐心地聽孩子說話，不輕易下結論。

我們經常可以看到孩子興沖沖的想跟父母談一些事情，但父母卻總是忙著做其他的事，叫孩子待會再說；或者孩子正訴說一件委屈的事，沒想到爸媽一聽上一句，馬上火大，劈頭就是一頓責罵，完全不去了解真正的緣由；或者孩子語言表達的邏輯，讓他來不及敘述整件事情，父母親已逕下結論，讓孩子認為父母完全不了解他，久而久之，孩子根本懶得跟爸、媽說心事，或說出的事情已經是經過掩飾的，那父母又如何去了解孩子？又從何教起呢？

美國陳太太的三個孩子均出身於哈佛大學，在了解他們如何培育出優秀的子女時，發覺是他們非常了解孩子，給孩子很大的支持，陳先生表示是由於太太對孩子極具耐心，與孩子間有非常好的溝通管道。

每當孩子跟陳太太說話，她一定放下手邊的工作，全心全意的聽孩子說話，她說，這是非常重要的一點，她讓孩子覺得媽媽很注意聽她說話，孩子受到尊重、鼓勵，也很願意說出自己心裡的感覺，當父母表示意見時，孩子就知道父母的期望在那裡了，這正是幫助孩子成長最好的方法。

　　尤太太與孩子很親，孩子放學回家第一件事就是找媽媽，滔滔不絕的把一天中的喜怒哀樂都說給媽媽聽，尤太太滿有迴響，邊聽邊反應，孩子自然樂意把心裡的問題藉著輕鬆的交談告訴媽媽，特別是尤太太很能接受年輕人的話語，因此聊起來特別投機；由談話中，尤太太很輕易的就了解孩子的想法、觀念，因此，在必要時均能適時的教導他，並從中發現問題，進而協助他解決疑惑與問題。

　　在別人欽羨的眼光中，尤先生夫婦自覺他們為兒子犧牲的似乎不成比例，因為他總覺得其他家長比他們付出更多，但實際卻沒有得到對等的成效。他指出，最主要的原因就在於他們非常了解孩子，能夠針對孩子的個性，給他所需要的東西。

　　孩子的成長過程很快，一轉眼就過去了，如果父母不了解孩子，方法不對，親子雙方面均很痛苦，而且白白浪費了許多精力與時間，孩子也沒有發揮出真正的能力，甚至淪為問題孩子。

　　父母要幫助孩子成長，最重要的就是要了解孩子，因為他們在成長過程中，需要父母陪他走過許多錯誤與掙扎，給他指導、紓解他的情緒、傾聽他的內心世界、關心他、接納他。

　　有時，孩子會不經意的透露出弦外之音，父母便須留意，有些時候，他們只希望被了解；有些時候他們又希望父

母能幫忙協助解決問題。當孩子感受到父母是眞心的了解
他，給他溫暖時，自然願意敞開心胸，父母也才能眞正辨識
自己是否已經正確的了解孩子，知道該如何去幫助他們。

　　我們經常可以看到不少孩子想不開而尋短見的不幸例
子，當事人的父母卻不明白孩子爲什麼做出這種傷害自己的
行爲。事實上，孩子有異常行爲發生，通常不是一時衝動，
而是長久積壓的情緒得不到安慰、支持與宣洩，轉而毀滅自
己，做出令父母無法接受的事實。

　　屛東的吳先生夫婦，平日忙於生意，但對孩子卻非常了
解，他們很注意孩子平日的言行擧止，透過觀察、交談、與
學校老師聯繫或瀏覽其作文，以了解孩子的心事、想法，若
有做錯事時，他們不急著苛責孩子，而是先去了解、接納，
進而協助他們，眞正用「心」去了解，讓孩子擁有安全感與
溫暖的愛，孩子也樂意敞開心門與父母溝通，接受父母的指
導。吳先生的女兒，高中三年隻身負笈高雄求學，三年來，
完全不用父母操心，成績更是保持頂尖，以第一名畢業並高
分考入台大醫學院，是個品學兼優、相當難得的孩子。

　　因此，父母只要肯花時間，有耐性，做個有修養的聽
衆，用「心」傾聽孩子的心聲，用「心」觀察他的言行擧
止，用「心」走進孩子的世界，將心比心去了解他、關懷
他、接納他，與他共鳴，針對需要滿足他、啓發、尊重他的
天賦潛能，以「擁抱」來縮短親子間的距離，讓他產生信賴

感。如此，擁有一個心靈健康的孩子並非夢想，孩子也能順利發揮出他應有的潛能，邁向成功之路。

四、重視幼兒教育及基礎教育

幼兒期是一個人最容易接受外界影響的時間，也是智力發展最迅速的時期，許多研究證實，嬰幼兒早期身心特質基礎的建立，對其將來有極為深遠的影響，研究報告也指出，傑出人物都是生長在早期富有刺激的環境中，推孟（Terman）更說：「沒有一個高材生不是從早期就接受教育的刺激」。因此，父母若能掌握孩子的早期，給予正確的教育，就能為孩子奠下良好的基礎。

傑出學生的家庭，均相當重視教育，特別是幼兒教育。有些母親甚至打從懷孕開始即注重胎教，大多數的母親在孩子年幼時放下自己的事業來協助孩子，待他們稍長時，再回復工作，他們都肯定零歲教育的重要性，尤其母親更是極端重要的角色，因為她可以給予孩子智慧的啟發、人格的培養，以及激發孩子的潛力。

孫太太深刻體驗到幼兒教育的重要性。老大時，她重視零歲教育，給孩子許多智慧的啟發。因此，老大從小到大，

她的表現一直很優秀；而老二滿月即帶回鄉下由婆婆照顧，由於缺乏文化刺激，她的表現則相差甚多。孫太太表示，雖然僅只短短的一年，卻深深影響孩子往後的學習。因此，她認為孩子一開始的生活環境極為重要。

高雄的周先生也有相同的看法，他認為幼兒期的頭幾年非常重要。極須父母給予智慧的啟發，孩子所有的智力、性向發展、潛能才得以發揮出來。

中杰的母親，目前任教於大學，在孩子三歲前也是位專職媽媽，唸書給孩子聽，陪他們遊戲，給孩子智慧的啟發，三個孩子個個優異。

從這些家長對於早期教育的重視及提早啟蒙的經驗來看，他們掌握了良好的契機，不強迫灌輸知識，而是以一種遊戲的方式，透過親子間甜蜜的接觸，引出孩子的興趣，而開發出的興趣則引導著孩子以渴望、愉悅的心情去接觸、了解及研究各種事物；強烈的求知慾，為他們獲取了廣博的知識，豐富了他們的生活；培養的良好習慣，也為他們奠下了成功的基礎。

目前的社會，雙薪家庭非常多，育兒問題成了家中的大事，困擾了許多父母，尤其身為孩子的母親，常常擺盪於家庭與事業兩難中。

事實上，從這些成功者的經驗來看，育兒品質很重要，它顯示出照顧孩子的人選極其重要。當然，環境不可能允許

每位母親都留在家中，而全職母親所帶出來的孩子也未必個個優異，端視照顧孩子的人是否用心，是否有正確的教育觀念而定。尤其目前政府給予婦女同胞育嬰假，給了家庭很有利的機會。因此，母親若能善用育嬰假，充實自己的育兒知識，給予幼兒智慧的啓發、人格的培養，相信不僅對孩子、家庭，乃至整個社會都是一大幫助。

童年的經驗對一個人有很深的影響，孩子越小，其可塑性越高，彈性空間也越大，因此，若能充分掌握幼兒的早期關鍵期，從小建立起良好基礎，將有利其未來的發展。

受訪家庭一致認爲學前及小學教育基礎極爲重要，而孩子也由於基礎教育堅實，才有未來的成就發展。

這些家庭重視小學基礎教育，督促孩子嚴格，關心、了解、協助課業；一旦發現異常，立刻從事補救教學，有位母親甚至形容爲孩子打下了七層樓的基底。

不少人認爲小學一、二年級功課簡單，因此並沒有太在意孩子的功課，到了中、高年級時，才發覺孩子漸漸跟不上而慌了手腳，於是請家教、上補習班等等從事一些補救措施，幸運的話，遇到好老師還可以徹底改善，否則只會增加孩子的負擔，效果也不顯著。

所以，當別人說小學低年級功課簡單，不必特別操心時，屏東的吳太太不以爲然，她表示，小學階段是最重要的，尤其是一、二年級，因爲榮譽感不出來，成績不出來，

以後要如何接續下去？換言之，從小培養出的榮譽感，是支持著孩子努力學習的動機。

台北的尤嘯華同學認為自己功課好，完全是母親從小為他奠定了良好的基礎，基礎打得好，學起來自然輕鬆，進步神速。

台南的孫同學更是親身驗證了三歲定終身的可信度，她認為小時候是她成長中非常重要的一部分，當時父母在她身上栽培的，到現在都還看得到。

由此可見，幼兒及小學階段的確是一個很重要的時刻，該階段是將來學習的根基，地基堅固，方能蓋得起高樓大廈，父母若要培育出優秀的孩子，一定不能疏忽基礎教育。

幼兒及小學階段，孩子可利用的時間較多，發展的空間也大，因此可以多做些有益成長的活動，孩子大了，父母能夠影響的空間就逐漸縮小，尤其在台灣的教育體制之下，升學主義盛行，孩子一旦進入國中，自由學習的空間相當有限，父母應該把握住幼兒及小學階段良好的學習時機，多付出心血，開發孩子的潛能，奠下其良好的基礎。

五、花時間陪孩子做有益成長的事

在教養孩子的漫漫長路上，父母遍嘗辛酸、喜悅、挫折與成功的多種滋味，教養孩子，父母責無旁貸，陪伴孩子成長更是父母的權利與責任。

高成就學生的父母多數認為自己花了很多時間陪伴孩子，他們強調陪孩子做有益成長的事是極為重要的，例如，跟孩子說話、陪孩子遊戲、讀書、買書、參加社教機構的活動、上下學與各項學習活動的接送等等。

美國的曹先生規劃孩子就讀名校，為此，孩子必須具備良好的運動成績，曹先生乃選擇了棒球做為訓練的項目，從幼稚園起陪著孩子練球，一路由國小、國中到高中畢業，父子倆固定每個星期耗費相當多的時間在球場上，曹先生不諱言的表示，父子倆相當辛苦，但所有的付出，隨著孩子進入哈佛而值回一切。

陳家老三非常討厭游泳的練習，陳先生為了要改進孩子的這個毛病，一次次陪著他去游泳或參加游泳比賽，在旁觀賞、拍照及錄影。漸漸的，孩子不再討厭游泳的練習，泳技也更加精進，甚至還當上了隊長。

　　廖太太在孩子學前階段時是位職業婦女，無法親自陪伴孩子，於是她以自製錄音帶的方式，敎孩子讀書、認字，三歲時孩子已能自行閱讀，也提早爲其開啓了智慧之門。

　　劉醫師三個兒子在泳技、音樂方面均有傑出的表現，在學習過程中，父母不論天寒地凍、風雨無阻，全家陪同游泳、練習，無一日中斷；劉太太每天忙碌著在大紐約市接送三個孩子上、下學及音樂課程的學習，每日往返耗費不少時間與精力。

　　這些父母無怨無悔的付出，他們的辛勞，孩子能深切的感受到，因而也激起他們努力向學的心，以優異的表現來回饋父母。

六、安排一個自然學習的環境

　　孩子的學習能力自嬰兒開始，很多父母不了解也不在意，白白錯過了許多學習的契機。孩子的學習潛能相當大，即使一個小小的嬰兒，他都能觀察、記憶與學習。而孩子在自然情況下學習，所收到的成效也較佳。

　　書中這些母親，均能把握孩子的學習契機，爲孩子安排自然的學習環境。如紐約的陳太太，安排一個充滿優美音樂

的家庭環境，讓孩子自然而然喜愛音樂，進而以趣味化的敎導方式激發孩子的興趣。曹太太在孩子襁褓時，即以自然的方式敎導孩子，讓他一面遊戲一面學習，在沒有壓力的情況下，愉快的學習，效果極佳。

　　有人認爲孩子的注意力無法持久，特別是幼兒，無法學習太多。事實上，問題乃在於孩子是否喜歡，是否有興趣，如果孩子喜歡的話，他便會有很大的潛能學習到許多的東西。

　　孩子學習的潛力是超乎我們所想像的。書中的孩子，有些個很早就學會了識字、數學。他們之中有些玩玩月曆，自然而然就學會了國字、數學；有些是逛街看招牌認字；也有的是在工廠玩鈕釦而玩出數學興趣；有些則經由父母敎導兄姊時，在旁邊無意中學習到一些知識，如板橋的黃老師敎導二年級的女兒認識鐘錶，兩歲多的小兒子甚至比姊姊早先認得了沒有數字的鐘錶。

　　曾經有人向中央研究院院長李遠哲博士請敎其國小的科學基礎敎育是如何紮下根基的？他表示，令他收穫最多的是國小一、二年級時，爲了生活在山上成長，做了不少農事，親身體驗了山林生活，觀察及了解多種昆蟲及動植物的生長特性，因而產生了對自然科學的熱愛。這就是一種自然的學習環境。

　　環境對學習而言，確實相當重要。我們很難想像一個從

不接觸大自然的人會對動、植物感興趣；一個學習音樂的人，卻不曾參與音樂會或聆聽優美音樂，而可以奏出美妙的樂章。台南的林太太非常注重自然的學習環境，她常與孩子邊遊戲邊學習，從日常生活中俯拾教材，利用機會教導孩子。她表示，這並非刻意安排，而是自然而然的學習，這樣孩子學起來興趣濃厚又記憶深刻，效果很好。

　　因此，父母如果能安排一個自然而然的學習環境，學習的材料就在左右，孩子隨時可以學習，且父母能夠陪同孩子從遊戲中學習，讓孩子自自然然的覺得學習是件充滿愉悅的事，那麼他的學習動機將會趨於強烈，所學到的東西也就相當可觀了，一個人如果能做自己喜歡、感興趣的事，自然會全心投入、努力不懈，成功也就在眼前了。

七、重視思考能力的培養

　　孔子說過：「學而不思則罔」，這句話說明了學習與思考的關係，它強調了思考的重要性。長久以來，許多中外教育家都非常注重思考能力與解決問題的能力，他們認為培養學生獨立思考與解決問題的學習習慣，才是優良教學最重要的條件。

　　當孩子腦中有疑問時，他們便開始一連串的問「為什麼？」，父母親如果正確引導，不壓抑他的好奇、好問，孩子的求知慾必定會越來越強烈，因為孩子的好奇正是探究新奇事物的開始。翻開歷史，我們可以發現幾乎所有的科學人才都有超出常人的強烈好奇心，如居里夫人、愛迪生、達爾文等，他們都是從幼年時期即保有相當強烈的好奇心。

　　我們常常發覺，很多人的好奇、好問，隨著年齡的增長而逐漸消失，雖然有些人是藉由圖書、資訊的取得而滿足了他們的求知慾，有些也可能是被父母澆滅了智慧的火花。

　　很多父母在對待孩子的好奇、好問，剛開始時，還很高興，孩子居然會問這種問題，當下立即給予滿意的答案，認為如此方能讓他得到許多知識，孩子只要一開口，立即可以獲得現成的答案，長久下來，孩子懶得動腦筋，一遇問題、困難就求助他人，他們的思考能力便逐漸退化，當然也無法提高學習能力了。

　　還有些父母，對於孩子提出疑問時，剛開始很有耐心，漸漸的，問多了，煩了，乾脆隨便塞個答案，或一笑置之不管，甚至叫孩子閉嘴；孩子得不到鼓勵，他的好奇心也就越來越弱了。

　　也有些好奇的孩子喜歡把家中的東西拆開來探究，或做些其他學習的研究，父母一看孩子「不務正業」，只會破壞，不知道要認真讀書，不把心思放在功課上，當然少不了

一頓責罵，孩子的好奇心便漸漸消失了。

　　從所接觸的傑出學生家庭中發現，這些父母相當重視思考能力的培養，而這些學生也明白指出「思考」是他們進步的動力。

　　曾獲國際數學奧林匹亞銅牌獎，及亞太數學奧林匹亞銀牌獎的林英豪同學，從小父母給了他許多思考能力的訓練，強烈的好奇心驅使他經常問個不停，林先生夫婦常順著孩子的發問，教他一些常識，從日常生活中俯拾教材，透過巧思安排，培養孩子思考、探索、觀察、理解等能力。

　　通常孩子有疑問時，林先生夫婦常常要他想一想，而不會馬上給他答案。他們經常利用時間拋些問題讓孩子做做頭腦體操，開拓其思路。他們注重問題解決的能力，孩子不會的時候，只是提示他如何去思考，讓他自己去想，偶爾遇到瓶頸時，林太太想伸出援手，林先生則反對，他主張盡量讓孩子去想，總有想通的時候，有時稍一提示，孩子便想通了，如果真沒辦法，爸、媽再替他解答。

　　桃園的袁新盛曾獲國際奧林匹亞數學競賽銀牌獎，父母親的教育程度不高，對孩子的課業插不上手，但他卻能獲得數學大獎，究竟是什麼原因呢？

　　從訪談中得知是其母親無意中促成了其思考能力較佳的原因，當新盛小學時，遇有不懂的數學難題，父母幫不上忙，他往往求教於鄰居，媽媽對於他老是打擾鄰居，直覺過

意不去，於是要他儘量自己想法子，不要去麻煩旁人，於是聽話的新盛便經常自己絞盡腦汁的解決問題，由於不停的思考，數學能力不斷增強，終於抱回了數學大獎，畢竟搜索孤腸後的解開迷團，與不動腦筋就求教別人，效果當然不一樣。

曾獲世界奧林匹亞化學金牌獎的尤嘯華，生活規律，平常空閒的時間很多，因此他常常動腦筋思考，他指出「想」是進步的最大動力，也是進步最快的方法。

建中畢業即赴哈佛大學深造的單中杰，在數理及電腦方面的能力相當優異。從國中起，即屢獲國內外學術大獎，單教授夫婦表示，他們經常以啟發、誘導的方式，提供子女思考的空間，由於給了孩子自由思考的領域，孩子的表現相當不錯，尤其看了中杰越來越突出的表現，他們更加肯定思考能力的重要性。

以上這些例子說明了他們重視獨立的思考能力訓練，相對的，他們孩子的學習成效也較為突出。

人的大腦是越用越靈活，小學靠天資可能可以表現不錯，如果不注重思考能力的訓練，不重視正確的讀書方法，到了中學，功課會越來越吃力，孩子所承受的壓力也越來越大。因此，要孩子讀書輕鬆又有效率，平日就要注重思考能力的訓練。

父母不妨平日拋些問題讓孩子去解決，從中讓他們多方

思考、探索，尋求多種途徑和方法去開拓思路，由各種解決問題的可能方法中，找出最好的答案來，孩子經此長期訓練，必可提高其創造力與理解力，對於學習的效果將有很大的幫助。

八、尊重孩子並給予較大的發展空間

尊重孩子，給孩子較大的發展空間是多數高成就學生之家長認為非常重要的事，孩子們也肯定父母給予的尊重與空間，而有今日的他們。

學習是一條長遠的路，許多家長望子成龍、成鳳，不知不覺便犯了揠苗助長的毛病，完全無視於孩子的年齡、能力而給予過多的學習及過大的壓力，或為了滿足大人的虛榮心，讓孩子背負沈重的學習負擔。

目前在成大醫學系就讀的孫同學，是個各方面均衡發展的孩子，她談到父母給予她相當大的空間時表示；小學時，老師建議她去考音樂資優班，其母認為不要太早就決定孩子未來的走向，沒去應考；到了中學，數理資優生的她徘徊於文、理科之間，她鍾情於法律，一直以法律為志向，父母親幫助她、分析給她聽，卻不替她做決定，她為此還親自前往

法院一探究竟。到了高中，她發覺自己的興趣明顯的在生物方面，因此做了一個不後悔的選擇，進入醫學系就讀，她非常感激父母沒有太早爲她定向，在她對於未來前途徬徨時，幫助她、關心她，並多次爲其分析透徹，完全尊重她的抉擇。

尤嘯華更是肯定空間的重要性，他認爲父母給了他很大的空間，尊重他，不逼迫他去學習，不囉嗦，讓他自己決定自己的事，爲自己的事情負責，耐心地看待他的成長，他認爲擁有生活空間、學習空間及思考空間，他所學習到的東西便相當的多。

嘯華曾經自行摸索學習橋牌一年多後，他才發現原來父親是箇中高手。尤先生表示，如果孩子開始學習某樣東西，父母就告訴他自己這個也懂，那個也會，指點他、亮給他看，孩子的學習空間將受限制，他之所以不讓孩子知道他精於橋牌，目的希望孩子能自由自在的探索與學習，他不要孩子循著他的腳步學習，或許孩子自己能找出更好的策略與方法，那時，他所學到的東西將更多、更好。

補習是許多學生共有的學習途徑，有些孩子可能需要，有些則不需要，但很多父母不放心，總覺得孩子去補習較爲安心，至於孩子喜歡與否，是否需要，有沒有效果則又是另外一回事，才藝班的學習也一樣，十八般武藝樣樣都來，多少孩子爲了父母而背負了沈重的學習負擔。

　　嘯華認為父母在這方面給了他很大的空間，對於才藝的學習，父母尊重他的選擇，要學習某樣東西時，父母分析的很透徹，但最後的選擇則完全尊重他。他表示，這樣的學習效果非常好。

　　有許多孩子是屬於多才多藝型的孩子，有多方面的興趣與才能，很多父母親一發現孩子有某方面特殊才能便急於栽培，或許孩子是理科方面的人才，其小時候音樂才華早露曙光，父母便認定他是音樂奇葩，急著送他入音樂資優班，接受音樂教育，而其他方面的才華可能因此而被疏忽、埋沒掉，相當可惜。

　　學習是一條長遠的路，父母應該給孩子發展的空間，讓孩子自由自在的主動探索，找到他們自己的天空。尊重孩子學習的意願，容許孩子自由的選擇學習，讓他們擁有自主權，可以決定自己的事，並為自己的事負責；容許孩子有犯錯的機會，讓他能健康的面對錯誤與失敗，鼓勵他們再試一下；父母在孩子身旁耐心的看待他的成長，不斷給予掌聲鼓勵、支持與協助；不揠苗助長，不給予過大的學習壓力；給予他們思考的空間、鼓勵他們創造思考、力求突破，不必事事模仿別人，尊重孩子的資賦與潛能，給予適當的啟發與教導，讓他們彩繪出自己絢爛的天空。

九、協助孩子建立良好的習慣

習慣是一個人不必思考或決定的自動反應，它對一個人的一生影響非常深遠。良好的習慣，有助於個人的成功；不良的習慣，可導致一個人行為偏差或前途無光。如果要改變一個習慣，將耗費許多的時間與精力。因此，一個好習慣的建立是非常重要的。

從接觸的高成就學生家庭中，可以看到父母普遍重視孩子的良好習慣，由兒時即開始培養，如閱讀習慣、專心習慣、規律的作息、運動、尊敬長輩、灑掃應對進退等良好習慣，這些良好的習慣，對他們的學習與成就而言，有著重大的影響。

下面分別就幾個良好習慣來敘述之。

(一)培養閱讀的興趣與習慣

高成就學生普遍有閱讀課外書籍的習慣，他們從小飽讀了大量的圖書，由於對閱讀有興趣，喜歡看書，因此提升了語文能力而有助於日後的學習，心智也由於看了許多書籍而

能快速成長，從實例來看，多看書是增進孩子成就的一個關鍵因素。

這些學生的家庭重視零歲教育，因此在嬰幼兒階段的孩子都能藉由父母親說故事或看圖片、圖書及聽錄音帶來領受書香之美，父母親積極誘導孩子對書產生興趣，當孩子喜愛閱讀後，父母則積極的帶領他們走進書香世界，逛書店、買書、看書、利用圖書館、參加圖書館的各項活動、參觀書展、鼓勵他們讀書等等，培養出他們閱讀的習慣。

家長們以各種不同的方式鼓勵孩子多讀書，一般來說，年紀越小，越容易奏效。

孫太太在女兒襁褓期間，即注意到圖書的妙用，她經常唸書、講故事或放錄音帶給孩子聽，她喜歡大量買書，孩子想看書時即隨手可得，她本身喜歡看書、買書，經常與孩子相互督促，讓讀書氣氛在家中瀰漫，讓讀書習慣從而生根。

屏東的吳先生認為女兒喜歡看書是靠培養而來的，他們買了許多圖書，剛開始每天規定固定時段閱讀課外讀物，時間一到，孩子便進房看書，日久即養成閱讀的習慣，看書似乎成了三餐一樣，一頓不吃便很難過。

美國的成太太育有一子，她為了讓孩子多接觸人羣及培養他閱讀的興趣與習慣，經常帶他到圖書館參加活動、看書、借閱圖書等，讓孩子與書為友。她傳達一個觀念給孩子：「朋友、父母會有不在的時候，但書永遠都是你的好朋

友，會永遠在你身旁陪著，只要你需要。」書不僅豐富了孩子的知識、陶冶他的心靈；以書為友，更能在獨處時分擔他的寂寞。

由此看來，父母的思想、言行對孩子興趣的培養有著不容忽視的影響力，他們是激發孩子興趣的啟蒙者，也是奠定其基礎的重要關鍵。另一方面，這些父母本身也是汲汲吸取知識的良好模範，給予孩子潛移默化的影響。從他們身上發現，良好習慣的建立非常重要，尤其是興趣的培養及習慣的建立，越小越容易著手，也越能奏效。

書是人類智慧的結晶，也是人類最珍貴的朋友，當朋友不在時，書可以填補空虛，讓孩子不寂寞，時光不再難耐。因此，父母應及早帶領孩子走入書香世界，培養其讀書興趣，一旦孩子產生閱讀的興趣，教養孩子就事半功倍了，因為孩子會自動自發的去讀書，多讀書，學校功課也會進步，成就動機不斷增強，如此積極循環，孩子的成就自然水到渠成。

(二)培養專心的習慣

專心，是古今中外傑出成就人士常有的共同特性，他們無論在學習或工作方面都能保持著高度的專注力。

如居里夫人，從小便有驚人的專注力，在學習時非常專

心，周遭任何聲音絲毫沒有察覺，任何事情也無法轉移她的注意力。曾有一回，她正在看書，玩伴們用幾把椅子疊了一個塔，將她罩在下面，她居然沒有察覺。

受訪的高成就學生父母多數認為自己的孩子唸書非常專心，因此才有優異的表現。

這些孩子中，有些自己體認出專心的好處，有些則是父母從小刻意培養出來的習慣，他們平常以實例告訴孩子專心的結果，或藉各種活動來培養孩子的專注力。

美國的陳太太從孩子學前階段就以遊戲的方式訓練孩子的專注力。幼稚園起，每天孩子上學離家時，她總不忘叮嚀孩子「專心、認真」；放學回家後，規定做完功課才能從事別的工作，每回功課做完，陳太太會誇讚一番，而做得越快，陳太太更加讚賞，專注的行為受到鼓勵，自然的，孩子就了解專注的重要了。

嘯華是個能玩又能讀的孩子。同學感覺他平常似乎都在玩，功課卻那麼好，嘯華自己有時也覺得對同學來說有些不公平。尤太太表示，最主要是孩子唸書非常專心。

嘯華把功勞歸之於母親。從小嘯華非常好玩，尤太太為了要養成他專心的習慣，特別把弟弟送到幼稚園上全天班，以免影響哥哥做功課的專心度。嘯華放學回家後，母親要求他做完功課才准他玩，為了爭取較多的玩樂時間，他單獨一個人，集中心力專注於功課上，因此在很短的時間內就可以

把功課做完。之後，他可以完全支配自己的時間，或看電視、下棋、遊戲、看書等，尤太太並不加以限制。

我們常常可以發現不少家長也跟尤太太一般，要求孩子放學回家先把功課做完，但孩子卻總是拖拖拉拉，一點也不專心。深究起來，發現到父母總喜歡在孩子做完學校功課後，再給予額外的作業、習題，孩子畢竟是孩子，喜歡玩，喜歡做一些自己有興趣的事，在事與願違之下，他們為了規避額外的功課，原本半個鐘頭可以完成的，往往拖上兩、三個鐘頭，自然也就談不上專心了。

也有些父母喜歡陪伴在孩子身旁，盯著他們做功課，一看不對，立刻指正、教導，父母的愛心的確可敬，但卻容易影響孩子專心習慣的養成。

有些家長會透過活動來培養孩子的專注力。如台南的林先生與孩子比賽拼圖，以時間限制來挑戰；有些孩子則藉由音樂的學習、心算等活動來達到專注力的培養；有些則由孩子有興趣的活動著手，孩子從事自己熱衷的事，自然就會積極、專注；有些則是提供一個無干擾的學習環境等。

因此，父母應積極培養孩子專心的習慣，不但可以提高孩子讀書的效率，也有助其邁向成功之路。

(三)規律的作息

生活規律是不少高成就學生的特點，他們多數沒有補習，早睡早起，很少熬夜，有充裕的時間自我安排。對於絕大部分的學生努力趕課業，普遍缺乏睡眠的情況下，這羣學生顯得有些不一樣。

台南的林先生表示，生活安排得有規律，孩子睡眠充足，才有體力迎接第二天的挑戰；桃園的袁新盛兄弟更是早睡早起，清晨四、五點便起床唸書、做家務。尤嘯華一直到高中畢業，每天晚上依舊九點準時上床睡覺。美國的鍾定文每天一定睡足八小時，晚上很少超過十點才睡覺，鍾先生表示，充足的睡眠有助於學習效率的提高，睡覺充足，讀書才能專心，效果也才好。

此外，這些高成就學生都是相當規矩的學生，他們出遊，必定會給父母行蹤的交代，家長對他們的行動也均能掌握與放心；家長表示，這個習慣，孩子小時候就已培養出來。

高雄女中第一名畢業的吳同學，三年在外租屋求學，父母完全不擔心她，她要看電影或去那裡時，都會打電話回屏東稟告父母，這是頗為難得的，因為現在很多孩子常率性而為，喜歡從事自己喜歡的事，很少讓父母知道，更何況是離

家在外求學的孩子。我好奇的問他們，吳太太表示，他們的孩子從小便養成這種習慣，去何處、做何事，都要讓父母知道，父母也較為放心。

　　紐約的劉家三兄弟，學校同學經常舉辦舞會，基於安全上的顧慮，父母心裡雖然不太願意孩子參加，但又不能絕對禁止，他們規定孩子，如果要去，則必須於每個規定的時間內，按時撥電話回家，劉醫師設立了基本規範，孩子也學會了自我規範。

　　在被問到孩子成功的原因時，紐約的曹先生表示，孩子有今天的成就，最重要的原因乃是規律、自律。

　　從以上這些例子看出，高成就的孩子，自幼受到父母的關愛與合理的管束，生活規律、行為規矩、頗能自我約束、自我負責，學習成效很好。

　　反觀目前社會上許多孩子生活不正常，不是流連在外玩樂，便是通宵達旦忙功課、玩電腦、看電視，弄得筋疲力盡，第二天上課瞌睡連連，嚴重影響了學習。因此，對於時間的管理與生活作息，父母必須要加以指導，養成規律的生活，將有益於其行為的規範及提高其學習成效。

(四)運動的習慣

　　健康就是財富，健康的身體是一切的基礎，有了健康的

身體，面對任何工作都會充滿活力。

孩子讀書或學習，需要耗費相當多的體力與腦力。因此，擁有健康的身體，將有助於學習成就的提高。

要擁有健康的身體，除了攝取均衡的營養外，另一個很重要的則是運動。

越來越多的動物實驗顯示，體能活動對心智的發展有正面的作用。

美國學者曾以老鼠做實驗，顯示運動有兩大好處，一是：有氧運動能供給腦部更多營養；另一個則是技巧性的運動可以使神經鍵的數量增加，而神經鍵的數量多，可以增進大腦處理資訊的能力。此外，另一個美國的研究也顯示，有氧運動會增加腦中某些能刺激神經細胞生長的化學物質的數量。這些都說明了有規律運動的孩子，其功課會比不愛運動的同學好。

在受訪的高成就家庭中，孩子普遍有運動的習慣，特別是在美國的孩子，美國著重均衡發展的教育。智慧高、功課好，未必能如願進入名校。許多大學入學申請的條件還須考慮其他因素：如領導能力、社區服務、運動等。雖然有些家庭是以未來能進入名大學為考量而特別注重運動能力，長久訓練之後，也達到雙重的效果，孩子不僅如願進入好的大學，同時也擁有了良好的運動習慣。

美國的曹同學，從小以棒球為運動項目，父親每星期陪

他去練球，球技精湛而進入校隊，功課頂尖，因此如願進入哈佛大學。平常，其母一旦看他做功課、寫報告，陷入苦思時，則叫他去外面跑跑，待他再回來時，又有精力繼續工作，曹太太認為運動可以讓頭腦有氧氣，有助於思考。

劉醫師三位公子是五育均衡發展的孩子，功課頂尖、富音樂才華，且泳技精湛，分別擔任學校泳隊隊長，從小他們接受父母有計畫的游泳訓練，即使在冰天雪地之下，也一日不曾中斷，長期下來，養成了他們規律的運動習慣，除了游泳外，他們也熱愛打球、慢跑等其他運動，運動成了他們的嗜好，也讓他們的頭腦更靈光。

桃園的袁先生，對於孩子的功課沒有要求，但是卻要求孩子每天務必分擔家務與運動，他認為健康最重要，有了健康的身體，讀書才有效果；一天到晚坐著唸書，效果有限。因此，他常常要孩子出去打打球、做做運動，不僅身體好，學習效果提高，而且可以紓發壓力與情緒。

由此看來，體能活動對心智的發展有正面的影響，我們常發現一些功課好、又會玩的孩子是很多人羨慕的對象，也聽到不少家長心疼孩子長時間伏案讀書，效果似乎不成比例。事實上，一個人長久坐著死讀書，很少活動，身心疲憊、腦子缺氧、專心度差，學習效率自然緩慢、成效不彰。整天唸書，沒有放鬆的時刻，壓力無法紓解；在緊張、煩躁的情境下學習，肯定會影響學習成效。不運動確實無益身

心。

因此，父母最好能養成孩子運動的習慣，陪他打打球、跑跑步、游游泳，不僅能增進親子感情，也有益其身心健康，讓他讀起書來更具效果。

十、協助孩子設定挑戰的目標

要激發孩子潛在的能力，父母不妨鼓勵孩子參加挑戰性較高的活動或各項比賽，藉由比賽或活動，可以幫助孩子肯定自己，增進信心、啟發他奮鬥向上、繼續努力及培養克服困難的毅力。

許多聰明的孩子，常常覺得課業的學習內容過於簡單，他不必多下功夫，課業就可以表現得不錯，由於缺乏挑戰，以致無法將其潛力發揮出來，殊為可惜。

有些家長對於孩子潛能的開發不遺餘力，他們尋求各種比賽的機會，透過競賽，逐漸了解到孩子多方面的才華，進而為他們設定挑戰的目標，協助他們實現目標，發揮潛能。

美國新澤西的鍾定文，在數學、物理、化學、生物等方面都有相當傑出的表現，曾獲得西屋科學獎，並入選化學、數學兩項世界奧林匹亞代表，數學能力為全美排名第八，化

學獲得世界奧林匹亞的銀牌獎，這麼耀眼的表現，著實令人刮目相看，筆者曾就其傑出的表現訪問過其父母，他們提到很重要的一點，那就是不斷的挑戰孩子。

首先，他們發現孩子數學很有天分，於是設定孩子能力可及的目標，一試果然拔得頭籌，孩子自信心大增，於是父子倆共同擬定出新的目標，逐步提升能力，每個階段目標實現後，再進行下一個階段，一步步往上，逐步完成目標，孩子的潛能因而逐漸的被開發出來。

鍾先生夫婦所訂定的目標，事先會與孩子討論，讓他明白，為達目標，該做那些準備，譬如，下個星期可以做些什麼，下個月可達到什麼程度，下學期可以參加什麼比賽；而為達成這些目標，該唸些什麼書，該唸到什麼程度才能有優異的表現。目標既定後，付諸實際行動，孩子多方閱讀相關書籍，不懂的地方，請教老師、教授，對於自己較弱的部分，則去參加研習營、週末班以補強實力。慢慢的，每個階段目標均實現後，其目標也不斷的往上提升，由參加校內、校外、全州、全國乃至於世界性的各項學術競賽，不僅縱橫於數學領域，進而跨向化學、物理、生物等其他領域，其數理的傑出能力受到各方的矚目，我們相信這個孩子的未來定是璀璨光明的。

孩子究竟有多少潛力，父母不一定了解，而孩子究竟有沒有發揮出他的實際能力，父母也很難看出，因此透過比

賽，不失為一個激發其潛力的好方法。許多聰明、有潛力的
孩子，往往很輕鬆便能獲得很好的成績，如果他不知道認
真、努力，養成敷衍的學習態度，長久以往，將會對他形成
不利的影響。假如父母能從日常生活中提供孩子自然的嘗試
機會，鼓勵他設定目標，以孩子的興趣與能力為主，訂定一
個別化、合理可行的目標，讓孩子朝這個目標努力、實現，
在挑戰的過程中，偶爾會經歷失敗、挫折，但這卻是培養孩
子忍受挫折力最好的機會，因為聰明的孩子，如果一直生活
在平順的環境中，從來不曾遭遇過挫折、失敗的打擊，他承
受挫折的能力一定相當脆弱，或許一敗不起。因此，多鼓勵
孩子去接受挑戰，激發他的上進心，培養他堅毅的個性，他
的能力將會不斷的被開發出來，而走出自己的成功大道。

十一、訓練孩子做家事

現代生活水準提升，一般家庭孩子數很少，父母均極為
驕寵、寶貝，他們給孩子最大的享受，為他們做太多的服
務，捨不得他們分擔家務，甚至越俎代庖，做了孩子份內的
工作，父母在不知不覺中，養成了孩子只知享樂、坐享其成
的習性。

　　我們常常可以聽到父母說：「孩子，你只要好好的、認真的把書唸好就行了，其他的事你都不必管」。這些過度負責的父母，養成孩子飯來張口、茶來伸手的習慣，養尊處優的孩子，欠缺自己動手做事的機會，完全仰賴父母或他人，生活自理能力很差，依賴性很強，他們只有自我，看不到父母努力為他工作的辛苦，當然也無法產生體貼、感激的心理，父母的愛心與善意，對孩子造成諸多不利的影響。孩子學會逃避責任，他們依賴父母，不知如何做決定，當然也就不懂得如何解決問題，連帶著影響他們的獨立性、責任感、成就感、積極的工作態度、思考能力、解決問題的能力、克服困難、勇於面對現實及人際關係等等。他們長大成人後的生活適應，也將面臨許多困擾。

　　不少父母常低估孩子的能力，或過度愛護子女，而剝奪了孩子從生活中學習的機會與樂趣，以致他們缺乏獨立自主的生活磨練。

　　要孩子做家務事，怕耽誤他們讀書、寫功課的時間；要孩子擦擦桌子，又怕他擦不乾淨；要他洗碗，又怕他把碗打破；切菜，又擔心割傷了手；炒菜，又怕燙傷；跑腿買東西，又擔心他的安全與能力。有些孩子甚至到了研究所畢業，還無法獨自處理自己的生活小事。

　　這些過慮的父母，顯然不放心孩子獨立處理生活上應該做的事，越俎代庖的結果，孩子成了不折不扣的「生活白

痴」，父母也白白花費了許多心力。

美國曾經有一位教師發現，班上許多功課好的學生，在家裡都會幫忙做家事，他們表現出負責任、勤勞、有條有理，她認為做家事有助於提高學習能力，孩子學會把事情做完，重視自己在家中、教室及社會上的地位。

在我訪問過的許多高成就孩子的家庭中，不少孩子是父母的好幫手，家長們很早就留意到孩子生活自理及解決問題能力的訓練。孩子從小，除了待人接物、為人處世的訓練外，他們也學會了自我負責、生活事務自理、協助家務事等。有些孩子則由打工、夏令營、集訓等課外活動中習得獨立生活的訓練，他們在團體中也較受人歡迎。

廖家兄弟是來自台灣的小留學生，哥哥建勳獲西屋科學獎、弟弟健偉進入名大學，並以四年時間唸畢大學及研究所，接著又考上哈佛醫學院。他們從不識一個英文字到通過嚴峻的考驗而成為佼佼者，其間的付出，是可以想見的。

在深入了解後，發現其父留在台灣，廖太太則在紐約工作，父母能夠給他們的時間並不太多，尤其正值青春期的孩子，面臨語言與環境的壓力，但他們卻適應得很好，且有傑出的表現，令人非常訝異。

廖太太表示，除了來美的頭一年，兄弟倆必須克服語言的困難，她較為操心外；此後，完全靠孩子努力，她認為孩子從小培養出的獨立性與責任感，讓她不必費太多心力，兄

弟倆均能自我負責。

　　從訪談中知道，廖太太非常強調孩子的獨立性與責任感。從小，雖然家中有幫傭，但孩子份內的事，必須自理，她給孩子一個理念──自我負責。還未到上學年齡，孩子的責任便是吃飯，孩子必須好好的吃飯、把飯吃完。上學後，功課必須做完、玩具收拾好，書桌、床舖整理乾淨、衣服、襪子摺整齊，生活完全自理，不用廖太太操心；同時，她也很重視孩子的為人處世的教導。

　　從小的訓練，對於他們日後赴美求學有相當大的助益。父親遠在台灣、母親忙於工作，兄弟倆除了上學外，他們必須自己照顧自己的生活起居、課業，甚至打理家中的一切點點滴滴，包括購物、烹飪、清掃……等，令廖太太訝異的是，至今，打開孩子的抽屜、所有的衣服均摺得方方正正，整整齊齊，不見一絲紊亂。兄弟倆非常主動，處理事情時，思慮縝密、很有條理，是極富責任感的孩子，廖太太極為滿意。她表示，從小培養孩子的獨立性與責任感是很重要的。

　　哈佛醫學院的張湛偉，從小就是獨立性強的孩子，三歲時已能自己洗頭、洗澡，自己的事，很少假手他人。

　　台南的林太太重視孩子的獨立性與責任感，她告訴孩子，只要自己會做的事，媽媽絕不會幫他們做的，她強調孩子生活自理及解決問題能力的重要性。因此，兩個孩子的生活教育極為成功。

　　嘯華兄弟倆平日除了上課外，回到家裡，他們還要分擔
家務事，如擦擦地板、洗洗碗、擦擦桌椅、跑跑腿買東西、
倒垃圾……等，功課忙的時候，媽媽允許他們自行安排時間
完成，即使有時拉著臭臭的臉，也是得完成交代的事。

　　從孩子做事當中，尤先生夫婦細心、耐心的觀察他們的
工作態度，找出該修正的地方，但他們並不越俎代庖替孩子
做，他們給孩子一個學習的空間，並耐心的看待他們的成長
學習。

　　清寒家庭的孩子，協助家務是無可避免的。新盛三兄
妹，每日必須做家事，父親早、晚開計程車，母親忙於生
意。袁先生對於孩子必須操持家務很堅持。孩子從小習慣於
分擔所有家務事，因此也養成了他們互助合作、獨立性、責
任感與吃苦耐勞的個性，看到辛勤工作的父母，他們懂得體
貼、孝順，袁先生夫婦雖然沒有給孩子優渥的家庭環境，但
他們卻給了孩子一生受惠無窮的能力。

　　從上面的例子來看，讓孩子分擔家事，給他們做事的機
會是有其必要的，要讓孩子有責任感，就先得給他責任去承
擔，家事就是最好的訓練材料。

　　變化多端的家事及工作，是非常好、活生生的加廣的學
習材料，它有趣又富生活化，讓孩子不斷有創造與挑戰的機
會。

　　因此，父母不要光注意孩子的智育，忽略他們處理日常

生活的能力，畢竟一個人要在社會上生存，除了讀書外，還要有良好的生活適應能力與為人處世、待人接物、互助合作的生活態度。

每個孩子都有學習的意願，父母千萬不要剝奪孩子學習的機會，應充分運用身旁絕佳的學習材料與環境，讓孩子從小多做事，讓孩子由工作經驗中不斷學習、磨練、不斷嘗試，不斷的從中思考，訓練他們解決問題的能力。即使孩子不願意做，也可從中訓練他們面對現實、克服困難的心理。從家事的操作中，他們不僅手腳靈活，而且具邏輯、組織能力，從工作完成中，他們學會了有始有終、獨立、負責、成就感與自信心。

引導孩子做家事，父母親要有耐心，先讓孩子在廚房中觀察，接著再給予他動手的機會，帶他做做看，譬如洗洗菜、折折豆子，切豆乾；接著由他炒菜，若不幸燙著手，媽媽則可以教他如何處理燙傷，他也能思考一下「為何會燙傷」？該如何避免燙傷？讓孩子由生活經驗中不斷的學習與磨練，不斷思考與解決問題，讓他知道即使炒菜，也有許多學問，讓他知道天下沒有不勞而獲、坐享其成的事，讓他學會知福、惜福、感恩與體貼，讓他明白享受權利，也必須善盡義務的道理。更何況母子、母女共同在廚房工作，也是很好的親子溝通時間啊！

父母適當的給孩子一些工作，讓孩子磨練，你會發覺孩

子其實也滿能幹的。孩子由工作體驗中學習獨立，學會生活自理，學會分擔責任，父母不妨以讚美來增加其信心，以鼓勵來代替責罵，慢慢將孩子的能力開發出來，孩子一旦學會了獨立思考與問題解決的能力，他的學習將更有效率。而接受過生活磨練的孩子，也較懂得知福、惜福、珍惜人生。

因此，別小看了做家事，它蘊藏的學問可大了。

十二、指導孩子看電視

電視在目前的社會生活中，幾乎家家必備，看電視成了現代生活中不可缺少的一環，大人和小孩都喜歡看電視，電視卻也經常是親子間最常爭執之點。父母看到孩子經常黏著電視不放，手握一支遙控器隨心所欲的看個不停，完全不顧課業，憂心的真想把電視機給砸了。

電視因其神奇的聲光效果而散發出無限魅力，令人無法抗拒，尤其忙了一天，回到家，總希望能有段輕鬆的時刻欣賞些電視節目，尤其現今視訊發達，節目充斥，因此，耗費在電視機前的時間也相當長，如果節目有益還好，但令人憂心的是，其中有許多畫面是兒童不宜及不良示範的鏡頭、品質不良的節目，孩子身心長期受污染，對其傷害不小。尤其

看電視往往是被動的接受，缺乏主動的思想回饋，不論資訊的好壞，一概接收，對其智慧的發展並不是個好現象。

從訪談的家庭中，絕大多數的家庭都認為電視的負面教育大於正面教育，在孩子小的時候，為他們選擇教育性的電視節目，如「芝蔴街」、「兒童天地」等。好的節目允許孩子欣賞或陪同他們觀賞，不縱容孩子看電視，避免他們養成看電視的習慣。

除了限制與選擇觀賞電視節目外，家長本身亦以身作則，不看電視。我們常常可以看到父母要求孩子進房唸書、做功課，自己卻留在客廳觀賞電視節目，聲光音響穿過孩子耳際，他如何專心、甘心的做功課呢？台南的孫太太一家，一看完電視新聞立刻關機。她表示，她已二十年不曾看過八點檔了，她說：「你要孩子做什麼，你本身也要做個好榜樣，不能要求孩子不看電視，而自己卻看個不停。」

電視是文明的產物，無法避免，很多的研究都證實了電視對兒童有很大的潛移默化的效果，家長不可不注意。除父母善用方法限制孩子看電視外，儘可能為他們開拓一些休閒的活動及培養一些興趣，轉移他們對電視的迷戀，讓孩子做個電視的主人，相信孩子定能從有益的電視節目中獲益不少。

十三、運用社區資源，豐富學習內容

　　高成就學生的家長普遍表示他們的孩子運用了許多的社區資源，尤以國外的家長為最。

　　圖書館、博物館、水族館、文化中心、公園、動物園、植物園等，常有豐富的教育資源可幫助孩子成長，內容充實多變化，而且所費不多，甚至有些還免費。

　　家長們除了本身常利用圖書館外，他們也陪同孩子到圖書館利用各項資源，如查資料、聽故事、看電影及各項有益的活動，國外的孩子們更是喜歡利用圖書館，他們經常一次借閱相當多的圖書、影帶等，非常方便。

　　學音樂的陳太太認為充分利用社區資源是幫助孩子成功的一個很重要的因素，她選擇紐約居住就是為了能享用豐富的社區資源。她經常帶孩子去聽音樂會、看表演，每欣賞完一場音樂盛宴，她與孩子會到圖書館去借唱片、錄音帶及相關書籍回家細細品味。

　　運用社區資源，多為高成就學生的家長所提及，並認為是幫助孩子成功的因素。父母應了解社區內可用之資源，搜集社教機構之服務內容及活動行程，充分運用並鼓勵孩子多

多參與。

十四、注重人格教育

聰明的孩子最引人詬病的地方，經常是他們的人際關係，自滿、自私、跋扈、狂傲，不懂待人接物的禮節等，多數父母常常只關注孩子的智育，而忽略了他們的德育、生活禮儀、人際關係、團隊合作能力的培養，造成許多人雖然擁有高深的學問，對做人處世卻一無所知，這對於他們通往成功之路將增阻力。

聰明可以讓孩子潛力發揮，卻不能保證他們絕對成功，一個人的成功，除了智商及個人的努力外，還需要靠旁人的協助與扶持。在現實社會中，我們觀察到自私自利、自大自傲、不懂得謙虛有禮而處處挫敗的人，多的不勝枚舉，而在社會上普遍受歡迎的人，除了聰明、認真、負責外，還具備謙遜有禮、能與人合作、不自私自利、有團隊合作、服務人羣的精神、善於溝通、協調、有包容力及彈性的人。

父母如果希望孩子出類拔萃，除了功課外，還必須正視孩子的人格教育、社交技巧、人際關係、團隊合作等等。

從高成就孩子的身上發現其父母都非常注意孩子的生活

禮儀、待人接物，人際關係的生活教育，特別是一些出自人才濟濟的天才學校，深感人外有人，天外有天，他們都較能虛心、不自滿。有宗教信仰的家庭，如紐約劉醫師、三個孩子從小在教會接受人格教育，他們謙虛、有禮，能主動為人服務，不論在學校或社團中都滿受人歡迎，他們也較有自信。

　　孩子的人格教育與生活教育好不好，與家庭、父母脫離不了關係，倘若父母沒有一個很正確的價值觀與良好的言行，孩子一概吸收、模仿，自然上樑不正下樑歪，社會上有許多父母太溺愛孩子，當他們發現孩子不好的行為時，捨不得責罵或指正，深怕管教會影響了親子的感情，孩子自然也不明白自己那些行為是不當或不該有的，這種溺愛造就出不少行為偏差的孩子，他們的成就也有限。從訪談中發現這些高成就孩子的家庭，從孩子年幼時即嚴格管教，不溺愛，他們建立起明確而合理的教養規範，不讓孩子踰越了生活的規範，他們愛孩子，但以智慧、理性去愛孩子。

　　許多研究指出，父母的管教方式對孩子心理、人品及各項特殊才能發展有深遠的影響，尤其對他們的學習行為具有顯著決定性的作用。

　　前中央研究院院長吳大猷博士，年幼時，母親對他管教嚴格，非常重視生活禮儀，他很少與朋友出外遊樂，雖然他的母親並沒有特別要求他唸書，但由於吳博士沒有不良習慣

而能全力以赴的求學，因此在學業上有優異的表現。吳院長的學識雖然不是來自其母，但他學習的精神與學習的動機都是源自於母親的生活教育。（羅芙蓉，民 76）。

　　每個孩子都有無窮的潛力、潛力能不能發揮，則看他受到何種環境的影響，以及其個人的包容力與彈性夠不夠開闊。在社會的大環境中，做任何事都必須與人接觸、溝通、協調、合作，因此，一個社會能力較強的孩子，他的包容力與彈性，能讓他有較好的社會適應力與較高的成功率。

　　因此，父母幫助孩子邁向成功之路，除注重ＩＱ外，從小更應該注重其ＥＱ，情緒的智商，重視他們的生活教育，培養他們基本的「對、錯」觀念、社會規範、及圓融、成功的人際關係和服務人羣的廣闊胸襟，讓他們成為一個受歡迎的成功人士。

十五、鼓勵孩子，增進其自信心

　　一個經常受到鼓勵的孩子，比較能接納自己，自信心較強而且也比較有自尊心。孩子有了自信心，他則能積極去探索、主動去學習，聰明才智就比較容易發揮出來；相反的，如果沒有信心，就會變得很被動、不敢嘗試，害怕失敗，潛

能也不易發揮。孩子表現好的時候，父母應表示關心，給予鼓勵，逐漸地，孩子將能建立積極的自我觀念，有助於自動自發的學習。

廖太太被問到，為何孩子能自動自發讀書時，她表示，對其兒子而言，「讚美」是很有效的方法，孩子喜歡拿耀眼的成績單來博取父母的讚美與歡心，當孩子小的時候，表現不錯時，她一定儘量讚美，而故意忽視不好的地方，讓孩子從成功的經驗中培養他們的自信心，孩子為了贏得父母的歡心與讚美，就會表現出更多值得讚美的言行來。

每個人都喜歡被人讚美，特別是孩子，如果父母能在幼兒時多給他肯定的讚美，避免破壞性的批評，讓孩子能接納自己、肯定自己，對自己產生信心，他才會主動、積極的去學習新的事物，接受不同的艱難考驗與挑戰。

獲美國總統獎的曹同學談到自己成功的原因時，他提到一點，那就是父母經常鼓勵他們，讓他們有信心及旺盛的企圖心。他認為，孩子做某件事未達預期目標時，很容易氣餒，因此需要父母在旁邊激勵他，等達到目標後，再繼續向前努力。

曹太太善於機會教育，見孩子唸書不起勁時，常會編些善意的謊言，或以身旁良好的典範來鼓勵孩子。

目前就讀於哈佛醫學院的張湛偉，其父平日喜歡剪報，尤其是關於傑出華人的報導，湛偉看不懂中文，張先生則篇

篇唸給他聽，並不斷的鼓勵他、激勵他，孩子明白父親的心意，因此努力用功，不讓其父失望。

孩子在成長過程中，有成功有失敗。成功時，需要鼓勵，讓他產生繼續上進的動力；失敗時，更需要安慰與鼓勵，讓他能夠接納自己，對自己有信心。除物質鼓勵外，父母一個關愛的眼神、溫暖的笑容、一個擁抱、親吻或讚美的話語，都能帶給孩子快樂，而表現出更多值得讚美的行為來。

鼓勵，不論是言語或物質，它的影響力有時的確是超乎我們的想像。孩子需要鼓勵，但切忌灌迷湯或不切實際，鼓勵要及時而中肯，才能發揮出應有的效果來。因此，父母不妨在日常生活中多給孩子一些表現的機會，讓他由小小的成功經驗中不斷累積自信心，多給他一些鼓勵與讚美，讓他享受成功的喜悅，激發出他積極向上的企圖心。

十六、提供孩子正確價值觀，並鼓勵其勤勞努力

一個人的行為常常受其價值觀念的影響，自己認為重要的，即會努力去做。研究指出，孩子的成就動機與努力，深

受家人價值觀的影響。從訪問的高成就學生中，不難發現，這些孩子都是相當努力的一羣，他們的父母在平日生活中，或以言教或以身教不斷的影響孩子，這些學生不仗恃聰明，而是靠長期的努力來獲取耀眼的表現，他們家庭所提供的價值觀念是影響孩子成就的重要因素。

新澤西州的鍾定文提到家庭對他最大的影響，在於注重教育、努力用功與做研究的精神，這三點價值觀，鍾先生夫婦從小便透過言行，慢慢影響孩子。麻州的成先生認為孩子的成功並不在於天才，而在於努力，他認為努力才是成功最好的方法。

曾經有學生問諾貝爾獎得主李遠哲博士，要怎樣才能成功？他的答案是：「這世界上，聰明的人很多，但成功的人都是最努力的人。」李博士的這番話，可以與美國資優教育大師阮儒理博士（J. S. Renzulli）相呼應，阮儒理指出，從傳統或有關傑出成就人物的研究中都發現成功並非偶然，都是長期努力的結果。

布魯姆（Bloom）曾經對美國一百二十名專業傑出人士研究，發現這些傑出人士所出生的家庭，具有重視成就及努力做好工作的價值觀念，他們的父母均相信努力工作及盡全力的重要。

因此，可以肯定的是，一個人要想有所成就，則必須付出心血，肯努力、有毅力。父母在教育子女時，要有正確的

價值觀念，不要給孩子太多的物質享受，如果凡事來得太容易，孩子不知道要努力爭取，必然會影響到他的上進心。父母要灌輸孩子努力的觀念，讓他們去體驗努力的過程，以及努力後所帶來的成果。當然在過程中，難免會面臨某些挫折與失敗，這些不順利的經驗，對孩子而言很重要。它能夠培養孩子挫折的容忍力，特別是目前的孩子，物質享受豐富，忍受挫折的能力卻非常差，禁不起一絲挫敗。因此，父母不妨多給孩子機會，多鼓勵他們勤奮工作，培養他們堅強的毅力與彈性，成功的走出自己的大道來。

十七、尊師重道

「天地君親師」，老師在中國，自古以來即享有相當崇高的地位，學生對於老師及其學問非常敬重，老師對於學生的影響力也極為深遠。

但在今日，社會變遷，傳統的尊師重道觀念已經式微，師生關係出現嚴重危機，老師已不再像從前那般受人敬重，師生關係除了傳道、授業、解惑之外，相互關懷的情形也少多了，老師盡責的教完功課，學生盡責的修畢課業，一切的關係就此結束，罕見從前社會上對老師充滿崇敬之心的現

象。

從訪談的高成就家庭中發現到，這些家庭對老師都相當崇敬，與老師的關係極為融洽，他們都主述老師對其孩子很照顧。

美國的張湛偉，聰明、有禮貌，從小頗得老師的疼愛，張先生夫婦對於中國傳統文化相當尊崇，他們認為要尊敬老師，才能從老師那兒習得學問，經常耳提面命要孩子尊師重道，孩子在其教導下，對老師相當尊敬，不僅是現任或過去的老師都一樣，老師對他也相當好。除了孩子本身做到尊師重道外，張先生夫婦也以實際的行動來表現尊師的行為，老師對其孩子自然也特別關心與照顧了。

家長、學生、老師間有良好的互動，對孩子的學習有正面的影響。受訪的許多家庭表示，他們與孩子的老師們保持良好的關係，老師對孩子的成就有其不可抹煞的功勞，家庭與學校溝通順暢，他們得以了解孩子在校情形，而及時導正孩子的偏差行為或適時的給予讚美、鼓勵與增強，幫助孩子學習得更有效率。另一方面老師特別留意到某個孩子，可以發現其特殊處而給予關心、鼓勵與讚美，進而能激發出孩子意想不到的潛能。

美國的成先生夫婦非常尊重老師，孩子喜歡電腦老師，成太太特別請老師來家裡與孩子聊天，讓孩子與老師的關係拉進，孩子在電腦方面表現得相當突出，有「電腦神童」的

美譽。成先生認為尊師重道是非常重要的，孩子喜歡老師，對於他所教的那門課則會非常用功、表現很好，而老師關心他，關心他的學業，學生自然表現出色。

尊師重道在教育上是有其意義的，因為尊師，相對的，也會尊敬那門學問；老師對於好學的學生，自然會生出疼愛與關心，也願意多傳授一些知識；被關愛的孩子則會盡力以優異的成績博得老師的讚美。因果循環，孩子有了優異的表現，自信心增強，表現也越來越出色。

當然，也有些家長並沒有注意尊師重道這一點，常常在孩子面前批評學校及老師，孩子一再的聽到父母負面的說法，他們對老師的尊敬之心將會減低，對老師不敬重，自然不易接受老師的教導，輕忽老師所傳授的知識、技巧，長久下來，學習效果不佳，成績低落，孩子對自己的看法便趨向於負面，而漸漸失去了自信，惡性循環之下，孩子的發展將受到非常不利影響。

常常孩子會跟父母抱怨老師的不是，有時或許是孩子找藉口掩飾自己的過錯，以逃避父母的責罰，而誣指老師；有時則是孩子站在不同的角度而與老師之間有不同的觀點。因此，家長必須善用智慧與理性來處理孩子的抱怨，若與孩子口徑一致，同聲譴責老師，或可贏得一時的痛快，但輸的可能是孩子的一輩子。

我國傳統的「尊師重道」在孩子的教育上影響極深且

遠。因此，父母盡量避免在孩子面前訴說老師的不是，如果
與老師間有所誤會，必須及時了解與溝通，讓老師在孩子心
目中保有地位，孩子敬重老師並尊重老師所教導的知識學
問，對學問有正確的態度，學習成效自然提高，尊師重道，
受惠的當然是孩子。

十八、父母教養態度一致，並以身作則

　　父母在教養孩子時，態度一致，其效果較佳，如果父母
教養態度前後矛盾、不一致，容易造成孩子混淆不清、無所
適從，減低他對規則限制的信服力，效果將大打折扣。

　　許多夫妻常常為了孩子的管教問題而爭吵，最常發生的
就是雙方的教養態度、觀念不一致，聰明的孩子從父母雙方
不同的態度中，求取對自己有利的地方，這種投機的心理，
對孩子有不利的影響。

　　因此，父母對孩子的管教問題，應經常討論溝通，彼此
配合，立場取得一致後再行教導。當然，父母所給予的規範
要明確、清楚，而且要在孩子做得到的能力範圍內，堅定的
去執行它，若能事先與孩子討論這些規則，再行決定，則孩
子較易接受教導。

　　高成就學生之父母多主張在關愛子女的前題下，小時候可以用較嚴格的管教方式，待孩子稍長、懂事了，良好習慣養成了，就可以逐漸改用較民主的方式，唯寬嚴應視孩子的個性適度的運用。

　　多數的父母都強調父母應以身作則，以良好的示範來教育孩子，在管教孩子之前，先把自己管好；若父母能有良好的言教、身教，孩子耳濡目染、潛移默化之下，父母即可「無爲而治」，快樂地分享孩子美好的成果。

　　許多研究指出，父母是影響孩子最重要的人，從許多事實中，我們也發現到孩子的一言一行與父母極爲神似，不論是否刻意塑造，但的確令人不得不特別留心。

　　美國的 Corey 很多地方均深受父母的影響，如勤奮、努力、有條理、有計畫、工作執著、有創意、愛思考等，成先生夫婦特別指出，他們平日並沒有強調這些，孩子耳濡目染之下，自然有這些特點，他們強調，父母的言教、身教非常重要，你要孩子做什麼，你本身也要做好榜樣。

　　他說：「父母親對孩子的影響力是超乎我們所想像的，你平日的一言一行，孩子會全盤模仿，當你領悟到時，可能爲時已晚。你抽煙，孩子也抽煙；你懶惰，孩子也懶惰；你有好的價值觀念，孩子也會有好的價值觀念，你根本不必逼他們。」

　　許多父母常常對孩子說教，但常常說破了嘴，孩子依然

故我或僅稍微的改變。原因在於父母在教養孩子時，常常持有不同的標準，如：大人可以抽煙、打牌，孩子不行；大人可以看連續劇，卻要小孩用功讀書；大人可以邊看報邊吃飯，孩子不准；要求孩子尊敬長輩，自己卻對長輩沒禮貌等等，孩子每天眼睜睜的看著父母的一言一行，他們模仿著大人的行為與價值觀念，不論好或壞，一律接收，這種種的雙重標準，孩子迷惑、不服，當然也減低了教養的效果。

因此，父母要求孩子做什麼的時候，得先想想自己是否也做到了這些要求，父母的身教往往比言教的效果大得多，言教必須和身教配合，才能發揮出最大的功效。孩子的模仿力很強，他們常常在不知不覺中便受到父母的潛移默化，因此，你希望孩子做什麼，你本身也要做個好榜樣，讓孩子學習、模仿，如果只是單方面要求孩子，自己卻不以身作則，在教育成效上，難臻完滿。事實上，良好的身教是父母給孩子最寶貴的東西，也是引導孩子邁向光明最有效的方法。

除了父母以身作則，樹立良好的典範供孩子學習外，也可以透過他人的好榜樣，來幫助孩子建立個人的目標、理想及有意義的價值觀。

美國的曹太太平常即以良好的身教、言教來影響孩子。此外，她也常拿身邊的傑出親友來鼓勵孩子，紐約的張先生常以傑出的中國科學家、優秀華人來激勵孩子，這些鮮活、實際的典範，最能令孩子信服，孩子也以這些典範做為個人

努力的標準，激發出他們上進的企圖心。

　　父母要求孩子做什麼，希望把孩子塑造成什麼形狀，就給他什麼樣的示範及典範來潛移默化他。典範的提供，盡量避免遙不可及的神話及例子；或可以身旁的近代人物為典範，孩子將較易接受。

　　教育部中教司吳科長相當推崇楊定學父母的教育有方。他提到，當定學榮獲世界奧林匹亞化學金牌獎時，楊先生夫婦即宴請答謝曾教導過他的教授、老師及教育部協助過他的相關人士，場面非常溫馨。父母以身作則，教導孩子尊師與感恩，孩子把自己的成功歸諸於所有教導者，這種謙虛的美德是不可多得的。因此，術德兼備的定學，贏得師長的喜愛自是不在話下。

註：羅芙蓉（民76）、國小資優、與普通兒童父母教導方式與學習行為之關係。國立台灣師範大學教育研究所碩士論文。

附　錄：如何取得資優教育的相關訊息

全國十三所特教中心諮詢專線

1. 國立台灣師範大學特教中心　　02-23564666
2. 國立彰化師範大學特教中心　　04-7255802
3. 國立高雄師範大學特教中心　　07-7132391
4. 國立台北教育大學特教中心　　02-27366755
5. 台北市立教育大學特教中心　　02-23896215
6. 國立新竹教育大學特教中心　　03-5257055
7. 國立台中教育大學特教中心　　04-22183392
8. 國立嘉義大學特教中心　　　　05-2263645
9. 國立台南大學特教中心　　　　06-2136191
10. 國立屏東教育大學特教中心　　08-7224345
11. 國立台東大學特教中心　　　　089-327338
12. 國立花蓮教育大學特教中心　　03-8227647
13. 私立中原大學特教中心　　　　03-2656781

刊物：

1. 資優教育季刊（台灣師大特教中心編印）
2. 特教新知通訊（台灣師大特教中心編印）
3. 特教園丁（彰化師大）
3. 國小特殊教育（台北市立師範學院特教中心）
4. 其他相關教育出版品

三 版 後 記

　　《協助孩子出類拔萃》從第一版開始就受到廣大讀者的重視與喜愛，經過了那麼多年，讀者依然熱情不減。前些日子遇見多年前的讀者，她特別告訴筆者，許多鄰居都跟她借這本書去看，她建議她們直接買一本來收藏，因為這些教養子女的方法非常好，而且不會過時，當她遇到問題時會回去翻翻書，從中找答案，在教育子女上不至於茫然與挫折。聽了這番話，讓筆者很感動與欣慰，一本書能夠帶給父母親安定的力量，幫助父母成功的教育子女，而且主動推薦給需要的父母，讓這本書在暢銷之後仍能繼續長銷。

　　在第三版，筆者做了小小的刪減與修改，精華仍在，畢竟這本書蘊藏了父母教育子女的許多秘訣，是相當值得學習與珍惜的。同樣要提醒讀者：當您看完這本書，可能會積極的運用這些成功的教養方式在孩子身上，如果您目前的教養方法非常適合孩子而且有效，請持續下去；如果自覺方法不對、無效，而想運用書中的教養方式來提昇孩子，您需要先考慮原有的教養方式是否與書中的方式差異極大。若差異性大，則需採循序漸進的方式，逐步運用，慢慢改變，不可貪多，否則全盤更新，或許會造成親子關係的緊張與困擾。方法運用得當、有效，堅定持續的做下去，您將會有意想不到的豐收。

　　感謝許多家長與老師的使用與推薦，期望這本書能繼續不斷的幫助許多學生與家長，讓父母能夠有效而成功的養育出優秀的孩子，讓家庭幸福美滿！

蔡典謨　謹識
2007 年 11 月

國家圖書館出版品預行編目（CIP）資料

協助孩子出類拔萃：台灣、美國傑出學生實例
／蔡典謨著. --三版.-- 臺北市：心理, 2008.01
面；　公分.--（親師關懷系列；45026）
含參考書目
ISBN 978-986-191-097-0（平裝）

1. 資優教育

529.61　　　　　　　　　　　　　96022760

親師關懷系列 45026

協助孩子出類拔萃：
台灣、美國傑出學生實例（第三版）

作　　　者：蔡典謨
總 編 輯：林敬堯
發 行 人：洪有義
出 版 者：心理出版社股份有限公司
地　　　址：231 新北市新店區光明街 288 號 7 樓
電　　　話：(02) 29150566
傳　　　真：(02) 29152928
郵撥帳號：19293172　心理出版社股份有限公司
網　　　址：http://www.psy.com.tw
電子信箱：psychoco@ms15.hinet.net
駐美代表：Lisa Wu（lisawu99@optonline.net）
排 版 者：龍虎電腦排版股份有限公司
印 刷 者：東縉彩色印刷有限公司
初版一刷：1996 年 12 月
二版一刷：1997 年 8 月
三版一刷：2008 年 1 月
三版三刷：2019 年 4 月
I S B N：978-986-191-097-0
定　　　價：新台幣 350 元